车辆液压与液力传动

CHELIANG YEYA YU YELI CHUANDONG

田晋跃　主编

化学工业出版社

·北京·

本书对目前自行式车辆上出现的各种形式的液压与液力传动元件的结构及工作原理作了介绍，并涉及液压与液力传动系统的设计方法和选用注意事项。

本书主要内容包括流体传动基础、典型液压与液力元件、液压传动基本回路和车辆传动系统设计方法，重点介绍了液压与液力元件的组成、工作原理、结构特点，分析了简单传动回路的工作原理和车辆液压液力系统与发动机的匹配原则等。

本书内容深入浅出，图文并茂，结合实际，并注意引导读者进行学习的深化。

本书可作为车辆工程等大专院校本科生和研究生专业教学参考书，也可供科研单位、工厂及有关工程技术人员参考使用。

图书在版编目（CIP）数据

车辆液压与液力传动/田晋跃主编．—北京：化学工业出版社，2016.6（2023.2重印）
ISBN 978-7-122-26608-8

Ⅰ.①车… Ⅱ.①田… Ⅲ.①汽车-液压传动系统 Ⅳ.①U463.22

中国版本图书馆 CIP 数据核字（2016）第 060998 号

责任编辑：黄 滢	文字编辑：陈 喆
责任校对：宋 夏	装帧设计：王晓宇

出版发行：化学工业出版社（北京市东城区青年湖南街 13 号　邮政编码 100011）
印　　装：北京盛通数码印刷有限公司
787mm×1092mm　1/16　印张 12½　字数 334 千字　2023 年 2 月北京第 1 版第 2 次印刷

购书咨询：010-64518888　　　　　　　售后服务：010-64518899
网　　址：http://www.cip.com.cn
凡购买本书，如有缺损质量问题，本社销售中心负责调换。

定　价：58.00 元　　　　　　　　　　　　　　　　　　　　　版权所有　违者必究

前言

FOREWORD

"流体传动"这一学科名称,直到最近十几年才被诠释为"液压、液力与气动传动"。目前液压工业界也已普遍认同了"流体传动"的这一内涵。实际上,"流体传动"这门学科研究的是能量传递。流体的"液压(或液力)"传动,适用的是流体力学的传动规律,压力(或动量矩)通过流体的形式来传递,满足液压静力学(静止流体的力学)和液压动力学(流动流体的力学)的基本定律。

本书是为满足我国高等院校车辆工程、工程机械等相关专业方向的本科生及研究生专业学习以及从事车辆液压及液力传动系统和传动元件设计等行业的人员编写的。

车辆液压及液力传动课程的目的是使学生掌握流体传动的基本工作原理、控制元件的结构及在流体传动回路中作用的基本知识,获得设计车辆液压及液力传动系统、分析传动系统的初步能力,为专业课及从事专业技术工作打下坚实的理论基础。通过学习要求学生能达到分析液压及液力传动系统和初步设计液压及液力传动系统的能力。

本书力求不同于诸多同类型书籍,主要结合理论教学,从实际运用这一角度出发,加入了工程实例,结合笔者多年来在液压与液力传动方面实践和教学的经验和体会,帮助读者掌握和运用液压与液力传动的基本理论和方法。

本书共分12章,第1章主要介绍液压与液力传动技术在车辆领域的应用及发展状况,以及液压与液力传动的工作原理和系统的组成;第2章介绍流体静力学、流体动力学基本原理以及流体传动的介质;第3~6章讲述了主要液压元件的结构、工作原理以及元件的设计方法;第7章主要讲述了压力控制回路、速度控制回路以及方向控制回路,便于读者熟练掌握液压基本回路,从而对解决复杂的车辆液压系统问题有帮助;第8章主要介绍典型车辆液压传动系统的分析、设计和计算方法;第9章主要讲述车辆系统发动机与液压传动装置的参数匹配、控制方式以及车辆的动力性能;第10章介绍液压系统的建模思路及方法;第11章主要介绍液力变矩器的结构以及工作原理,并分析车辆系统发动机与液力传动装置的参数匹配方法;第12章介绍液力变矩器的主要结构参数以及设计方法。

本书的编写特点如下。

① 书中提供多个案例供读者分析、研读,便于读者巩固、运用液压元件的相关知识。

② 内容完整系统、重点突出,所用资料力求更新、更准确地解读问题点。该书在注重车辆液压传动及控制技术知识的同时将实例内容与之结合在一起,强调知识的应用性,具有较强的针对性。

笔者近年来一直从事车辆工程传动的实用技术的研究,书中部分内容是国内已有出版物中所未涉及的。希望本书的出版能推动车辆液压传动技术的进步,并对广大读者有所帮助。

本书由田晋跃主编,韩江义和张学荣参编。

书中提出的观点、方法有的是笔者个人的看法,不足之处在所难免,希望读者给予谅解和宽容,敬请批评指正。

编者

目录

CONTENTS

第 1 章　绪论 ·· 1
  1.1　液压传动的工作原理 ·· 6
  1.2　液力传动的工作原理 ·· 8
第 2 章　车辆液压与液力传动基础 ··· 9
  2.1　流体力学基础 ··· 9
  2.2　液体流动中的压力损失 ·· 17
  2.3　液体流经小孔和缝隙的流量计算 ·· 22
  2.4　液压冲击与空穴现象 ·· 25
  2.5　液压传动介质 ·· 28
第 3 章　液压泵及马达 ·· 33
  3.1　概述 ·· 33
  3.2　液压泵的主要性能参数 ·· 34
  3.3　齿轮液压泵 ··· 35
  3.4　叶片液压泵 ··· 40
  3.5　柱塞液压泵 ··· 49
  3.6　液压马达 ·· 51
第 4 章　液压阀 ··· 57
  4.1　概述 ·· 57
  4.2　压力控制阀 ··· 58
  4.3　方向控制阀 ··· 66
  4.4　流量控制阀 ··· 74
  4.5　比例阀和逻辑阀 ··· 78
第 5 章　液压缸 ··· 81
  5.1　液压缸的基本类型 ·· 81
  5.2　液压缸的构造 ·· 84
  5.3　液压缸的设计计算 ·· 89
第 6 章　辅助元件 ·· 93
  6.1　蓄能器 ··· 93
  6.2　滤油器 ··· 96
  6.3　油箱 ·· 98
  6.4　管道元件及密封 ··· 99
第 7 章　液压基本回路 ·· 101

7.1	压力控制回路	102
7.2	速度控制回路	106
7.3	方向控制回路	118

第8章　车辆液压作业系统和系统设计 …………………… 120
  8.1　典型车辆液压作业系统 …………………… 120
  8.2　车辆液压系统设计 …………………… 128

第9章　车辆液压行走驱动系统 …………………… 138
  9.1　液压行走驱动系统的设计 …………………… 138
  9.2　液压驱动车辆的动力特性 …………………… 143

第10章　液压系统建模简介 …………………… 151
  10.1　液压马达动态建模 …………………… 152
  10.2　液压阀动态建模 …………………… 153
  10.3　液压系统动态建模 …………………… 155

第11章　液力变矩器 …………………… 160
  11.1　液力偶合器 …………………… 160
  11.2　液力变矩器结构与工作原理 …………………… 162
  11.3　液力变矩器的补偿冷却系统 …………………… 168
  11.4　液力变矩器的特性 …………………… 169
  11.5　液力变矩器与整车的匹配 …………………… 172

第12章　液力变矩器性能参数设计 …………………… 179
  12.1　液力变矩器性能参数设计方法 …………………… 179
  12.2　循环圆设计 …………………… 182
  12.3　叶片设计 …………………… 185
  12.4　液力变矩器的优化设计 …………………… 188
  12.5　液力变矩器流场的理论方法简介 …………………… 190

参考文献 …………………… 194

第1章 绪 论

行走机械如同一台机器,一台完整的机器由原动机、传动机构及控制、工作机(含辅助装置)组成。原动机包括电动机、内燃机等。工作机即完成该机器工作任务的直接工作部分。由于原动机的功率和转速变化范围有限,为了适应工作机变化范围较大的工作力和工作速度以及性能的要求,在原动机和工作机之间设置了传动机构,其作用是把原动机输出功率经过变换后传递给工作机。一切机械都有其相应的传动机构和控制系统,借助它们达到对动力的传递和控制。

传动是车辆系统的一个组成部分,如图1.1所示。图中以角标"D"来标志原动机的机械功率 N_D、力 F_D、速度 v_D、力矩 M_D 和角速度 ω_D,故有 $N_D=F_D v_D$ 或 $N_D=M_D \omega_D$。图中的工作机是车辆实现工作目的的环节,它总是接受从原动机传输过来的机械能,克服车辆工作阻力(负载力),来驱动工作对象(负载)运动。工作机对负载施加的驱动力因素为 F_Z 或 M_Z;运动因素是工作机和负载的共同状态为 F_Z 或 M_Z。这里"Z"是标志工作机的物理量的角标。

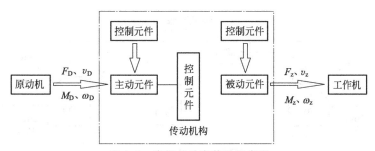

图 1.1 车辆的功率传递示意图

传动机构通常分为机械传动、电气传动和流体传动机构。功率传递的类型及其特点见表1.1。

表 1.1 功率传递的类型及其特点

项目	液压与液力传动	气动	电力传动	机械传动
能量来源 (驱动)	电动机 内燃机 液压蓄能器	电动机 内燃机 空气压缩机	电力 电池	电动机 内燃机 重力、弹性力(弹簧)

续表

项目	液压与液力传动	气动	电力传动	机械传动
功率传递元件	金属管道、软管	金属管道、软管	电缆、电磁场	机械零部件、杠杆、传动轴等
功率传递介质	液体	气体	电气元件	刚性、弹性体
力密度（功率密度）	大 压力高、出力大、尺寸小	较小 压力较低	小 电动机功率重量比只有液压马达的10%	大 选型和布置成所需尺寸的容易性不如液压传动
无级可控制性（加速、减速制动）	非常好 （通过压力和流量，或动量矩）	好 （通过压力和流量）	非常好 （电器、开环、闭环控制）	好
输出动力类型	可通过液压缸、液压马达或涡轮,方便实现直线或旋转运动	可通过气缸或气马达,方便实现直线或旋转运动	主要完成直线运动、旋转运动	直线和旋转运动

流体是液体和气体的总称，流体传动就相应地有液体传动和气体传动之分。流体传动是以流体为工作介质进行能量转换、传递和控制的传动。它包括液体传动和气压传动。液体传动又分成液压传动和液力传动两种。本书根据车辆流体传动的应用特点主要介绍液压与液力传动，对气压传动技术不作介绍。

液体传动是用液体作为工作介质来传递能量和进行控制的传动方式。液压与液力传动机构总有一个主动元件，接受原动机的机械功率 $F_D v_D$ 或 $M_D \omega_D$，然后把它变换成某种机械能量；同时也总有一个被动元件，把这种介质的能量变换成工作机所需的机械能 F_Z 或 M_Z。有时其原动机力和运动性能与工作机需要之间的矛盾，不是只具有主动元件和被动元件的简单传动机构就可以协调的，还需要在传动机构内部对主动和被动元件施加"控制"，即用一种控制元件加以协调，所以传动机构还有"控制功能"。

液压传动和液力传动的共性原理如图1.2所示。

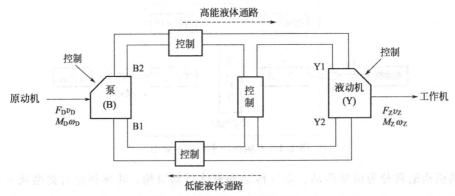

图1.2 液体传动机构的组成

有一种元件称为"泵"，它可以作主动元件，其原理是将原动机的机械功率用来提高液体介质的能量。

在液压与液力传动中，如果忽略泵上的机械摩擦，这样可将原动机力矩和力的角标D改为By，即"泵（B）对液体（y）作用"的意思，这样就将原动机的作用，转化为泵对液体的作用，即 $M_D=M_{By}$，$F_D=F_{By}$。将原动机角速度和速度的角标 D 改为 B，即"泵"的运动参数，因此 $\omega_D=\omega_B$，$v_D=v_B$。相应地，原动机功率 $N_D=N_{By}$。在定量计算时，$M_D>M_B$，$F_D>F_{By}$，$N_D>N_{By}$。但运动参数 $\omega_D=\omega_B$，$v_D=v_B$，今后一般只出现 ω_B 和 v_D 的符号。

两种液体传动的区别在于：液压系统利用液压泵将原动机的机械能转换为液体的压力能，通过液体压力能的变化来传递能量，经过各种控制阀和管路的传递，借助于液压执行元件（液压缸或马达）把液体压力能转换为机械能，从而驱动工作机构，实现直线往复运动和回转运动。即：

$$\left.\begin{matrix}F_D v_D \\ M_D \omega_D\end{matrix}\right\}=Q_B(p_{B2}-p_{B1}) \atop Q_Y(p_{Y1}-p_{Y2})=\left\{\begin{matrix}F_Z v_Y \\ M_Z \omega_Y\end{matrix}\right.\right\} \quad (1.1)$$

式中　角标 B_1，B_2——标明液体在原动机的进口处和出口处的各种物理量；
　　　角标 Y_1，Y_2——标明液体在液动机的进口处和出口处的各种物理量；
　　　　　Q_B——泵的体积流量；
　　p_{B1}，p_{B2}——过流断面 B1 和过流断面 B2 上的压力；
　　　　　Q_Y——通过液动机的流量；
　　p_{Y1}，p_{Y2}——过流断面 Y1 和过流断面 Y2 上的压力。

液力传动是以液体为工作介质，既利用压力能变化，又利用其动量矩的变化进行能量传递。即：

$$\left.\begin{matrix}M_{By}\omega_B=Q(p_{B2}-p_{B1})+\rho Q_B \dfrac{v_{B2}^2-v_{B1}^2}{2} \\ Q_Y(p_{Y1}-p_{Y2})+\rho Q_Y \dfrac{v_{Y1}^2-v_{Y2}^2}{2}=M_{yY}\omega_Y\end{matrix}\right\} \quad (1.2)$$

式中，ρ 为传动液体介质的密度。

正因为有以上能量变换原理上的差别，液压传动中的泵（液压泵）、液动机（分液压马达和液压缸两类）与液力传动中的泵（泵轮）、液动机（涡轮），在原理上和结构上有着根本的区别，理解、分析、研究和设计它们的基础理论和应用学科知识也大相径庭，甚至它们的具体应用的覆盖面也只有很少部分相同。一般说，液压传动的应用范围要比液力传动广泛得多。

大体上可以对两种液体传动的功能作如下的分析比较。

液力传动比液压传动的能容（传动装置单位重量所传递的机械能）大得多，所以在传递同样大功率时，液力传动轻得多，体积也小得多。目前，液力传动传递的最大功率可达几千千瓦，而液压传动一般只能达到 200~300kW。

液力传动内部没有摩擦副，所以寿命比液压传动长。液力传动内部压力不高，密封条件要求低，而且对液体介质清洁度和对液体介质黏温特性要求都远低于液压传动，因此，在运行、维护和制造成本等方面显示优越性。

但是，液力传动的最高效率和高效率工作范围内的平均效率不及液压传动，而且液压传动有很强的变换功能和控制功能，这是液力传动无法比拟的。正因为如此，在大多数场合，液力传动无法取代液压传动。例如，在工程车辆上，有许多作业机构，它们对传动的要求相差悬殊，只能采用液压传动，往往只有行走机构是用液力传动的。

液压传动和气压传动是根据 17 世纪帕斯卡提出的液体静压力传动原理而发展起来的一门新兴技术，是工农业生产中广为应用的一门技术。液压传动系统适用于大功率、高精度控制的场合，其应用范围从机器人、宇航飞行器等精密控制系统到锻压轧钢设备、车辆、工程机械和机床等工业领域，其位置精度可达 0.1mm。液压传动在各类机械行业中的应用情况见表 1.2。

表 1.2 液压传动在各类机械行业中的应用

行业名称	应用举例
工程机械	盾构机、挖掘机、装载机、推土机、压路机、铲运机等
矿山机械	凿岩机、开采机、开掘机、破碎机、提升机、液压支架等
起重运输机械	汽车吊、叉车、装卸机械、皮带运输机等
建筑机械	打桩机、液压千斤顶、平地机等
农业机械	联合收割机、拖拉机、农具悬挂系统等
冶金机械	轧钢机、电炉炉顶及电极升降机、压力机等
汽车工业	自卸式汽车、高空作业车、平板车、汽车中的转向器和减振器等
轻工机械	打包机、注塑机、校直机、橡胶硫化机、造纸机等
智能机械	机器人、折臂式小汽车装卸器、数字式体育锻炼机、模拟驾驶舱等

道路模拟试验是在试验室模拟路面振动最先进的试验方法之一。图 1.3 为高精度道路模拟试验的物理仿真系统的外形图。全系统由机械台体、液压、电控、测量等分系统构成。

图 1.3 高精度道路模拟试验

图 1.4 为典型的工程机械外形图。工程机械主要用于道路、机场、路堤、海港、大坝等工程的基础施工，其工作装置的液压驱动和控制要求十分高，通过液压传动可保证作业性能好、生产效率高、适应能力强的特点。

图 1.4 工程机械

液力传动于 20 世纪初问世，最初用于船舶，后来人们认识到液力传动的优点，在车辆上开始应用。最初研制液力传动车辆是第一次世界大战之后，到 20 世纪 30 年代，英国、美国已将液力传动应用于公共汽车。第二次世界大战期间,许多军用车辆和专用汽车也开始采用液力传动。目前,液力传动已广泛应用于各种类型的汽车,如小轿车、小型客车、公共汽车、军用车辆、重型矿山车辆和工程机械等。图1.5所示为液力变矩器及液压控制系统在小轿车上的应用。

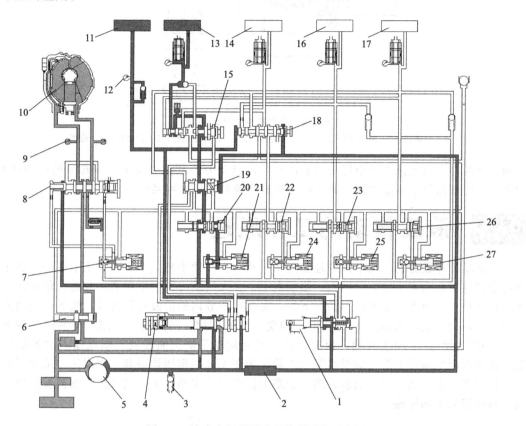

图1.5 液力变矩器及液压控制系统示意图

1—手动阀;2—滤油器;3—调节阀;4—溢流阀;5—油泵;6—变矩器压力阀;7—闭锁离合器电磁阀;8—变矩器控制阀;9—测压口;10—变矩器;11—倒挡离合器;12—测压口;13—1挡和倒挡制动器;14—2挡制动器;15—液控阀A;16—3挡离合器;17—超速挡离合器;18—液控阀B;19—开关阀;20—1挡和倒挡控制阀;21—1挡和倒挡电磁阀;22—2挡控制阀;23—3挡控制阀;24—2挡电磁阀;25—3挡电磁阀;26—超速挡控制阀;27—超速挡电磁阀

液力传动装置有液力偶合器和液力变矩器两种,液力偶合器只能传递力矩,而不能改变力矩的大小,在车辆传动中应用比较少,液力变矩器则除了具有液力偶合器全部功能外,还能实现无级变速,但是,液力变矩器的输出力矩与输入力矩的比值变化范围还不足以满足使用需求,通常需与机械变速器组合成液力机械传动装置应用于汽车传动。

图1.6所示为液力机械传动的一种形式,液力机械传动是液力传动和机械传动的组合。

液力机械传动的主要优点,一是能在一定范围内根据行驶阻力的变化,自动进行无级变速,因此能防止发动机过载熄火,提高发动机的能量利用率,而且大大减少了换挡频率;二是液力变矩器利用液体作为传递动力的介质,输出轴和输入轴之间没有刚性的机械连接,大大降低了发动机及传动系统零件的冲击负载,提高机件的使用寿命;三是液力变矩器具有一定的变速能力,因此对于相同的变速范围,可以减少变速器的挡位数,简化变速器结构;四是液力变矩器具有自动无级变速的能力,因而起步平稳,并可得到较低的行驶速度,增加了

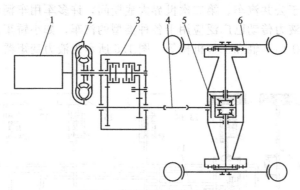

图 1.6 液力机械式传动系统
1—发动机；2—液力变矩器；3—机械变速器；4—万向传动轴；5—驱动桥；6—轮辋

车辆行驶能力；五是液力变矩器采用液体介质传递动力，且液力变矩器冷却系统中的油泵、滤油器、冷却器等液压组件同时兼用换挡机械变速器液压操纵系统。

1.1 液压传动的工作原理

以液压千斤顶为例，其工作原理如图 1.7 所示。扳动手柄，小活塞 3 上下移动，当小活塞向上移动时，活塞下腔容积增大，形成真空，在大气压力作用下油液经管道、单向阀 5 进入油缸下腔；当压下手柄时，小活塞下移，密封容积腔内的油液受到挤压，则下腔的油液经管道、单向阀 7 输入大油缸 12 的下腔（因受油压的作用，单向阀 5 关闭，与油箱的油液隔断），迫使大活塞 11 向上移动，顶起重物。反复掀动手柄，油液就不断地输入大油缸的下腔，推动大活塞缓慢上升。如果将图 1.7 简化为图 1.8 的密闭连通器，可以清楚地分析其动力传递过程：在大活塞上有负载，当小活塞上作用一个主动力 P，使密闭连通器保持力的平衡。根据静力平衡原理：

$$\text{大活塞 11 上的压力} = \frac{4W}{\pi D^2}$$

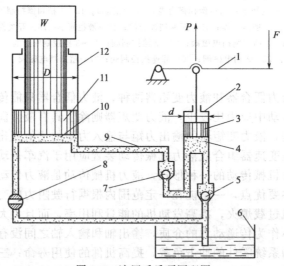

图 1.7 液压千斤顶原理图
1—杠杆；2—小油缸体；3—小活塞；4,10—油腔；5,7—单向阀；
6—油箱；8—放油阀；9—油管；11—大活塞；12—大油缸

$$\text{小活塞 3 上的压力} = \frac{4P}{\pi d^2}$$

式中 D——大活塞的直径；
$\quad\;\; d$——小活塞的直径。

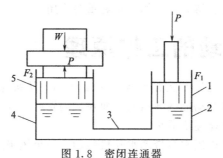

图 1.8 密闭连通器
1—小活塞；2—小油缸；3—管路；4—大油缸；5—大活塞

根据密闭容器中压力处处相等的原则，故：

$$\frac{W}{F_2} = \frac{P}{F_1} = p$$

式中 F_2——大活塞的直径；
$\quad\;\; F_1$——小活塞的直径。

这样，可用较小的力平衡大活塞上很大的负载力：

$$W = \frac{F_2}{F_1} P \tag{1.3}$$

由此可知，在液压传动中，力不但可以传递，而且通过作用面积（$F_2 > F_1$）的不同，力可以放大。千斤顶之所以能够用较小的力，顶起较重的负载，原因就在这里。

由上述可知，液压传动实际上是一种能量转换装置，它是靠油液通过密闭容积的变化传递运动，依靠油液内部的压力传递动力。

液压传动的两个工作特性是，液压系统的压力大小（在有效承压面积一定的前提下）决定于外界负载；执行元件的速度（在有效承压面积一定的前提下）决定于系统的流量。这两个特性有时也简称为压力决定于负载，速度决定于流量。

液压传动系统功率传递流程如图 1.9 所示，其主要由以下 4 个部分组成。

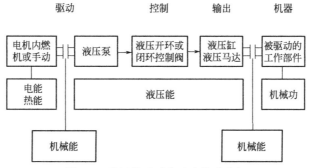

图 1.9 液压传动系统功率传递流程

① 能源装置　将机械能转换成液压能的一种装置，一般常见形式为液压泵，它为液压系统提供压力油，使整个系统能够动作起来。

② 执行装置　把油液的液压能转换成机械能的装置。如液压缸、液压马达等。

③ 控制调节装置　控制液压系统中油液的压力、流量和流动方向的装置。如溢流阀、节流阀、换向阀等。

④ 辅助装置　液压系统除上述三项装置以外的其他装置。如油箱、滤油器、油管等，对保证液压系统可靠、稳定、持久地工作，有着重要作用。

1.2　液力传动的工作原理

在液力传动中泵轮和涡轮叶片内循环流动的工作油，从泵轮叶片内缘流向外缘的过程中，泵轮对其做功，其速度和动能逐渐增大；而在从涡轮叶片外缘流向内缘的过程中，工作油对涡轮做功，其速度和动能逐渐减小。

液力传动的工作原理可以用水泵带动水轮机转动、一个风扇通过气流带动另一个风扇转动的原理加以理解，如图 1.10 所示。

液力传动原理是，输入轴输入的动能通过泵轮传给工作油，工作油在循环流动的过程中又将动能传给涡轮输出，由于在液力偶合器内只有泵轮和涡轮两个工作轮，工作油在循环流动的过程中，除了与泵轮和涡轮之间的作用力之外，没有受到其他任何附加的外力。根据作用力与反作用力相等的原理，工作油作用在涡轮上的力矩应等于泵轮作用在工作油上的力矩，即输入轴传给泵轮的力矩与涡轮上输出的扭力矩相等。

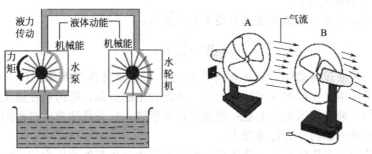

图 1.10　液力传动的工作原理

第 2 章
车辆液压与液力传动基础

2.1 流体力学基础

(1) 液体静力学基础

静止液体的性质主要是讨论其处于静止状态或相对静止状态的液体受力平衡问题。

① 液体的压力　液体的压力是指液体在单位面积上所受的作用力。设液体在面积 A (m^2) 上所受的作用力为 P (N)，则液体的压力 p 为：

$$p = \frac{P}{A} \tag{2.1}$$

如果液体中各点的压力不均等，则液体中某一点的压力可取该点附近的极限值表示，即：

$$p = \lim_{\Delta A \to 0} \frac{\Delta P}{\Delta A} \tag{2.2}$$

由于液体不能抵抗切向力，所以液体的压力垂直于承受压力的表面，并且在静止液体中，任何一点所受的各方向的压力都相等。

② 绝对压力和相对压力　设如图 2.1 所示的容器中盛有液体，液面上的压力为大气压力 p_0，液面下深度为 h 处的一点 a 所承受的作用力，比液面处多出高度为 h 的液体的重力。因此 a 点液体所受的压力 p_a 为：

$$p_a = p_0 + \gamma h \tag{2.3}$$

式中　γ——液体的重度；
　　　p_a——液体的绝对压力。

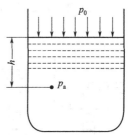

图 2.1　绝对压力和相对压力示意图

在一般液压传动中，通常所谓的液体压力是指相对压力，用压力表测量出的压力也是相对压力。在液压系统的压力管路中，液体所在位置的高度对于压力的影响很小时，一般可以忽略不计。在某些管路中，例如油泵的吸油管路中，就必须考虑液面距离油泵吸入口的相对高度，以免在油泵的吸油口造成过大的真空度，影响液压泵的正常工作。常用的压力单位见表2.1。

表2.1 常用的压力单位

帕(Pa)	巴(bar)	千克力/厘米^2 (kgf/cm^2)	工程大气压 (at)	标准大气压 (atm)	毫米水柱 (mmH$_2$O)	毫米水银柱 (mmHg)
9.8065×10^4	9.8065×10^{-1}	1	1	9.67841×10^{-1}	1×10^4	7.35559×10^2

液压传动中的不同压力含义如图2.2所示。

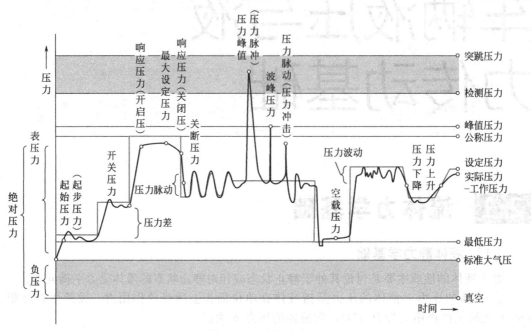

图2.2 压力的含义

③ 压力的传递 当盛放在密封容器内的液体，其外加压力发生变化时，只要液体仍保持其原来的静止状态不变，液体内任一点的压力，均将发生同样大小的变化，即在密封容器内，施加于静止液体上的压力将以等值同时传到液体的各点，此为静压传递原理，或称帕斯卡原理。

在液压系统中，通常由外力产生的压力要比液体本身重力引起的压力大得多，为此可把式(2.3)中的γh项略去不计，而认为静止液体中的压力到处相等。图2.3所示是运用帕斯卡原理寻找推力和负载间关系的实例。图中垂直液压缸的截面积为A_1，其活塞上作用一个负载F_1，缸内液体压力为$p_1=F_1/A_1$；水平液压缸的截面积为A_2，其活塞上作用一个推力F_2，缸内液体压力为$p_2=F_2/A_2$。由于两缸互相连通，构成一个密封容器，因此按帕斯卡原理有：

$$p_1=p_2$$

或

$$F_2=\frac{A_2}{A_1}F_1 \qquad (2.4)$$

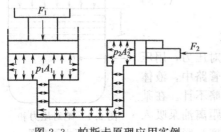

图2.3 帕斯卡原理应用实例

如果垂直液压缸的活塞上没有负载，则当略去活塞重力及其他阻力不计时，不论怎样推动水平液压缸的活塞，也不能在液体中形成压力，说明液压系统中的压力是由外界负载决定的,这是液压传动中的一个基本概念。

(2) 液体动力学基础

液压系统中的油液在压力差的作用下,不断流动着,因此我们除了研究静止油液的基本力学规律外,还必须讨论流动油液的力学规律。另外,流动液体由于重力、惯性力、黏性摩擦力等影响,不同时间的运动变化除了对液体的能量损耗有所影响外,并无现实意义,而在工程上感兴趣的是整个流体在空间某特定点或特定区域内的平均运动情况。此外,流动液体的状态还与温度、黏度参数有关,为了简化条件便于分析起见,一般都在等温的条件下讨论液体的流动情况,因而可把黏度看做是常量,密度只与压力有关。

① 理想液体和恒定流动　液体是有黏性的,而且黏性要在液体流动时才会表现出来,因此研究液体流动时必须考虑黏性的影响。由于液体中的黏性阻力是一个非常复杂的问题,所以开始分析时可以假设液体没有黏性,然后再考虑黏性的作用并通过实验验证的办法对理想结论进行补充或修正。利用这种办法同样可以处理液体的可压缩性的问题。一般把既无黏性亦无可压缩性的假想液体称为理想液体,而把事实上既有黏性又有可压缩性的液体称为实际液体。

液体流动时,如液体中任何点处的压力、速度和密度都不随时间变化,就称为液体作恒定流动(定常流动或非时变流动);反之如压力、速度或密度中有一个随时间变化时,就称为非恒定流动(非定常流动或时变流动)。研究液压系统静态性能时,可认为液体作恒定流动,研究其动态性能时则必须按非恒定流动来考虑。

② 液流连续性原理　当理想液体在管中稳定流动时,根据物质不灭定律,液体在管内既不能增多,也不能减少,因此在单位时间内流过管子每一横截面的液体质量一定是相等的。这就是液流的连续性原理。如图 2.4 所示,液体在不等截面中的流动,设截面 1 和 2 的面积分别为 A_1 和 A_2,在这两个截面中液体平均流速分别为 v_1 和 v_2,同时理想液体是不可压缩的,即在两个截面处液体的密度都是 ρ,根据液流的连续性原理,流经两截面 1 和 2 的液体质量应当相等,即:

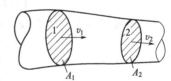

图 2.4　液流连续简图

$$\rho v_1 A_1 = \rho v_2 A_2 = \rho v A = 常量 \tag{2.5}$$

式(2.5)称为液流的连续方程式。

将式(2.5)除以 ρ 则得:

$$v_1 A_1 = v_2 A_2 = v A = 常量 \tag{2.6}$$

或

$$\frac{v_1}{v_2} = \frac{A_2}{A_1} \tag{2.7}$$

式(2.6)说明,通过管内不同截面的液流速度与其截面积的大小成反比,即管子细的地方流速大,管子粗的地方流速小。

式(2.5)中流速 v 和截面积 A 的乘积表示单位时间内流经管路液体的容积,称为流量。一般流量用 Q 表示,即:

$$Q = vA \tag{2.8}$$

流量 Q 的单位常用"L/min"表示。

③ 伯努利方程

a. 在惯性参照系中的流束段的能量守恒定律——绝对运动的伯努利方程。

在液压传动系统中是利用有压力的流体来传递能量的,如图 2.5 所示为液体流经管道的一部分，管道各处的截面大小和高低都不相同。设管道内有一段理想液体作稳定流动，在短时间 t 内，从 AB 流动到 $A'B'$。因为移动的距离短，在从 A 到 A' 及从 B 到 B' 这两小段的距离范围内，截面积、压力以及流速和高度等都可以看成是不变的。设在 AA' 处和 BB' 处的截面积分别为 F_1、F_2，压力分别为 p_1、p_2，流速则分别为 v_1、v_2，高度分别为 h_1、h_2。AB 段液体前后都有作用力，当它运动时，后面的作用力 P_1 把它推向前进，同时又要克服前面液体的作用力 P_2。P_1 和 P_2 分别为：

$$P_1 = p_1 F_1 \quad P_2 = p_2 F_2 \tag{2.9}$$

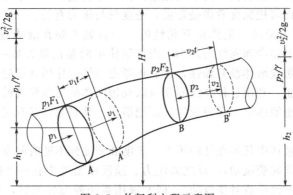

图 2.5　伯努利方程示意图

当 AB 段液体从 AB 运动到 $A'B'$ 时，P_1 和 P_2 对它所作的总功 A 为：

$$A = P_1 v_1 t - P_2 v_2 t = p_1 F_1 v_1 t - p_2 F_2 v_2 t \tag{2.10}$$

根据液流的连续性原理，可得：

$$F_1 v_1 = F_2 v_2 \tag{2.11}$$

或

$$F_1 v_1 t = F_2 v_2 t = V \tag{2.12}$$

式中　V——AA' 或 BB' 小段液体的容积。

将式(2.12)代入式(2.10)得：

$$A = p_1 V - p_2 V \tag{2.13}$$

另一方面，当 AB 段液体流到 $A'B'$ 时，因为是稳定流动，$A'B$ 这段液体的所有运动参数（压力和流速等）都不发生变化，因此这段液体所具有的能量也不会有增减。有变化的仅是 AA' 这小段液体移到了 BB'，它的位置高度和流速都改变了，因此势能（由位置高度决定的能量）和动能（由流速决定的能量）都有了变化。设这两小段的机械能（包括势能和动能）分别为 A_1 和 A_2，则：

$$A_1 = \frac{1}{2} m v_1^2 + m g h_1$$

$$A_2 = \frac{1}{2} m v_2^2 + m g h_2$$

式中　m——AA' 段或 BB' 段液体的质量。

增加的机械能为：

$$A_2 - A_1 = \frac{1}{2} m v_2^2 + m g h_2 - \left(\frac{1}{2} m v_1^2 + m g h_1 \right) \tag{2.14}$$

因为假设在管道内流动的是理想液体，流动时没有摩擦力，因而也就没有能量损耗。所以管道内 AB 段液体流动到 $A'B'$ 后所增加的机械能应当等于外力对它所做的功，即：

$$A = A_2 - A_1 \tag{2.15}$$

将式(2.14)和式(2.15)代入式(2.13)得：

$$p_1 V - p_2 V = \frac{1}{2}mv_2^2 + mgh_2 - \frac{1}{2}mv_1^2 - mgh_1$$

或

$$p_1 V + \frac{1}{2}mv_1^2 + mgh_1 = p_2 V + \frac{1}{2}mv_2^2 + mgh_2 \tag{2.16}$$

因为 F_1 和 F_2 这两个截面是任意取的，式(2.16)所表示的关系适用于管道内任意两个截面，式(2.16)也可写成：

$$pV + \frac{1}{2}mv^2 + mgh = 常量 \tag{2.17}$$

式(2.16)和式(2.17)是对重力为 mg 的液体而言的，如果对单位重力来说，则在该两式的各项中除以 mg，即得：

$$\frac{p_1}{\gamma} + \frac{v_1^2}{2g} + h_1 = \frac{p_2}{\gamma} + \frac{v_2^2}{2g} + h_2 \tag{2.18}$$

或

$$\frac{p}{\gamma} + \frac{v^2}{2g} + h = 常量 \tag{2.19}$$

式中 γ——液体的重度，$\gamma = \frac{mg}{V}$。

式(2.18)和式(2.19)称为伯努利方程式，它表明理想流体在管道内作稳定流动时运动要素之间的关系。

在式(2.19)中，p/γ 为液体的比压能（即单位重力液体所具有的压力能）；$\frac{v^2}{2g}$ 为比动能；h 为比势能。因此伯努利方程式的物理意义说明：在密封管道内作稳定流动的理想液体具有三种形式的能量，即压力能、动能和势能，它们之间可以互相转化，并且液体在管道内任意一处这三种能量的总和是一定的。这就是伯努利定律，也可称为理想液体作稳定流动时的能量守恒定律。

上面是对理想液体进行分析的，但实际液体是有黏性和可压缩的，在它运动时由于摩擦要损耗一部分能量，如果这部分能量损耗用能头 h_δ 表示，式(2.18)可写成：

$$\frac{p_1}{\gamma} + \frac{v_1^2}{2g} + h_1 = \frac{p_2}{\gamma} + \frac{v_2^2}{2g} + h_2 + h_\delta$$

由于实际中液体在管道通流截面上速度分布不均匀，在用平均流速代替实际流速时存在误差，故引入修正系数，实际液体的伯努利方程表示为：

$$\frac{p_1}{\gamma} + \frac{\alpha_1 v_1^2}{2g} + z_1 = \frac{p_2}{\gamma} + \frac{\alpha_2 v_2^2}{2g} + z_2 + h_\delta \tag{2.20}$$

式中，α_1、α_2 分别为速度截面1、2处的动能修正系数，层流时 $\alpha=2$，湍流时 $\alpha=1$。

应用伯努利方程的注意点如下。

• 断面1、2需顺向选取，且选在平行流或缓变流过流断面上。

• 断面中心在高度基准面以上时，z 取正值，反之取负值，通常选取特殊位置的水平面为高度基准面。

• 断面上的压力应取同一种表示法，都取相对压力，或都取绝对压力。

• 因采用平均流速，$z + p/\gamma$ 可取断面上任一点，但一般对管流而言，计算点都取在轴心线上。

b. 在非惯性参照系中的流束段的能量守恒定律——相对运动的伯努利方程。

这里以液力传动的叶轮作为非惯性参照系的例子。先对叶轮结构原理及液体在其中流动情况介绍如下。

图 2.6 所示的叶轮有内、外两个盘，通常称为内、外环，其间插装有若干弯曲的叶片，$a-a$ 剖面即为叶片弯曲形状。内、外环和相邻叶片组成了"叶片流道"，当叶轮以角速度 ω 作等速旋转时，即形成非惯性参照系。

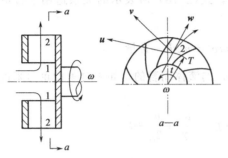
图 2.6 叶轮及其叶片流道

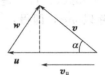
图 2.7 速度三角形

在叶片流道（图 2.6）中取出一根流线来分析。在此流线上任取一点，其上质点有三种速度，一是液体质点被迫按叶片弯曲形状流动的相对速度 w；二是质点被叶轮带动作圆周运动的牵连速度 u（其方向为圆周的切向），又称圆周速度；三是在另外一个静止（惯性）参照系看到质点的绝对速度 v。三者的关系应为：

$$v = u + w \tag{2.21}$$

式(2.21)可以用图 2.7 的速度三角形进行矢量运算，其中：

$$u = r\omega \tag{2.22}$$

式中，r 为质点所在点的半径。

应用余弦定理可描写三者数值间的关系：

$$w^2 = u^2 + v^2 - 2uv\cos\alpha = u^2 + v^2 - 2uv_u \tag{2.23}$$

式中，α 为 u 和 v 的夹角；v_u 为 v 在 u 方向上的分速度，称为绝对速度的圆周分速度，简称圆周分速度。

$$uv_u = \frac{u^2 + v^2 - w^2}{2} \tag{2.24}$$

每一个叶片流道中液体，组成一个缓变的流束段。过流断面 1 取在即将进入但尚未进入叶片流道处（即未受叶片作用处），过流断面 2 取在即将离开但尚未离开叶片流道处（受叶片作用的最后点）。这种流束段的能量守恒定律可用相对运动伯努利方程来描述。

$$z_1 + \frac{p_1}{\gamma} + \frac{w_1^2}{2g} - \frac{u_1^2}{2g} = z_2 + \frac{p_2}{\gamma} + \frac{w_2^2}{2g} - \frac{u_2^2}{2g} + h_\delta + h_t \tag{2.25}$$

式中，h_t 为流束段上时变惯性力所形成的功（正或负），称为"惯过头"，它在定常情况下为零。

在定常情况，从静止参照系看叶轮中的液体流动，应注意叶轮对液体流束段加入功或走功的情况，故伯努利方程表示为：

$$z_1 + \frac{p_1}{\gamma} + \frac{v_1^2}{2g} + H_t = z_2 + \frac{p_2}{\gamma} + \frac{v_2^2}{2g} + h_\delta + h_t \tag{2.26}$$

式中，H_t 为叶轮对液体流束段单位重量流量作的功率，做正功时 $H_t > 0$，做负功时 $H_t < 0$。

式(2.25)和式(2.26)描写的是同一种物理现象,故可以比较,得出:

$$H_t = \frac{v_2^2 + u_2^2 - w_2^2}{2g} - \frac{v_1^2 + u_1^2 - w_1^2}{2g} \tag{2.27}$$

将式(2.24)代入式(2.27),可得:

$$H_t = \frac{u_2 v_{u2} - u_1 v_{u1}}{g} \tag{2.28}$$

将式(2.22)代入式(2.28),可得:

$$H_t = \frac{\omega}{g}(r_2 v_{u2} - r_1 v_{u1}) \tag{2.29}$$

式中,$r_2 v_{u2}$ 和 $r_1 v_{u1}$ 分别为断面1和断面2上的"速度矩"。

下面再说明 H_t 引起的能量效果。

式(2.26)可改写为:

$$H_t = (z_2 - z_1) + \frac{p_2 - p_1}{\gamma} + \frac{v_2^2 - v_1^2}{2g} + h_\delta + h_t \tag{2.30}$$

在机械工程问题中,一般 $(z_2 - z_1)$ 很小,可忽略不计。同时,经常遇到的是定常情况,这样就可写为:

$$H_t - h_t = \frac{p_2 - p_1}{\gamma} + \frac{v_2^2 - v_1^2}{2g} \tag{2.31}$$

式(2.31)说明,在 h_t 很小的情况下,外部能量引起的是流束段上压力势能和速度能的变化。这是液力传动的基本工作特征。

④ 动量方程 动量方程是刚体力学动量定理在流体力学中的具体应用及其表达形式,可以用来计算流动液体作用于限制其流动的固体壁面上的作用力。

a. 动量定理。刚体力学动量定理指出,作用在物体上全部外力的冲量和等于物体在力的作用方向上的动量的变化率,即:

$$\sum F = \frac{d(mv)}{dt} \tag{2.32}$$

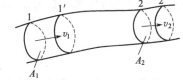

图2.8 动量方程推导用图

为建立液体作定常流动的动量方程,如图 2.8 所示,任取通流截面 1、2 间被管壁限制的液体体积(称为控制体积),截面 1、2 的通流面积分别为 A_1、A_2,平均流速分别为 v_1、v_2。设该段液体在时刻 t 的动量为 $(mv)_{1-2}$。经 Δt 时间后,该段液体移动到截面 $1'$、$2'$ 间,此时液体的动量为 $(mv)_{1'-2'}$。在 Δt 时间内液体动量的变化为:

$$\Delta(mv) = (mv)_{1'-2'} - (mv)_{1-2} \tag{2.33}$$

由于液体作定常流动,因此截面 $1'$、2 间液体的动量没有发生变化,式(2.33)可以改写为:

$$\Delta(mv) = (mv)_{2-2'} - (mv)_{1-1'} = \beta_1 \rho Q \Delta t v_2 - \beta_2 \rho Q \Delta t v_1$$

于是有:

$$\sum F = \frac{d(mv)}{dt} = \rho Q(\beta_2 v_2 - \beta_1 v_1) \tag{2.34}$$

式中 Q——流量;

β_1,β_2——修正以平均流速代替实际流速计算动量带来的误差而引入的因数,称为动量修正因数,与液体在管路中的流动状态(层流或湍流)有关,液体在圆筒中层流时 $\beta = 4/3$,湍流时 $\beta = 1$,实际计算时常取 $\beta = 1$。

式(2.34)为液体作定常流动时的动量定理，它表明，作用在液体控制体积上的全部外力之和$\sum F$等于单位时间内流出控制表面与流入控制表面的液体的动量之差。应当强调的是，动量方程为矢量表达式，在计算时可根据具体要求向指定方向投影，求得该方向的分量。根据作用力与反作用力大小相等、方向相反的原理，可经常利用动量方程计算流动液体对固体壁面的作用力。

下面我们通过一个例题分析动量方程的应用。如图2.9所示为滑阀示意图。当有流量为Q的流体通过阀腔时，试求流体对阀芯的轴向作用力。

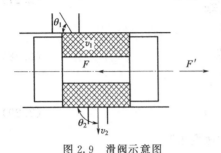

图2.9 滑阀示意图

解：取阀芯两凸肩之间的流体为控制体，设阀芯作用于控制体上的力为F，流体以速度v_1流入阀口，以速度v_2流出，当流体作恒定流动时，对控制体内的流体列出沿阀芯轴向的动量方程：

$$F = \rho Q(\beta_2 v_2 \cos\theta_2 - \beta_1 v_1 \cos\theta_1)$$
$$\theta_2 = 90° \Rightarrow F = -\rho Q \beta_1 v_1 \cos\theta_1$$

流体对阀芯的作用力：

$$F' = -F = \rho Q \beta_1 v_1 \cos\theta_1$$

负号表示方向向右。

b. 动量矩定理。根据叶轮对液体流束段加入或取出的单位重量流量的外部功率H_t，可以推理出叶轮对液体施加的外力矩M_{wy}与流束段上物理量之间的关系，这对液力传动来说是非常重要的。

图2.6上的叶轮中液体是作离心流动的，总的流量是Q，那么n个叶片组成的几个流道的各自流量为Q/n。每个流道中的流束段，都是缓变流，可以用伯努利方程，所以，每个流束段上的外部功率为$\gamma(Q/n)H_t$，其中$\gamma(Q/n)$是每个流束段上的重量流量。由此可知，n个流束段的总的外部功率为$n[\gamma(Q/n)H_t] = \gamma Q H_t$。而叶轮对液体作的功率又可用$M_{wy}\omega$计算，故：

$$M_{wy}\omega = \gamma Q H_t = \gamma Q \frac{\omega}{g}(r_2 v_{u2} - r_1 v_{u1}) \tag{2.35}$$

式(2.35)表明，叶轮对液体的作用力矩M_{wy}，引起流束段的两端过流断面1和2上的速度矩产生差别。此式是在ω和Q不随时间t变化，即定常条件下得出的，称为"定常动量矩定理"。

液体对叶轮的反作用力矩M_{yw}与M_{wy}的关系是：

$$M_{wy} = -M_{yw} \tag{2.36}$$

将式(2.35)与式(2.36)比较，可知：

$$-M_{yw} = \gamma Q \frac{\omega}{g}(r_2 v_{u2} - r_1 v_{u1}) \tag{2.37}$$

当叶轮不旋转时，$\omega = 0$，$H_t = 0$，叶轮不对液体做功，但式(2.38)说明M_{yw}仍可能存在。只有在$Q=0$或$r_2 v_{u2} = r_1 v_{u1}$时，才出现$M_{yw} = 0$。M_{yw}可称为"液动力矩"。当叶轮角速度ω流量随时间t变化时，即出现非定常情况，动量矩定理为：

$$M_{wy} = \gamma Q \frac{\omega}{g}(r_2 v_{u2} - r_1 v_{u1}) + \rho \int_r \frac{\partial(r v_u)}{\partial t} dV \tag{2.38}$$

式(2.38)等号右面第二项的物理意义是，流束段的每一个微元体积上的液体都产生"时变加速度矩"。由于r是坐标点的矢径，不随时间变化，故$\partial(r v_u)/\partial t = r \cdot \partial v_u/\partial t$，则：

$$M_{wy} = \gamma Q \frac{\omega}{g}(r_2 v_{u2} - r_1 v_{u1}) + \rho \int_r r \frac{\partial(v_u)}{\partial t} dV \qquad (2.39)$$

这时，液动力矩 M_{yw} 由两部分组成，即：

$$-M_{ywe} = \gamma Q \frac{\omega}{g}(r_2 v_{u2} - r_1 v_{u1}) \qquad (2.40)$$

$$-M_{ywt} = \rho \int_r r \frac{\partial(v_u)}{\partial t} dV \qquad (2.41)$$

式中，M_{ywe} 为稳态液动力矩；M_{ywt} 为瞬态液动力矩。

2.2 液体流动中的压力损失

(1) 液体的流动状态

19世纪末，雷诺首先通过实验观察了管内水的流动情况，发现了液体有两种流动状态，即层流和湍流。图2.10(a)为雷诺实验装置示意图。图内容器6和3分别装满了水和相对密度与水相同的黑色液体，容器6中的液面由阀2及壁1维持恒定。阀8用以调节玻璃管7中水的流速。当开启阀8后，水从管7中流出，这时打开阀4，黑色液体也从小管5中流出；观察玻璃管7中水和黑色液体的情况，就可以判断液体的流动状态。当流速较低时，黑色液体的流动是一条与管轴线平行的黑色细直线[图2.10(b)]，若将小管5的出口上下移动，则可见黑色细线亦上下移动，这种流动状态称为层流。在层流运动中，液体质点互不干扰。当流速增至某一值时（称为上临界速度），黑线开始曲折[图2.10(c)]，表示层流开始被破坏。继续增大流速，黑线上下波动并出现断裂[图2.10(d)]，表示流体运动已趋于紊乱。若流速再增大，黑线消失[图2.10(e)]，这说明管中液体质点运动已杂乱无章，这种流动称为湍流。由层流过渡到湍流的中间状态[图2.10(d)]叫作变流，变流是一种不稳定的流态，一般按湍流处理。如果把阀8逐渐关小，液体将由湍流经变流在某一速度值（称为下临界速度）转变为层流。

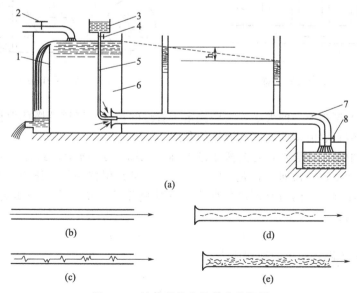

图2.10 液体的流态及其实验装置
1—壁；2,4,8—阀；3,6—容器；5—小管；7—玻璃管

层流与湍流是两种不同性质的流动状态。层流时黏性力起主导作用，液体质点受黏性的约束，不能随意运动；湍流时惯性力起主导作用，液体质点在高速流动时，黏性不再能约束它。液体流动时究竟是层流还是湍流，须用雷诺数来判别。根据试验，层流还是湍流，不仅与管内液体平均流速有关，还与管子直径和液体黏度有关，可以用雷诺数 Re 作为判别流动状态的准则。

$$Re = \frac{vd}{\upsilon} \tag{2.42}$$

式中　v——管中液体的平均流速，cm/s；
　　　υ——液体的运动黏度，cm²/s；
　　　d——液流的水力直径，对圆管即为管径，cm。

雷诺数为无因次量。实验指出，对光滑圆管，当 $Re<2320$ 时为层流运动；$Re>2320$ 时为湍流运动。对于非圆形截面，则：

$$d = \frac{4F}{\chi} \tag{2.43}$$

式中　F——通流截面积；
　　　χ——湿周长度。

雷诺数的物理意义为液体流动时的惯性力和黏性力的比值。雷诺数大，表明这时的流动以惯性力为主，其流动状态为湍流；雷诺数小表明这时的流动以黏性力为主，其流动状态为层流。

（2）沿程压力损失

① 圆管中层流运动的沿程压力损失　在液压系统中常见的圆管中流动是定常匀速流动，管道每一截面上其速度分布保持不变。我们通过下面一个实验研究沿程压力损失。

如图 2.11 所示的实验，当有流量为 Q 的流体通过管道时，5 个采样管的液面逐步递减，为什么？

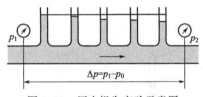
图 2.11　压力损失实验示意图

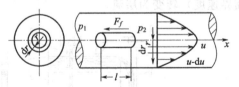
图 2.12　管中层流运动

压力损失（摩擦损失）的大小，主要决定于管道的长度、管道的横截面积、管壁的粗糙度、管道的弯折数目、流动的速度和液体的黏度。

在管流中，取轴心与管轴重合的微小圆柱体，如图 2.12 所示，圆柱长为 l，半径为 r。由于是匀速层流运动，故流速 v 仅是 r 的函数，且和轴线保持平行，压力 p 仅是 x 的函数。此时作用在这一小圆柱体的力有两端的压力、圆柱侧面的剪切应力以及重力。在 x 方向的力的平衡方程式为：

$$(p_1 - p_2)\pi r^2 - 2\pi r l \tau = 0$$

式中　τ——圆柱体侧表面上的剪切应力。

由牛顿假设：

$$\tau = -\mu \frac{dv}{dr}$$

式中，负号是由于 $\dfrac{\mathrm{d}v}{\mathrm{d}r}$ 为负值；μ 为黏度系数。

积分后得：
$$v=-\dfrac{p_1-p_2}{4\mu l}r^2+C$$

边界条件定 $r=R$，$v=0$，则得：
$$C=-\dfrac{p_1-p_2}{4\mu l}R^2$$

则
$$v=\dfrac{p_1-p_2}{4\mu l}(R^2-r^2)=\dfrac{\Delta p}{4\mu l}(R^2-r^2) \tag{2.44}$$

式(2.44)表明在圆管中层流运动时，速度按对称管轴的抛物线规律分布。当 $r=0$ 时，则得最大速度为 $v_{\max}=\dfrac{\Delta p}{4\mu l}R^2$。由液流连续性方程得：

$$v=\dfrac{1}{F}\int_F v\mathrm{d}F=\dfrac{1}{\pi r_0^2}\int_0^R \dfrac{\Delta p}{4\mu l}(R^2-r^2)2\pi r\mathrm{d}r=\dfrac{\Delta p R^2}{8\mu l}=\dfrac{v_{\max}}{2} \tag{2.45}$$

由式(2.45)可知，最大流速 $v_{\max}$ 是平均流速 v 的 2 倍。

通流断面的流量为：
$$Q=vF=v\pi R^2=\dfrac{\pi \Delta p R^4}{8\mu l}=\dfrac{\pi d^4 \Delta p}{128\mu l} \tag{2.46}$$

式中，d 为圆管直径。

式(2.46)为圆管层流运动的流量公式。利用此式计算时各量的单位必须取得一致。

由式(2.46)可得：
$$\Delta p=\dfrac{8\mu v l}{R^2}=\dfrac{32\mu l v}{d^2} \tag{2.47}$$

由式(2.47)可以看出，沿程压力损失与平均流速的一次方成正比。式(2.47)经适当变换后，可改写成：
$$\Delta p=\dfrac{64}{Re}\gamma\dfrac{lv^2}{d\cdot 2g}=\lambda\gamma\dfrac{lv^2}{d\cdot 2g} \tag{2.48}$$

式中，$\lambda=\dfrac{64}{Re}$ 称为层流沿程阻力系数；γ 为液体重度。

对于油：
$$\lambda=\dfrac{75}{Re}$$

对于水：
$$\lambda=\dfrac{64}{Re}$$

式(2.48)为层流运动时的沿程压力损失计算公式。

② 圆管中湍流运动的沿程压力损失　湍流时，液体质点除作轴向流动外，还有横向运动，引起了质点之间的碰撞，并形成了旋涡，因此，液体作湍流运动时的能量损失比层流时大得多。湍流运动时，液体的运动参数（压力 p 和流速 v）随时间而变化，是一种非定常流动。通过实验观察可以发现，其运动参数总是在某一平均值上下脉动。若用此平均值来研究湍流，则仍可简化为定常流动来处理。由于湍流运动结构的复杂性，迄今为止对它的规律仍未完全弄清楚。因此，这里对湍流流动的机理不作探求，而仅向读者介绍一些供计算湍流沿程压力损失用的公式。

在湍流运动时，由于质点相互碰撞混杂的结果，使液体在通流断面上的流速分布趋向均匀化（图2.13），这也就是动能修正系数在湍流时可以近似取作 1 的原因。然而由于液体与管壁的黏附作用，在管壁上的液体的速度仍然为零，然后流速以很大的梯度 dv/dr 增加，因此形成在近壁处为极薄的层流层，称作近壁层流层。其厚度 δ 与雷诺数有关，可以近似地用下式计算。

$$\delta = 30 \frac{d}{Re\sqrt{\lambda}}$$

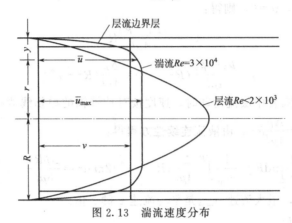

图 2.13　湍流速度分布

上式说明，雷诺数越大，湍流越剧烈，质点间相互混杂能力越强，则近壁层的层流愈薄，通流断面上的流速分布越趋于均匀化。

当 $\delta < \Delta$（管子绝对粗糙度）时，称为水力光滑管；当 $\delta > \Delta$ 时，称为水力粗糙管。

湍流时，压力损失计算公式与层流具有相同的形式，即：

$$\Delta p = \lambda \gamma \frac{l}{d} \times \frac{v^2}{2g} \tag{2.49}$$

式中，λ 为湍流沿程阻力系数，可用下列经验公式确定。

当 $3 \times 10^3 < Re \leqslant 10^5$ 时，

$$\lambda = 0.3164 Re^{-\frac{1}{4}}$$

当 $10^5 < Re \leqslant 3 \times 10^6$ 时，

$$\lambda = 0.0032 + \frac{0.221}{Re^{0.237}}$$

当 $Re > 3 \times 10^6$ 时，

$$\lambda = (2\lg \frac{d}{2\Delta} + 1.74)^{-2}$$

或

$$\lambda = \frac{0.312}{d^{0.266}} \left(1 + \frac{0.684}{v}\right)^{0.226}$$

另外，λ 还与管子内表面的绝对粗糙度 Δ 有关，绝对粗糙度与材料有关。绝对粗糙度在一般计算时亦可以参考下列数值：铸铁管 0.25mm；钢管 0.04mm；铜管 0.0015～0.01mm；铝管 0.0015～0.06mm；橡胶管 0.03mm。由此，λ 可以根据雷诺数 Re 和相对粗糙度 Δ/d 从图 2.14 查出。

③ 局部压力损失　沿程压力损失，只适用于圆形直管。在实际的液压系统中，其管道往往是一段一段的直管，通过一定方式连接起来，使管道的尺寸和走向按需要安排。此外为了控制、测量和其他需要，还要在管道上安装控制阀和其他元件。这样除了在各直管段产生的沿程损失外，液体流过各个接头、阀门等局部障碍时会产生撞击、旋涡等现象，而产生一定的能量损失，称为局部损失。由于在这些局部障碍处流动复杂，影响因素较多，因此除少

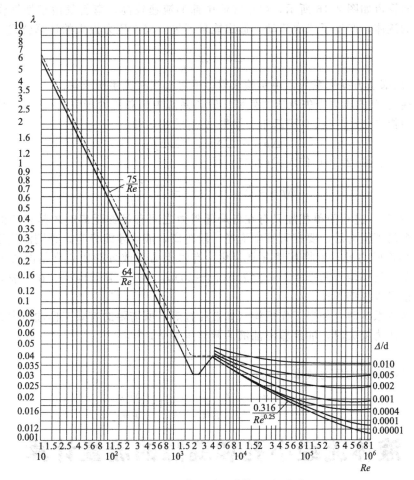

图 2.14 阻力系数 λ 随雷诺数 Re 的变化图

数能在理论上作一定分析外，一般都依靠实验求得局部压力损失的系数。

如图 2.15 所示，在扩散管道处由于管道扩散，通流截面积增大，则由连续性方程可知，其流速降低。又根据伯努利方程，流速降低必然会使该处压力升高。这时管流中心处由于液流速度较大，所以惯性力能克服这一正的压力梯度而继续向前流去；但近壁处的液流，则因无法克服这一正的压力梯度而停滞，甚至倒流。这时发生了边界层分离脱流，产生了旋涡，增加了能量损失。

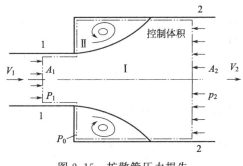

图 2.15 扩散管压力损失

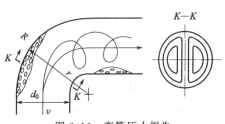

图 2.16 弯管压力损失

对于弯曲管道如图 2.16 所示，由于液流中部的流速较高，弯管处由于惯性作用，将挤开近壁部分的流体，产生了二次流动，造成能量损失。局部压力损失的计算公式为：

$$\Delta p = \zeta \gamma \frac{v^2}{2g} \tag{2.50}$$

式中　ζ——局部压力损失系数，由实验求得，或可查阅有关手册求得。

④ 管路系统总的压力损失及压力效率　管路系统中的总压力损失 $\Delta p_{总}$ 等于系统中所有直管中的压力损失 $\Delta p_{直}$ 与所有局部压力损失 $\Delta p_{局}$ 的和，即：

$$\Delta p_{总} = \sum \Delta p_{直} + \sum \Delta p_{局} \tag{2.51}$$

将式(2.49)、式(2.50) 代入式(2.51) 得：

$$\Delta p_{总} = \sum \lambda \frac{l}{d} \times \frac{rv^2}{2g} + \sum \zeta \frac{rv^2}{2g} \tag{2.52}$$

利用式(2.52) 进行简单相加只有在各局部阻力之间有足够距离时才是正确的。因为当液流经过一个局部阻力后，要在直管中流经一段距离，液流才能稳定，否则液流不稳定。又经过第二个局部阻力处，就将使情况复杂化，有时阻力系数可能比正常情况要大 2~3 倍。一般希望在两个局部阻力间直管的长度 $l > (10 \sim 20)d_0$，d_0 为管子内径。在一般对长管计算时，上述因素可以忽略不计。

在设计液压系统时，如果工作机构（如液压缸等）所需要的有效工作油压力为 p，则考虑到系统中的压力损失时，油泵输出油液的调整压力 $p_{调}$ 为：

$$p_{调} = p + \Delta p_{总}$$

因此，管路系统的压力效率 η_P 为：

$$\eta_P = \frac{p}{p_{调}} = \frac{p_{调} - \Delta p_{总}}{p_{调}} = 1 - \frac{\Delta p_{总}}{p_{调}} \tag{2.53}$$

2.3 液体流经小孔和缝隙的流量计算

液体流经小孔或缝隙时，流量受到了限制，所以称为节流。在液压传动中，系统压力和流量的控制都是利用节流的方法，如节流阀通过调节节流孔开口的大小控制流量，溢流阀通过控制溢流口的大小保持系统压力的稳定等。随动系统的运动也是建立在用缝隙控制流量的基础上。节流小孔和缝隙的液体流动，在液压元件和液压系统中起着很重要的作用，是计算元件或系统的灵敏性、平稳性和精确性的基础。

这里介绍一些经常应用的流量计算公式，是根据伯努利定律、连续性原理及其他水力学公式推导出来的，可用作近似计算。

(1) 小孔流量的计算

① 薄壁小孔流量的计算　所谓薄壁小孔，是指孔的长度与直径比值 $l/d \leqslant 0.5$ 的孔，如图 2.17 所示。通过薄壁小孔的流量可按下式计算。

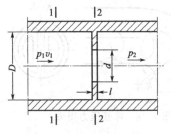

图 2.17　薄壁小孔节流

$$Q = C_a A \sqrt{\frac{2g}{\gamma}(p_1 - p_2)} = C_a A \sqrt{\frac{2g}{\gamma} \Delta p} \tag{2.54}$$

式中　C_a——流量系数，薄壁小孔计算中，当 $\frac{D}{d} \geqslant 7$ 时取

　　　　　$C_a = 0.6 \sim 0.62$，当 $\frac{D}{d} < 7$ 时 $C_a = 0.7 \sim 0.8$；

　　　A——薄壁小孔的截面积；

　　　g——重力加速度；

γ——液体重度；
p_1——小孔前腔压力；
p_2——小孔后腔压力；
Δp——小孔前后腔压力差。

假设 C_a、g、γ 为常量，从式 (2.55) 可以看出，对薄壁小孔流量影响最大的因素是小孔截面积 A。因为流量与压力差 Δp 的平方根成正比，所以影响次之，另外薄壁小孔摩擦阻力作用很小，所以流量基本不受黏度的影响，因而受温度变化的影响也很小。

② 细长小孔流量的计算　所谓细长，是指小孔长度远大于直径的小孔，如图 2.17 所示，一般 $l>4d$。流经细长小孔的流量可按下式计算。

$$Q=\frac{\pi d^4 \Delta p}{128\mu l} \tag{2.55}$$

由公式 (2.55) 可以看出，细长小孔的前后压力差 Δp 与流量成正比，因此它比薄壁小孔中压力差对流量的影响大。另外细长小孔流量还与液体的黏度成反比，所以受黏度和温度影响较大。

(2) 缝隙流量的计算

① 平面缝隙流量的计算　固定平面缝隙（图 2.18）流量的计算公式如下。

$$Q=\frac{b\delta^3 \Delta p}{12\mu l} \tag{2.56}$$

式中　b——缝隙宽度；
　　　l——缝隙长度；
　　　δ——间隙量。

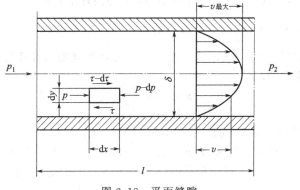

图 2.18　平面缝隙

两个平面中一个平面固定，另一个平面运动，并且仍保持两平面构成的间隙长度 l 时，其流量按下式计算。

$$Q=\frac{b\delta^3 \Delta p}{12\mu l} \pm \frac{vb\delta}{2} \tag{2.57}$$

当平面运动方向与液流方向一致时取正号；方向相反时，取负号。

从以上公式看出，流量与平面间隙量的三次方成正比，所以在要求密封的场合，应尽量减少间隙量以便减少压力油的泄漏。

② 同心环缝隙流量的计算　环形缝隙展开以后，相当于平面缝隙，只是用 πd 代替 b，所以同心环形缝隙（图 2.19）的流量计算公式为：

$$Q = \frac{\pi d \delta^3 \Delta p}{12 \mu l}$$

环形缝隙的一个表面运动并仍保持原缝隙长度 l 时，流量公式为：

$$Q = \frac{\pi d \delta^3 \Delta p}{12 \mu l} \pm \frac{v \pi d \delta}{2} \quad (2.58)$$

当运动表面的运动方向与液流方向一致时取正号，相反时取负号。

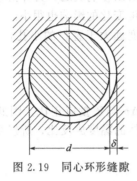

图 2.19 同心环形缝隙　　　　图 2.20 偏心环形缝隙

③ 偏心环缝隙流量的计算　在实际工作中，环形缝隙往往不能处于同心位置，而是具有一定的偏心量，形成偏心环形缝隙（图 2.20）。在其他条件相同的情况下，偏心环形缝隙的流量比同心环形缝隙的流量大。其计算公式为：

$$Q = \frac{\pi d \delta^3 \Delta p}{12 \mu l}(1 + 1.5\varepsilon^2) \quad (2.59)$$

式中　d——内环直径；

　　　δ——间隙量，$\delta = R - r$，R 为外环半径，r 为内环半径；

　　　ε——相对偏心率，$\varepsilon = \dfrac{e}{\delta}$，$e$ 为偏心量。

式(2.59)中，如果 $e = 0$，则 $\varepsilon = 0$，此式与同心环形缝隙的计算公式相同。如果偏心最大 $e = \delta$ 时，$\varepsilon = 1$，则式(2.59)可写为：

$$Q = \frac{\pi d \delta^3 \Delta p}{12 \mu l}(1 + 1.5\varepsilon) \quad (2.60)$$

可知，环形缝隙最大偏心时的流量为同心时的 2.5 倍。

[例题]　如图 2.21 所示，柱塞受 $F = 100\text{N}$ 的固定力作用而下落，缸中油液经缝隙泄出。设缝隙厚度 $h = 0.05\text{mm}$，缝隙长度 $l = 70\text{mm}$，柱塞直径 $d = 20\text{mm}$，油的黏度 $\mu = 50 \times 10^{-3} \text{Pa} \cdot \text{s}$。试计算：

① 当柱塞和缸孔同心时，下落 0.1m 所需时间是多少？

② 当柱塞和缸孔完全偏心时，下落 0.1m 所需时间又是多少？

解：① 同心圆形缝隙：

$$q = \frac{\pi d h^3}{12 \mu l}\Delta p - \frac{\pi d h}{2} u_0$$

$$\Delta p = p = \frac{F}{\pi d^2 / 4} = \frac{4F}{\pi d^2}$$

又

$$q = \frac{\pi d^2}{4} u_0$$

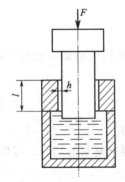

图 2.21 柱塞结构缝隙

上述各式整理得：

$$u_0 = \frac{4Fh^3}{3\pi\mu l d^2(d+2h)}$$

$$= \frac{4\times 100\times(0.05\times 10^{-3})^3}{3\pi\times 50\times 10^{-3}\times 0.07\times 0.02^2\times(20+2\times 0.05)\times 10^{-3}}$$

$$= \frac{1}{3\pi\times 7\times 4\times 20.1} = 1.89\times 10^{-4}\,\text{m/s}$$

$$t = \frac{s}{u_0} = \frac{0.1}{1.89\times 10^{-4}} = 529.10\,\text{s} = 8.82\,\text{min}$$

② 偏心圆形缝隙：当柱塞和缸孔完全偏心时 $\varepsilon=1$。

$$q = 2.5\times\frac{\pi d h^3}{12\mu l}\Delta p - \frac{\pi d h}{2}u_0$$

$$u_0 = 2.5\times\frac{4Fh^3}{3\pi\mu l d^2(d+2h)} = 2.5\times 1.89\times 10^{-4} = 4.73\times 10^{-4}\,\text{m/s}$$

$$t = \frac{s}{u_0} = \frac{0.1}{4.73\times 10^{-4}} = 211.64\,\text{s} = 3.53\,\text{min}$$

2.4 液压冲击与空穴现象

(1) 液压冲击

在液压系统中，由于某种原因引起油液的压力瞬间急剧上升，形成了一个油压的峰值，称为液压冲击。

① 产生液压冲击的原因和冲击的影响　液体在导管内以速度 v_1 运动时，因瞬间通路截断，液体流速由 v_1 迅速降为零，因而它的动能转为液体挤压能，使液体的压力升高而形成一个峰值，引起了冲击；之后这种液压能量迅速传递到后面的各层液体，形成了压力波，同时各层的压力波又反过来传到最前面的液体层，压力波在管道内来回传播震荡，这种压力波也称冲击波。这种液压冲击与冲击波在充满液体的导管内的传播速度有关。

在液压系统中，高速运动的工作部件的惯性力也可以引起系统中的压力冲击。例如，在工作部件要换向或制动时，常在液压缸排出的排油管路中用一个控制阀关闭油路，这时油液不能再从液压缸中继续排出，但运动部件由于惯性作用仍在向前运动，经过一段时间后运动才能完全停止，这也会引起液压缸和管路中的油压急剧升高而产生液压冲击。

由于液压系统中某些元件反应动作不够灵敏，也可能造成液压冲击。例如，当液压系统中压力升高时，溢流阀不能及时打开而造成压力的超调量；或限压式自动调节的变量油泵，当油压升高时不能及时减少输油量而造成液压冲击等。

在液压系统中产生液压冲击时，瞬时的压力峰值有时比正常压力要大好几倍，这样容易引起系统振动。此外，从液压系统中的静压力来看，虽比破坏压力要小很多，但液压冲击的峰值有时足以使密封装置、管路或其他液压元件损坏。

在系统中产生液压冲击时，由于压力升高，往往可使某些工作元件（如阀、压力继电器等）产生误动作，并可能因此而使设备损坏。

② 冲击波在导管中的传播速度　如果导管接近于绝对刚体，冲击波在导管中的传播速度就相当于在液体介质中的声速 a_0，可以用下式表示

$$a_0 = \sqrt{\frac{k}{\rho}} \tag{2.61}$$

式中 k——油液的容积弹性系数；
ρ——油液的密度。

但是，导管实际上是有弹性的，所以在上式中的 k 应以整个系统的弹性系数 $k_\text{系}$ 来代替。因为

$$\frac{1}{k_\text{系}}=\frac{1}{k}+\frac{d}{E\delta} \tag{2.62}$$

式中 d——导管内径；
E——导管材料的弹性系数；
δ——导管壁厚。

从式(2.62)可以求得：

$$k_\text{系}=\frac{k}{1+\frac{kd}{E\delta}} \tag{2.63}$$

因此，当考虑导管的弹性时，冲击波在导管中的传播速度 a 为：

$$a=\sqrt{\frac{k_\text{系}}{\rho}} \tag{2.64}$$

将式(2.63)代入式(2.64)可得：

$$a=\frac{a_0}{\sqrt{1+\frac{kd}{E\delta}}} \tag{2.65}$$

在液压系统常用的矿物油中，声速的平均数值可取 $a_0=1.32\times 10^5\text{cm/s}$，因此式(2.65)可以写成：

$$a=\frac{1.32\times 10^5}{\sqrt{1+\frac{kd}{E\delta}}} \tag{2.66}$$

③ 液流通道迅速关闭时所产生的液压冲击　液流通道迅速关闭时，液体流速突然降至为零，此时最前面的液体层停止运动，将动能转化为液体的挤压能，形成压力冲击，并且迅速传递到后面的各层液体，后面各层压力又反过来传到最前面的液体层，形成冲击波。

通道迅速关闭而产生的液压冲击有两种情况，即完全冲击和非完全冲击。

假设通道关闭的时间为 t，冲击波从起始点开始再反射回起始点的时间为 T，那么，$t<T$ 时为完全冲击，此时，液流动能全部转为液压能；$t>T$ 时为非完全冲击，此时，只有部分液流动能转为液压能。T 值由下式求出。

$$T=\frac{2l}{a} \tag{2.67}$$

式中 l——冲击波传播距离；
a——冲击波传播速度。

对完全冲击，导管液体压力升高值按下式计算。

$$\Delta p=a\rho\Delta v$$

式中 ρ——油的密度；
Δv——液流速度变化值。

液流通道全部关闭时，$\Delta v=v_1$；液流通道部分关闭时，$\Delta v=v_1-v_2$。v_1、v_2 分别为液流速度发生变化前后的流速。

对非完全冲击，导管液体压力升高值 Δp 按下式计算。

$$\Delta p = a\rho \cdot \Delta v \frac{T}{t} \tag{2.68}$$

由上述可以看出，为了减少或避免因通道迅速关闭而引起的液压冲击，可采取以下措施。

a. 延长通道关闭时间 t，如用先导阀减缓换向阀的换向速度。

b. 降低通道关闭前的液流速度变化 Δv，如在滑阀端部开缓冲槽等。

c. 缩短冲击波传播反射的时间 T，如缩短导管距离 l，或在距通道关闭部位较近的位置设置蓄能器。

d. 降低冲击波传播速度 a，如采用较大的导管直径 d，采用弹性系数 E 较大的导管材料，如橡胶管等。

④ 运动部件制动时所产生的液压冲击　在液压系统中，当在液压缸的排油管路中减小或关闭排油通路以使高速运动部件制动时，由于运动部件的惯性作用，也会引起液压冲击。

在设计液压系统时，如果已拟定了运动部件制动（或使运动速度减慢 Δv）所需要的时间 Δt，根据动量平衡式 $P \Delta t = \sum m \Delta v$，可以求得系统中产生的冲击压力 Δp 为：

$$\Delta p = \frac{P}{f} = \frac{\sum m \Delta v}{f \Delta t} \tag{2.69}$$

式中　m——被制动的运动部件的质量或换算质量（运动油液的质量较小，可以忽略不计）；

Δv——运动部件速度的减小值；

f——液压缸的有效工作面积；

Δt——运动部件制动或速度减慢 Δv 所需的时间。

可以看出，要减小由于运动部件制动时所产生的冲击压力 Δp，则应采取以下措施。

a. 使运动部件速度的变化比较均匀，这可以用正确设计换向阀的阀口形式来达到。

b. 在允许延长制动时间时，可以增大 Δt 以减小冲击压力 Δp。

c. 当换向阀移动到中间位置时，可以使液压缸两腔和进回油路瞬时互通，这样也能减小液压冲击。

（2）空穴现象与危害

在液流中，如果某一点的压力低于当时温度下液体的饱和蒸气压力时，液体就开始沸腾，原来溶于油液中的空气游离出来，形成气泡。这些气泡混杂在油液中，产生了气穴，使原来充满在导管或元件中的油液成为不连续状态，这种现象一般称为空穴现象。

在液压系统的管路或元件的通道中，如有一段特别狭窄的地方，当液流经过这些地方时速度会迅速上升，以致液体压力降得很低，这时就可能产生空穴现象。

在油泵吸油管路中，要特别注意这一问题。如果吸油管路的直径较小，吸油面过低，或吸油管路中的其他阻力较大，以致吸油管中压力过低，或者油泵转速过高，在油泵吸油路中油液不能充满全部空间，都可能产生空穴现象。

如果液流中产生了空穴现象，当液体中的气泡随着液流运动到压力较高的区域，气泡在周围压力油的冲击下迅速破裂，且又凝结成液体。由于这一过程发生在瞬间，所以引起了局部液压冲击。在气泡凝结之处，压力、温度均急剧升高，并引起强烈的噪声和油管振动。

在气泡凝聚地方附近或其他液压元件表面，因长期承受液压冲击和高温作用，同时从液体中游离出来的空气中含有氧气，这种氧气具有强烈的酸化作用，因此，零件表面即产生腐蚀，这种因空穴现象而产生的零件的腐蚀，一般称为汽蚀。

当油泵发生空穴现象时，除产生噪声、振动外，由于气泡占据了一定空间，破坏了液体的连续性，降低了吸油管的通过能力，而影响到液压泵的流量，在油管中，就会造成流量和油压波动。油泵零件承受冲击载荷也会降低液压泵的工作寿命。

为了防止空穴现象的发生,对于液压泵来讲,要正确设计液压泵的结构参数和油管的管路,特别是吸油管路应有足够的直径,在管路中尽量避免有狭窄处或急剧转弯处,以保证在吸油管路中各处的压力都不低于液体的饱和蒸气压力。为了增加吸油管路中的油压,有的高压泵采用由低压泵供油的方法。

为了提高零件的抗汽蚀能力,可增加零件的机械强度,采用抗腐蚀能力强的金属材料并提高零件表面的粗糙度。在常用的材料中,铸铁的抗气蚀能力较差,青铜则较好。

2.5 液压传动介质

(1) 液压传动介质的物理性质

从分子物理学的观点来看,液体是由许多不断作不规则运动的分子所组成的;分子间存在着间隙,因此它们是不连续的。但从工程技术的观点来看,分子间的间隙极其微小,完全可以把液体看作是由无限多个微小质点所组成的连续介质,把液体的状态参数(密度、速度和压力等)看做是空间坐标内的连续函数。

① 密度和重度 液体中某点处微小质量 Δm 与其体积 ΔV 之比的极限值,称为该点的密度。

$$\rho = \lim_{\Delta V \to 0} \frac{\Delta m}{\Delta V} = \frac{\mathrm{d}m}{\mathrm{d}V} \tag{2.70}$$

液体中某点处微小重力 ΔF_G 与其体积 ΔV 之比的极限值,称为该点液体的重度。

$$\gamma = \lim_{\Delta V \to 0} \frac{\Delta F_G}{\Delta V} = \frac{\mathrm{d}F_G}{\mathrm{d}V} \tag{2.71}$$

对于均质液体来讲,它的密度和重度分别为:

$$\rho = \frac{m}{V} \qquad \gamma = \frac{F_G}{V}$$

式中 m——液体的质量;

F_G——液体的重力;

V——液体的体积。

在国际单位制(SI 制)中,液体的密度单位使用 kg/m^3;重度单位使用 N/m^3。由于 $F_G = mg$,所以液体的密度和重度之间有如下关系。

$$\gamma = \rho g \tag{2.72}$$

重力加速度 g 的值在 SI 制中常取 $9.81 m/s^2$。

液体的密度和重度随压力和温度而变化,在一般情况下,可视为常数。

② 液体的可压缩性 当液体受到压力时,分子间距离缩短,密度增加,体积缩小,这种性质就叫做液体的可压缩性。

液压油在 35MPa 以下的压力范围,每升高 7MPa,体积仅缩小 0.5%,因此在一般情况下这种体积变化可以忽略不计,但是在研究液压传动的动态特性,计算液流冲击力、抗振稳定性、工作的过渡过程以及远距离操纵的液压机构时,必须考虑它的压缩性。

在这些情况下,液体的压缩性是有害的性质。例如,在精度要求很高的随动系统中,油液的压缩性会影响它的运动精度,在超高压系统液体加压压缩时吸收了能量,当换向时能量突然释放出来,会产生液压冲击,引起剧烈的振动和噪声等。

但是我们可以利用它有利的一面。例如液压机中,可以利用油液的压缩性储存压力能,实现停机保压。

液体压缩的大小，一般用压缩系数 β 来表示。它相当于每增加 0.1MPa 压力时，液体体积的变化量。

$$\beta_V = \frac{1}{\Delta p} \times \frac{\Delta V}{V_0} \tag{2.73}$$

式中　β_V——体积压缩系数；

　　　Δp——压力变化值；

　　　ΔV——液体被压缩后体积的变化值；

　　　V_0——液体压缩前的体积。

体积压缩系数 β_V 的倒数，称为体积弹性模量，用 K 表示。

液压油的体积弹性模量为 $1.4 \times 10^9 \sim 2.0 \times 10^9 \text{N/m}^2$，而钢的弹性模量为 $2.06 \times 10^{11} \text{N/m}^2$，可见液压油的压缩性比钢要大 100~150 倍。

液压油的体积模量与压缩过程、温度、压力等因素有关，等温压缩下的 K 值不同于绝热压缩下的 K 值，由于差别较小，工程技术上使用时可忽略其差别。温度升高时，K 值减小，在液压油正常工作的温度范围内，K 值会有 5%~25%的变化。压力加大时，K 值增大，其变化不呈线性关系，且当 $p \geqslant 3\text{MPa}$ 时，K 值基本上不再加大。

③ 黏度　当油液在外力的作用下发生流动时，由于油液分子与固体壁面之间的附着力和分子之间的内聚力的作用，会导致油液分子间产生相对运动，从而在油液中产生内摩擦力。我们称油液在流动时产生内摩擦的特性为黏性。所以只有在流动时，油液才有黏性，而静止液体则不显示黏性。

黏性的大小可用黏度来衡量。黏度是选用液压油的主要指标，它对油液流动的特性有很大影响。

a. 黏度的定义及其物理意义。如图 2.22 所示，设两平行平板之间充满油液，上平板以速度 v 向右运动，而下平板则固定不动时，紧贴上平板的油液黏附于平板上，以相同的速度随平板向右移动。紧贴在下平板的油液则黏附于下平板而保持静止。中间流体的速度如图 2.22 所示呈线性分布。我们可将这种流动看作为许多薄流体层的运动。由于各层的流动速度不同，流动快的流层会拖动慢的流层，而流动慢的流层又会阻滞流动快的流层。这种流层之间的相互作用力称为内摩擦力。内

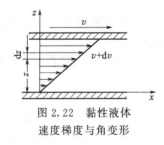

图 2.22　黏性液体速度梯度与角变形

摩擦力的大小不仅与油液的黏性有关，也与流层间的相对运动速度大小有关。若两平板之间距离为 z，平板面积为 A，下平板上所受到的油液的剪切力为 F，牛顿曾假设下列关系式成立。

$$\frac{F}{A} = \mu \frac{v}{z} \tag{2.74}$$

式中，μ 是由油液性质决定的系数（常数）称为黏性系数。实验证明这一假定，对水、油、空气等流体近似成立。我们将 μ 为常数的流体称为牛顿流体，反之，则称为非牛顿流体。

进一步分析牛顿假定的关系式可以看出，等式的左边即为单位面积上所受的剪切应力 τ，等式右边 $\dfrac{v}{z}$ 表示垂直于速度方向上单位距离的速度的平均变化率。当 z 很小时它就是垂直于速度方向上的速度梯度 $\dfrac{dv}{dz}$。写成一般式：

$$\tau = \mu \frac{\mathrm{d}v}{\mathrm{d}z} \tag{2.75}$$

b. 黏度的单位。

• 动力黏度 μ。动力黏度又称绝对黏度（黏性系数），它由式（2.76）导出 $\mu = \tau \frac{\mathrm{d}z}{\mathrm{d}v}$，它表示当速度梯度为 1 时单位面积上的摩擦力，单位为 Pa·s（帕·秒）或 $N \cdot s/m^2$。在工程单位制中用泊（P）表示，$1P = 1dyn \cdot s/cm^2$，泊的 1/100 称厘泊。$1Pa \cdot s = 1N \cdot s/m^2 = 10P$。

• 运动黏度 v。运动黏度为动力黏度与密度之比，即：

$$v = \frac{\mu}{\rho} \tag{2.76}$$

v 的单位为 cm^2/s，在工程单位制中，v 的单位是 m^2/s，$1m^2/s$ 等于 10^4 st（即 10^8 cSt）。

运动黏度 v 没有明确的物理意义，只是在理论分析和计算时，黏度常以 $\frac{\mu}{\rho}$ 形式出现。为便于计算，引入 v 这一概念，在 v 的量纲中只有运动学要素（时间和长度），故称为运动黏度。

• 相对黏度（恩氏黏度 $°E$）。动力黏度与运动黏度难以直接测量，一般仅用于理论分析和计算。实际应用中，常用黏度计在规定的条件下直接测量油液的黏度。按照测量仪器条件的不同有各种相对黏度单位。但基本原理是相同的，都是以相对于水的黏度大小来度量油液的黏度大小。我国采用恩氏黏度计来测定油液的黏度。在某一特定温度（如 20℃、50℃、100℃）时，$200cm^3$ 被测油液在自重作用下流过 $\phi 2.8mm$ 的小孔所需时间 t_1 与 20℃ 时同体积蒸馏水流过小孔所需时间 t_2 之比，即为被测油液的恩氏黏度：

$$°E_1 = \frac{t_1}{t_2}$$

工业上常用 20℃、50℃、100℃ 作为恩氏黏度测定的标准温度，分别以 $°E_{20}$、$°E_{50}$、$°E_{100}$ 来表示。

$°E$ 与 v 之间换算关系式为：

$$v = 7.31 °E - \frac{6.31}{°E} \tag{2.77}$$

c. 黏度和压力的关系。在一般情况下，压力对黏度的影响较小，对大多数液体，随着压力增加，其分子之间距离缩小，内聚力增大，黏度也随着增大。在实际工程中，压力 < 5MPa 时，一般均不考虑压力对黏度的影响。在压力较高时，需要考虑压力对黏度的影响，它们之间为指数关系：

$$v_p = v_0 e^{bp} \approx v_0 (1 + bp) \tag{2.78}$$

式中　v_0——一个大气压时的运动黏度；

　　　b——指数，一般为 $0.002 \sim 0.003 cm^3/kgf$（$1kgf = 9.80665N$）；

　　　v_p——压力为 p 时的运动黏度；

　　　p——油压，kgf/cm^2。

d. 黏度与温度的关系。温度对油液黏度的影响较大。随着温度增加，油液黏度下降。油液黏度与温度之间的关系称为油液的黏温特性。不同的油有不同的黏温特性。在 $30 \sim 150℃$ 范围内，对运动黏度 $v < 76cSt$ 的矿物油，其黏度与温度的关系可用下式表示：

$$v_t = v_{50} \left(\frac{50}{t}\right)^n \tag{2.79}$$

式中　v_t——温度 t 时油的运动黏度；

v_{50}——50℃时油的运动黏度；

n——指数，见表2.2。

t 温度时的黏度，除用上述计算方法求得外，对国产油还可按其牌号，从图2.23所示的黏温图中查得。因黏度的变化直接影响液压系统的泄露、速度稳定性、效率等性能，选用液压油时要特别注意油液的黏温特性。

表 2.2　指数 n 的取值

v_{50}/cSt	2.5	6.5	9.5	21	30	38	45	52	60	68	76
n	1.39	1.59	1.72	1.99	2.13	2.24	2.32	2.42	2.49	2.52	2.56

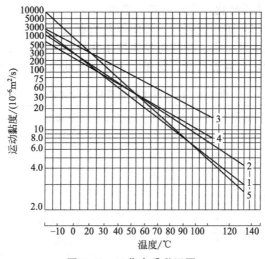

图 2.23　工作介质黏温图

1—普通矿物油；2—高黏度指数矿物油；3—水包油型乳化剂；4—水乙二醇型乳化剂；5—磷酸酯型乳化剂

（2）液压传动介质的选用

由于石油基液体（矿物油）润滑性好、腐蚀性小、黏度较高、化学稳定性好，故在液压传动中广泛采用。特殊情况下，可以采用专用液压油，如稠化液压油，可用于建筑机械、工程机械、起重机械等液压系统。

液压工作介质的主要质量指标见表2.3。

表 2.3　液压工作介质的主要质量指标

性能	可燃性液压油			抗燃性液压油			
	石油型			合成型		乳化型	
	通用液压油	抗磨液压油	低温液压油	磷酸酯液	水乙二醇液	油包水液	水包油液
	L-HL	L-HM	L-HV	L-HFDR	L-HFC	L-HFB	L-HFA
密度/(kg/m³)	850～900			1100～1500	1040～1100	920～940	1000
黏度	小-大					小	小
黏度指数Ⅵ不小于	90	95	130	130～180	140～170	130～150	极高
润滑性	优			良			可
防腐蚀性	优			良			可
闪点/℃(不低于)	170～200	170	150～170	难燃			不燃

续表

性能	可燃性液压油			抗燃性液压油			
	石油型			合成型		乳化型	
	通用液压油	抗磨液压油	低温液压油	磷酸酯液	水乙二醇液	油包水液	水包油液
	L-HL	L-HM	L-HV	L-HFDR	L-HFC	L-HFB	L-HFA
凝点/℃(不高于)	−10	−25	−35～−50	−20～−50	−50	−25	−5

选择液压油时，除按泵、阀样本的规定外，一般可按表 2.4 所示按油泵类型推荐用油黏度表，选用液压油。

在使用中，为防止油质恶化，应注意如下事项。

① 保持液压系统清洁，防止金属屑、纤维等杂质混入油中。

② 防止油液中混入空气、水。空气可使系统工作性能变差，水可使机械油液乳化。

③ 定期检查油液质量和液面高度，必要时更换机械油和添加油液。

表 2.4　按油泵类型推荐用油运动黏度

名称	运动黏度/(mm²/s)		工作压力/MPa	工作温度/℃	推荐用油
	允许	最佳			
叶片泵 1200r/min 叶片泵 1800r/min	16～220 20～220	26～54 25～54	7	5～40	L-HH32,L-HH46
				40～80	L-HH46,L-HH68
			>14	5～40	L-HL32,L-HL46
				40～80	L-HL46,L-HL68
齿轮泵	4～220	25～54	<12.5	5～40	L-HL32,L-HL46
				40～80	L-HL46,L-HL68
			10～20	5～40	L-HL46,L-HL68
				40～80	L-HM46,L-HM68
			16～32	5～40	L-HM32,L-HM68
				40～80	L-HM46,L-HM68
径向柱塞泵 轴向柱塞泵	10～65 4～76	16～48 16～47	14～35	5～40	L-HM32,L-HM46
				40～80	L-HM46,L-HM68
			>35	5～40	L-HM32,L-HM68
				40～80	L-HM68,L-HM100
螺杆泵	19～49		>10.5	5～40	L-HL32,L-HL46
				40～80	L-HL46,L-HL68

第 3 章 液压泵及马达

3.1 概述

液压动力元件起着向系统提供动力源的作用，是系统不可缺少的核心元件。液压系统是以液压泵作为系统提供一定的流量和压力的动力元件，液压泵将原动机（电动机或内燃机）输出的机械能转换为工作液体的压力能，是一种能量转换装置。

(1) 液压泵工作原理

液压泵是依靠密封容积变化的原理来进行工作的，故一般称为容积式液压泵，图 3.1 所示的是一单柱塞液压泵的工作原理图，图中柱塞 2 装在缸体 3 中形成一个密封容积 a，柱塞在弹簧 4 的作用下始终压紧在偏心轮 1 上。原动机驱动偏心轮 1 旋转使柱塞 2 作往复运动，使密封容积 a 的大小发生周期性的交替变化。当 a 由小变大时就形成部分真空，使油箱中油液在大气压作用下，经吸油管顶开单向阀 6 进入油箱 a 而实现吸油；反之，当 a 由大变小时，a 腔中吸满的油液将顶开单向阀 5 流入系统而实现压油。这样液压泵就将原动机输入的机械能转换成液体的压力能，原动机驱动偏心轮不断旋转，液压泵就不断地吸油和压油。

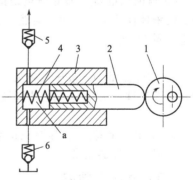

图 3.1 液压泵工作原理图
1—偏心轮；2—柱塞；3—缸体；
4—弹簧；5,6—单向阀

(2) 液压泵的特点

单柱塞液压泵具有一切容积式液压泵的基本特点，具体如下。

① 具有若干个密封且又可以周期性变化的空间。液压泵输出流量与此空间的容积变化量和单位时间内的变化次数成正比，与其他因素无关。这是容积式液压泵的一个重要特性。

② 具有相应的配流机构，将吸油腔和排液腔隔开，保证液压泵有规律地、连续地吸、排液体。液压泵的结构原理不同，其配油机构也不相同。

容积式液压泵中的油腔处于吸油时称为吸油腔。吸油腔的压力决定于吸油高度和吸油管路的阻力，吸油高度过高或吸油管路阻力太大，会使吸油腔真空度过高而影响液压泵的自吸能力，压油腔的压力则取决于外负载和排油管路的压力损失，从理论上讲排油压力与液压泵的流量无关。

容积式液压泵排油的理论流量取决于液压泵的有关几何尺寸和转速，而与排油压力无关。但排油压力会影响泵的内泄露和油液的压缩量，从而影响泵的实际输出流量，所以液压泵的实际输出流量随排油压力的升高而降低。

(3) 液压泵的分类

液压泵按其在单位时间内所能输出的油液的体积是否可调节而分为定量泵和变量泵两类；按结构形式可分为齿轮式、叶片式和柱塞式三大类。

3.2 液压泵的主要性能参数

(1) 压力

① 工作压力　液压泵实际工作时的输出压力称为工作压力。工作压力的大小取决于外负载的大小和排油管路上的压力损失，而与液压泵的流量无关。

② 额定压力　液压泵在正常工作条件下，按试验标准规定连续运转的最高压力称为液压泵的额定压力。

③ 最高允许压力　在超过额定压力的条件下，根据试验标准规定，允许液压泵短暂运行的最高压力值，称为液压泵的最高允许压力。

(2) 流量和排量

① 排量 q　液压泵每转一周，由其密封容积几何尺寸变化计算而得的排出液体的体积叫液压泵的排量。排量可调节的液压泵称为变量泵；排量为常数的液压泵则称为定量泵。

② 理论流量 Q_i　理论流量是指在不考虑液压泵的泄漏流量的情况下，在单位时间内所排出液体体积的平均值。显然，如果液压泵的排量为 q，其主轴转速为 n，则该液压泵的理论流量 Q_i 为：

$$Q_i = qn \tag{3.1}$$

③ 实际流量 Q　液压泵在某一具体工况下，单位时间内所排出的液体体积称为实际流量，它等于理论流量 Q_i 减去泄漏流量 ΔQ，即：

$$Q = Q_i - \Delta Q \tag{3.2}$$

④ 额定流量 Q_n　液压泵在正常工作条件下，按试验标准规定（如在额定压力和额定转速下）必须保证的流量。

(3) 功率和效率

① 液压泵的功率损失　液压泵的功率损失有容积损失和机械损失两部分。

a. 容积损失　容积损失是指液压泵流量上的损失，液压泵的实际输出流量总是小于其理论流量，其主要原因是由于液压泵内部高压腔的泄漏、油液的压缩以及在吸油过程中由于吸油阻力太大、油液黏度大以及液压泵转速高等原因而导致油液不能全部充满密封工作腔。液压泵的容积损失用容积效率来表示，它等于液压泵的实际输出流量 Q 与其理论流量 Q_i 之比，即：

$$\eta = \frac{Q}{Q_i} = \frac{Q_i - \Delta Q}{Q_i} \tag{3.3}$$

因此液压泵的实际输出流量 Q 为：

$$Q = Q_i \eta_V = qn\eta_V \tag{3.4}$$

式中，q 为液压泵的排量，m^3/r；n 为液压泵的转速，r/s。

液压泵的容积效率随着液压泵工作压力的增大而减小，且随液压泵的结构类型不同而异，但恒小于1。

b. 机械损失　机械损失是指液压泵在转矩上的损失。液压泵的实际输入转矩 T_0 总是大于理论上所需要的转矩 T_i，其主要原因是由于液压泵体内相对运动部件之间因机械摩擦而引起的摩擦转矩损失以及液体的黏性而引起的摩擦损失。液压泵的机械损失用机械效率表示，它等于液压泵的理论转矩 T_i 与实际输入转矩 T_0 之比。设转矩损失为 ΔT，则液压泵的机械效率为：

$$\eta_m = \frac{T_i}{T_0} = \frac{1}{1+\frac{\Delta T}{T_i}} \tag{3.5}$$

② 液压泵的功率

a. 输入功率 P_i　液压泵的输入功率是指作用在液压泵主轴上的机械功率，当输入转矩为 T_0，角速度为 ω 时，有：

$$P_i = T_0 \omega \tag{3.6}$$

b. 输出功率 P　液压泵的输出功率是指液压泵在工作过程中的实际吸、压油口间的压差 Δp 和输出流量 Q 的乘积，即：

$$P = \Delta p Q \tag{3.7}$$

式中，Δp 为液压泵吸、压油口之间的压力差，N/m^2；Q 为液压泵的实际输出流量，m^3/s；P 为液压泵的输出功率，$N \cdot m/s$ 或 W。

在实际的计算中，若油箱通大气，液压泵吸、压油的压力差往往用液压泵出口压力 p 代入。

③ 液压泵的总效率　液压泵的总效率是指液压泵的实际输出功率与其输入功率的比值，即：

$$\eta = \frac{P}{P_i} = \frac{\Delta p Q_i \eta_V}{\frac{T_i \omega}{\eta_m}} = \eta_V \eta_m \tag{3.8}$$

其中，$\Delta p Q_i / \omega$ 为理论输入转矩 T_i。

由式(3.8)可知，液压泵的总效率等于其容积效率与机械效率的乘积，所以液压泵的输入功率也可写成：

$$P = \frac{\Delta p Q}{\eta} \tag{3.9}$$

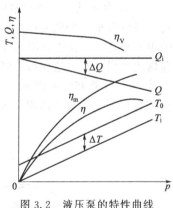

图 3.2　液压泵的特性曲线

液压泵的各个参数和压力之间的关系如图 3.2 所示。

3.3　齿轮液压泵

在各类容积式液压泵中，齿轮泵具有结构简单、重量轻、制造容易、成本低、工作可靠、维修方便等特点，因而广泛应用于中低压液压系统中。它的缺点是容积效率低、轴承载荷大，此外流量脉动、压力脉动、噪声都较大。

(1) 外啮合齿轮泵

① 工作原理　如图 3.3 所示，齿轮泵的泵体内装有一对互相啮合的齿轮，在齿轮两侧端面有端盖，由于齿轮齿顶与泵体内孔表面间隙很小，齿轮齿侧面与端盖间隙也很小，因而在泵体、端盖和齿轮各齿之间形成了密封工作腔。当齿轮按图示方向旋转时，在啮合点右侧

密封腔的轮齿逐渐退出啮合，使得空间增大，形成部分真空，油箱中的油液在外界大气压力作用下被吸进来。齿轮泵的吸油腔吸入到齿间的油液在密封的工作空间中，随齿轮旋转被带到啮合点的左侧油腔，由于左侧的轮齿是逐渐进入啮合，使得空间减小，所以齿间的油液被挤出，形成了泵的压油腔。油液就从压油腔经管路被输送到系统中去。

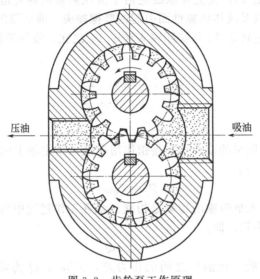

图 3.3 齿轮泵工作原理

② 齿轮泵的结构　齿轮泵的结构见图 3.4。齿轮 6、7 装在泵体 3 中，由传动轴 5 带动回转。滚针轴承 2 分别装在两侧端盖 1 和 4 中。小孔口为泄油孔，使泄漏出的油液经从动齿轮的中心小孔 c 及孔道 d 流回吸油腔。在泵体 3 的两端各有卸荷槽 b，由侧面泄漏的油液经卸荷槽流回吸油腔，这样可以降低泵体与端盖接合面间泄漏油的压力。

③ 排量计算和流量脉动　齿轮泵的平均排量是两个齿轮齿槽容积的总和，并近似认为齿槽的容积等于轮齿的体积。因此每转的排量 q 为：

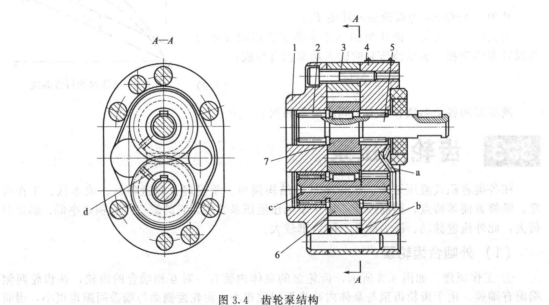

图 3.4 齿轮泵结构

1,4—端盖；2—滚针轴承；3—泵体；5—传动轴；6—从动齿轮；7—主动齿轮

$$q = \pi Dhb = 2\pi zm^2 b \tag{3.10}$$

式中 D——齿轮节圆直径；

h——轮齿有效工作高度，这里 $h=m$；

b——齿宽；

z——齿数；

m——齿轮模数。

考虑到齿槽容积比轮齿的体积稍大，用 6.66 代替 2π，得：

$$q = 6.66zm^2 b$$

若泵的转速为 n，容积效率为 η_{BV}，则泵的输出流量为：

$$Q = 6.66zm^2 bn\eta_{BV} \tag{3.11}$$

实际上，式(3.11)表示的流量是齿轮泵的平均流量。由于齿轮在啮合过程中，位于不同啮合点处的工作空间容积变化率是不一样的，因此，齿轮泵的瞬时流量是脉动的，其流量脉动率 σ 可用下式表示。

$$\sigma = \frac{Q_{max} - Q_{min}}{Q_{max}} \tag{3.12}$$

可以看出流量和几个主要参数的关系如下。

a. 输油量与齿轮模数 m 的平方成正比。

b. 在泵的体积一定时，齿数少，模数就大，故输油量增加，但流量脉动大；齿数增加时，模数就小，输油量减少，流量脉动也小。用于机床上的低压齿轮泵，取 $z=13\sim19$，而中高压齿轮泵，取 $z=6\sim14$，齿数 $z<14$ 时，要进行修正。输油量和齿宽 b、转速 n 成正比。一般齿宽 $b=(6\sim10)m$；转速 n 为 750r/min、1000r/min、1500r/min，转速过高，会造成吸油不足，转速过低，泵也不能正常工作。一般齿轮的最大圆周速度不应大于 $5\sim6$m/s。

④ 困油现象 齿轮泵要能连续供油，且使输油率比较均匀，就要求齿轮啮合的重叠系数 $\varepsilon \geqslant 1$，这样，在某一段时间就会有两对轮齿同时啮合，这时留在齿间的油液就被围困在两对轮齿所形成的封闭体内。随着齿轮转动，这一封闭容积的大小将发生变化，使困在里边的油液受到挤压，这种现象称为困油现象。如图 3.5(a) 所示，两对牙齿同时进入啮合，其间形成了密封容积，当齿轮继续回转，这个密封容积就逐渐减小，直到两个啮合点 A、B 位于节点两侧的对称位置如图 3.5(b) 所示。这个密封容积减小会使被困的油液受挤压，使压力急剧升高，油液将从各处的缝隙中强行挤出去，使齿轮和轴承受到很大的径向力。齿轮继

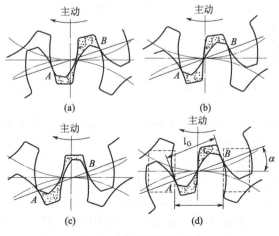

图 3.5 齿轮泵困油现象

续回转，这个密封容积又逐渐增大，直到如图 3.5(c) 所示增至最大，由于密封容积的增大，就形成了部分真空，使混在油液中的空气分离出来，或者使油液气化，产生空穴现象，使泵在工作时产生噪声，并影响泵的工作平稳性和寿命。

消除齿轮泵困油现象的方法，通常是在两侧端盖上开卸荷槽，如图 3.5(d) 中虚线所示。卸荷槽间的尺寸应保证困油空间在到达最小位置前与压油腔连通，过了最小位置后与吸油腔连通，处在最小位置时，既不与压油腔相通也不与吸油腔相通。

⑤ 径向力平衡问题　齿轮泵轴承的磨损是影响泵的寿命的主要原因，因此对作用在轴承上的径向力的计算和平衡是设计齿轮泵必须注意的问题。齿轮泵在工作时，作用在齿轮外圆上的压力是不相等的。其中吸油腔一侧压力最低，一般低于大气压力；而在压油腔一侧的压力最高，等于系统的工作压力。由于齿顶与泵体内表面有径向间隙，压力油必然沿径向间隙自压油腔向吸油腔泄漏，并对齿轮产生逐步分级降低的径向压力作用。其压力分布情况如图 3.6 所示。它的合力 F 作用在齿轮轴上，使轴承受到一个径向不平衡力。泵的工作压力愈高，这个不平衡力亦愈大，加剧轴承的磨损。

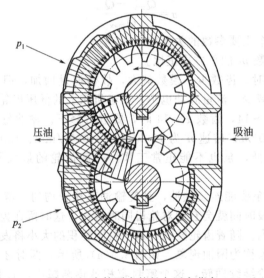

图 3.6　齿轮泵中的径向压力分布

因油液压力作用引起的不平衡力 F 可近似地用下式计算。

$$F=(0.7\sim 0.8)pbd \tag{3.13}$$

式中　p——泵的工作压力；
　　　b——齿轮宽度；
　　　d——齿轮节圆直径。

为了解决径向力不平衡问题，有的泵在其侧盖或座圈上开有压力平衡槽，使作用的径向力相互平衡。

⑥ 泄漏问题　齿轮泵由于泄漏大（主要是端面泄漏，占总泄漏量的 70%～80%），且存在径向不平衡力，故压力不易提高。高压齿轮泵主要是针对上述问题采取了一些措施，如尽量减小径向不平衡力和提高轴与轴承的刚度；对泄漏量最大处的端面间隙，采用了自动补偿装置等。下面对端面间隙的补偿装置作简单介绍。

a. 浮动轴套式。图 3.7(a) 是浮动轴套式的间隙补偿装置。它利用泵的出口压力油，引入齿轮轴上的浮动轴套 1 的外侧 A 腔，在液体压力作用下，使轴套紧贴齿轮 3 的侧面，因而可以消除间隙并可补偿齿轮侧面和轴套间的磨损量。在泵启动时，靠弹簧 4 来产生预紧力，保证了轴向间隙的密封。

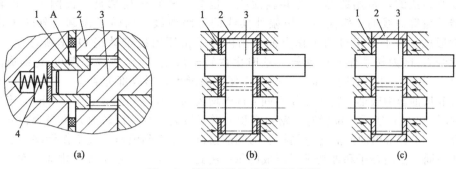

图 3.7 端面间隙补偿装置示意图
1—浮动侧板（浮动轴套）；2—壳体；3—齿轮；4—弹簧

b. 浮动侧板式。浮动侧板式补偿装置的工作原理与浮动轴套式基本相似，它也是利用泵的出口压力油引到浮动侧板 1 的背面［图 3.7(b)］，使之紧贴于齿轮的端面来补偿间隙。启动时，浮动侧板靠密封圈来产生预紧力。

c. 挠性侧板式。图 3.7(c) 所示是挠性侧板式间隙补偿装置，它是利用泵的出口压力油引到侧板的背面后，靠侧板自身的变形来补偿端面间隙的，侧板的厚度较薄，内侧面要耐磨（如烧结有 0.5～0.7mm 的磷青铜），这种结构采取一定措施后，易使侧板外侧面的压力分布大体上和齿轮侧面的压力分布相适应。

（2）内啮合齿轮泵

内啮合齿轮泵主要有渐开线齿轮泵和摆线齿轮泵两种类型。

如图 3.8(a) 所示，小齿轮和大齿轮圈的齿形都是渐开线的，两齿轮几何中心、旋转中心都不重合，存在一个偏心距。当小齿轮按图示方向回转时，内齿圈（大齿轮）也以相同方向回转。在轮齿脱开啮合的地方齿间容积逐渐增大，形成真空，油液在大气压力作用下进入其间，这就是泵的吸油腔。在轮齿进入啮合的地方，齿间容积逐渐缩小，油液被强行挤出，形成压油腔。在吸油腔与压油腔之间，有块月牙板，将两工作腔隔开，吸油、压油腔通过侧板上的配油窗口与液压系统工作管路相通。这种泵具有结构紧凑、体积小、流量脉动也小等优点，特别是近年来在泵的结构上有新的突破，使其成为具有高性能的一种齿轮泵。

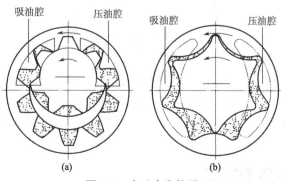

图 3.8 内啮合齿轮泵

图 3.8(b) 是摆线齿形的内啮合齿轮泵（又称转子泵）。其工作原理如图 3.9 所示，它是由一对内啮合的转子组成的，内转子 1 为外齿轮，中心为 O_1，外转子 2 为内齿轮，中心为 O_2，O_1 和 O_2 间有偏心距 e。内转子比外转子少一个齿，在图 3.9 中内转子为 6 齿，外转

子为 7 齿，也有内转子为 4 齿、8 齿或 10 齿的。内转子的齿廓和外转子的齿廓是由一对共轭曲线所组成的，常用的是一对共轭摆线，也有的外转子齿廓是一段圆弧，内转子齿廓是外转子齿廓曲线的共轭曲线、短幅外摆线的等距曲线。内转子齿廓与外转子齿廓相啮合，就形成了若干个密封的工作空间。当内转子由原动机带动绕 O_1 作顺时针回转时，外转子就绕 O_2 随内转子作同向回转。这时由内转子齿顶 A_1 和外转子齿间 A_2 形成的密封工作空间 c [图 3.9(b) 的阴影部分] 的容积便逐渐增大，形成部分真空，并通过侧板上的配油窗口 b 从油箱中吸油，密封工作空间 c 逐渐增大的过程可见图 3.9(b)～(h)。当内外转子回转到图 3.9(h) 所示的位置时，密封容积 c 增至最大。继续回转时，密封容积 c 又逐渐减小，容积 c 中被挤出的油液通过侧板上的配油窗口 a 输送到液压系统工作管路中去。当内转子回转一周，由内转子和外转子所形成的每一密封工作空间都各吸油、排油一次，完成连续的工作过程，这就是摆线转子泵的工作原理。

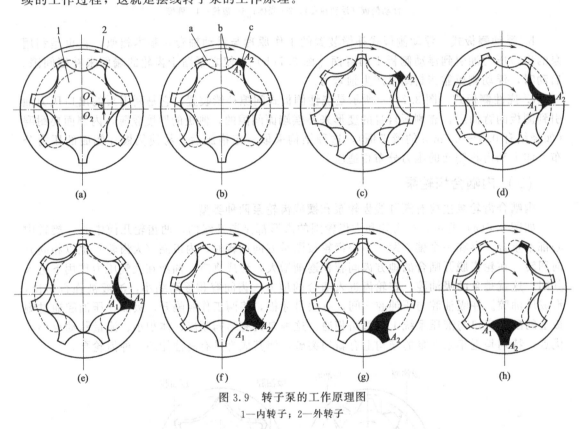

图 3.9 转子泵的工作原理图
1—内转子；2—外转子

摆线转子泵与外啮合齿轮泵相比较，具有结构紧凑、体积小、零件少、单位体积排油量大、吸入特性好、运动平稳、噪声小、适用于高转速等优点。近年已被人们重视，并进入了系列化生产。这种泵的缺点是齿数少时，压力脉动大，同时在高压低速时容积效率低。目前多用于压力在 2.5MPa 以下的低压系统。

3.4 叶片液压泵

叶片液压泵具有结构紧凑、体积小、运转平稳、输油量均匀、噪声小、寿命长等优点。因此在中低压系统中应用非常广泛。随着结构、工艺材料的改进，叶片液压泵正在向中高压和高压方向发展。它的缺点是结构较复杂，吸油性能较差，对油液的污染也较敏感。

叶片液压泵主要分两大类,即单作用非卸荷式和双作用卸荷式。单作用式叶片液压泵由于可以通过改变定子与转子间的偏心距 e,调节泵的流量,所以一般多做成变量泵。双作用式叶片液压泵一般做成定量泵。

(1) 双作用式叶片泵

① 工作原理 双作用式叶片泵的工作原理如图 3.10 所示。它由配油盘、轴、转子、定子、叶片、壳体等零件组成。叶片泵的转子和定子中心重合,定子的内表面由两段长径 R、两段短径 r 的圆弧和四段过渡曲线组成。过渡曲线可以是阿基米德螺旋线,也可以是等加速曲线,目前多用后者。当转子旋转时,叶片在自身离心力和叶片根部压力油(当叶片泵压力建立之后)的作用下,贴紧定子内表面,并在转子槽内作往复运动。当叶片由小半径 r 处向大半径 R 处移动时,则两相邻叶片间的密封容积逐渐增大,形成局部真空而吸油。当叶片由大半径 R 处向小半径 r 处移动时,则相邻两叶片间的密封容积逐渐减小而压油。转子每转一转,泵的每个密封工作腔完成两次吸油和压油过程,所以叫双作用式。这种泵由于定子和转子同心且不可调节,所以多为定量泵。同时由于泵有两个吸油腔和压油腔,而且又是各自对称分布,所以作用在转子上的液压力是平衡的,因此又称为卸荷式叶片泵。

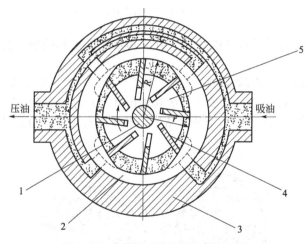

图 3.10 双作用式叶片泵工作原理图
1—泵轴;2—定子;3—壳体;4—叶片;5—转子

② 双作用叶片泵的结构及特点

a. 典型结构。图 3.11 是一种典型的双作用定量叶片泵结构图。泵体分左、右两部分,在左泵体和右泵体内装有定子 5、转子 4、配油盘 2 和 7。转子 4 的槽里装有叶片 9。转子由泵轴 3 带动回转,泵轴由左、右泵体内的两个球轴承支承。

从图 3.11 可以看出,这种泵的定子、转子、叶片和左右两个配油盘可先组成一个组件。然后一并装入泵体内。其优点是便于装配和维修,并在拆装过程中保持泵的工作性能。另外由结构设计保证,右配油盘 7 压向定子的承压面积与推离定子的承压面积之比为 1.25∶1,因此当泵压建立起来之后,在液压力作用下将配油盘 7 压向定子侧面,压力越高,压紧力就越大,因此减少了配油盘端面处的泄漏,提高了容积效率。

为了保证叶片顶部和定子表面紧密接触,减少泄漏,在配油盘的端面上开有与压油腔相通的环槽 c,环槽 c 又与叶片槽底部 d 相通,这样叶片在其自身离心力和压力作用下,紧密地靠在定子的内表面上。

为了减少定子内表面与叶片顶端的磨损,通常定子由 38CrMoAlA 经氮化处理制成,叶

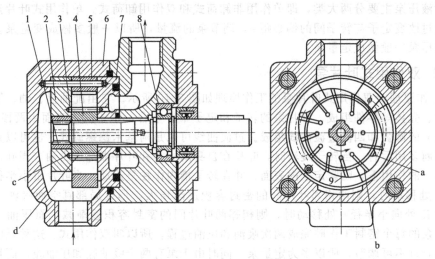

图 3.11 定量叶片泵典型结构

1,8—球轴承；2—左配油盘；3—泵轴；4—转子；
5—定子；6—后泵体；7—右配油盘；9—叶片

片材料选用 W18CrV，转子材料选用 20Cr，并采用渗碳淬火热处理工艺方法提高零件表面硬度。

这种叶片泵还可以改变其回转方向，但在需要改变回转方向时，需先将内部组件取出，卸下组件紧固螺钉，并将定子、转子（包括其槽内叶片）左右翻转 180°，如图 3.12 所示，然后重新装好即可。图 3.13 所示为配油盘结构，设计成对称形式也是从泵需要正、反转考虑的。

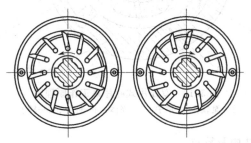

图 3.12 正反转时转子与定子的相对位置

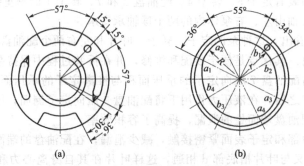

图 3.13 配油盘结构与定子曲线

b. 定子曲线。双作用式叶片泵的定子曲线是由两段大圆弧、两段小圆弧、四段过渡曲线组成的。圆弧和过渡曲线的夹角分别为 β 和 α，两叶片之间的夹角为 $\dfrac{2\pi}{Z}$，其中，Z 为叶片数，配油盘上封油区的夹角为 ε，这时，若做到既不泄漏串腔，又不造成困油，则应使：

$$\beta \geqslant \varepsilon \geqslant \frac{2\pi}{Z} \tag{3.14}$$

如图 3.14 和图 3.15 所示，过渡曲线是定子曲线设计中的主要问题。设计过渡曲线时应当尽量满足：

- 叶片能靠在定子的内表面上而不发生脱空现象。
- 叶片在槽中径向移动的速度和加速度应当均匀变化。
- 叶片对定子内表面的冲击尽量小。

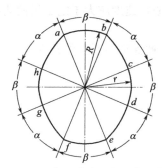

图 3.14 双作用叶片泵定子曲线简图

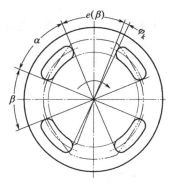

图 3.15 配油盘上的封油区

目前定量叶片泵的过渡曲线多采用等加速曲线，如图 3.16 所示。这种曲线的极坐标方程为：

$$\left. \begin{array}{l} \rho = r + \dfrac{2(R+r)}{\alpha}\varphi^2 \quad \left(0 < \varphi < \dfrac{\alpha}{2}\right) \\ \rho = 2r - R + \dfrac{4(R-r)}{\alpha}\left(\varphi - \dfrac{\varphi^2}{2\alpha}\right) \quad \left(\dfrac{\alpha}{2} < \varphi < \alpha\right) \end{array} \right\} \tag{3.15}$$

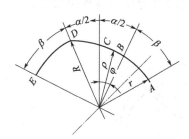

图 3.16 定子过渡曲线

加速度方程式为：

$$\left. \begin{array}{l} \dfrac{d^2\rho}{dt^2} = \dfrac{4(R+r)}{\alpha}\overline{\omega}^2 \quad \left(0 < \varphi < \dfrac{\alpha}{2}\right) \\ \dfrac{d^2\rho}{dt^2} = -\dfrac{4(R-r)}{\alpha}\overline{\omega}^2 \quad \left(\dfrac{\alpha}{2} < \varphi < \alpha\right) \end{array} \right\} \tag{3.16}$$

式中 $\overline{\omega}$ ——叶片平均角速度。

等加速过渡曲线叶片径向运动关系见图 3.17。由于等加速度曲线不会产生刚性冲击，叶片工作平稳性较好，噪声小，所以采用其作定子的过渡曲线是比较合适的。

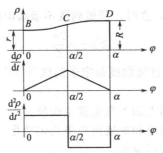

图 3.17 采用等加速曲线时叶片径向运动关系图

为了保证叶片不脱空，其条件是叶片产生的实际离心加速度应大于定子过渡曲线所要求叶片外伸的径向加速度。

当 $\rho = r$ 时，叶片产生的实际离心加速度为最小，因此保证不脱空的条件是

$$\bar{\omega}^2 \left(r - \frac{l}{2}\right) \geqslant \frac{4(R-r)}{\alpha^2} \bar{\omega}^2$$

即

$$r - \frac{l}{2} \geqslant \frac{4(R-r)}{\alpha^2} \tag{3.17}$$

式中 l——叶片长度。

从式(3.17)可以看出，若定子长短径的差值 $(R-r)$ 越大；则越容易产生脱空现象。

c. 叶片倾角。如图 3.18 所示，双作用式叶片泵，叶片在转子中不是径向安装的，而是沿其回转方向往前倾斜了一个角度。理由是，当叶片处在压油腔时，叶片被定子内表面推向中心，其工作情况与凸轮推动从动杆相似。如图 3.18(b) 所示，设叶片径向安装时压力角为 β，由于定子内壁曲线升程较大，所以 β 角亦较大，增加了叶片在槽道中的摩擦力，使叶片磨损不均匀，严重的情况下，甚至会将叶片卡住以至折断。假如叶片不是径向安装，而是如图 3.18(a) 所示，沿转子回转方向前倾一个角度 θ，设这时的压力角为 α，显然 $\alpha = \beta - \theta$，从而改善了叶片的受力状态。这就是为什么双作用式叶片泵的叶片安装角度沿转向前倾的道理。

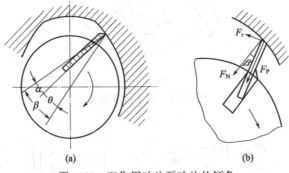

图 3.18 双作用叶片泵叶片的倾角

d. 配油盘上的三角槽。双作用式叶片泵的配油窗口，在叶片从封油区进入压油区的一边开有三角槽，这是因为当油液从吸油腔进入封油区（长半径圆弧）时，其压力基本上与吸

油腔相同；但转子继续转过一个微小角度，使这部分油液突然与压油腔相通，这时油液压力必然发生突变，引起这部分油液受到压缩，压油腔的油液便倒流进来，使泵的输出流量瞬时突然变小，加大了泵的压力脉动和流量脉动，产生噪声。配油盘上开有三角槽，就可以使密封的油液在没有接通压油腔之前，先通过三角槽与压力油沟通，使其压力逐渐上升，从而减小油腔中压力突变，降低输出压力的脉动和噪声，改善泵的工作性能，配油盘上的三角槽如图 3.18(a) 所示。

③ 排量计算　双作用式叶片泵的排量计算也可以用环形体积的办法。图 3.19 为计算原理图。当两相邻叶片从 a、b 位置转到 c、d 位置时，排出容积为 M 的油液；从 c、d 转到 e、f 时吸进了容积为 M 的油液；从 e、f 转到 g、h 时，又排出了容积为 M 的油液；从 g、h 转到 a、b 时，又吸进了容积为 M 的油液，这时转子刚转一周。可见两叶片间吸油 2 次，排油 2 次，每次容积均为 M。若泵有 Z 个叶片，转子转一周时，所有叶片间的排油量为 $2Z$ 个 M 容积。此值恰是环形体积的 2 倍，所以双作用式叶片泵每转的排量 q 为：

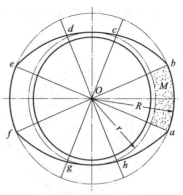

图 3.19　双作用叶片泵平均流量计算图

$$q = 2\pi(R^2 - r^2)B \tag{3.18}$$

式中　R——定子长半径；
　　　r——定子短半径；
　　　B——转子宽度。

双作用式叶片泵平均理论流量为：

$$Q = 2\pi(R^2 - r^2)Bn \tag{3.19}$$

式中　n——转速。

式(3.19) 没有考虑到叶片厚度对流量的影响。实际上，由于双作用式叶片泵在其叶片根部一般都通压力油，所以叶片根部小油室不参加泵的吸油和排油，因此叶片在转子槽道中伸缩，对泵的流量是有影响的，当考虑这部分影响时，还应从式(3.19) 中把这部分排量损失去掉。设叶片厚度为 S、叶片的倾角为 θ，则转子每转由于叶片所占体积而造成的排量损失 q'' 为：

$$q'' = \frac{2B(R-r)}{\cos\theta}SZ \tag{3.20}$$

因此计入叶片厚度的排量和实际输出流量分别为：

$$q = 2B\left[\pi(R^2 - r^2) - \frac{R-r}{\cos\theta}SZ\right] \tag{3.21}$$

$$Q = 2B\left[\pi(R^2 - r^2) - \frac{R-r}{\cos\theta}SZ\right]n\eta_{BV} \tag{3.22}$$

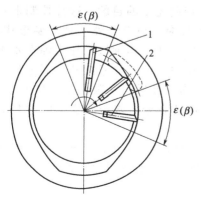

图 3.20　流量分析示意图

对于双作用式叶片泵，如不计叶片厚度的影响，则瞬时流量是均匀的。如图 3.20 所示，设位于封油区各有叶片 1 和 2，并且通过配油窗口，叶片 1、2 之间的空间相连通。由于叶片 1 和 2 分别在定子曲线的圆弧部分滑动，它们之间的容积变化率是均匀的，所以瞬时流量是均匀的。但是叶片是有厚度的，如果叶片缩回速度不均匀，或者处于压油区定子过渡曲线部分叶片数不能保持一定，则泵的瞬时流量就会出现脉动，即影响瞬时流量的均匀性，但比单作用式叶片泵要小得多。

（2）单作用式叶片泵

① 工作原理 单作用式叶片泵的工作原理如图 3.21 所示，叶片泵主要由配油盘、泵轴、转子 1、定子 2、叶片 3、壳体等零件组成。定子具有圆柱形的内表面，定子和转子之间有偏心距 e，叶片安放在转子槽内，并可沿槽道滑动，当转子回转时，叶片靠自身的离心力贴紧定子的内壁，这样在定子、转子、叶片和配油盘间就形成了若干个密封的工作空间。当转子按图示的方向回转时，右边的叶片逐渐伸出，相邻两叶片间的空间容积逐渐增大，形成局部真空，油箱中的油液在大气压力作用下，由泵的吸油口，经配油盘的配油窗口（图中曲线形槽孔）进入这些密封工作腔，这就是泵的吸油过程。左边的叶片被定子的内壁逐渐压入槽里，两相邻叶片间的密封容积逐渐减小，将油液从配油盘的配油窗口、泵的压油

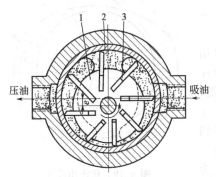

图 3.21 单作用式叶片泵的工作原理图
1—转子；2—定子；3—叶片

口排出，这是泵的压油过程。在泵的吸油腔和压油腔之间，有一段封油区，将吸油腔和压油腔分开。当转子不断回转，泵就不断地吸油和排油，泵的转子每转一转，每个工作空间只吸、压油一次，因此叫单作用式叶片泵。这种泵的缺点是作用在转子上的液压力不平衡，使轴承受很大的径向负荷，磨损大，寿命低，一般不宜用在高压的场合。

② 限压式变量叶片泵 常见的变量泵是自动调节的。变量叶片泵又可分限压式和稳流量式等不同形式。下面介绍一个限压式变量叶片泵。

a. 限压式变量叶片泵的工作原理。单作用式叶片泵的转子受到来自压油腔不平衡的压力，使轴承上承受载荷较大，这本来是这类泵的一个缺点。而限压式变量叶片泵却正是利用单向压力这一特点来进行压力反馈，实现自动调节流量的目的。如图 3.22 所示，转子 3 的中心 O_2 是固定的，定子 2 则可在水平方向左右移动。在弹簧 4 的作用下，定子被推向左端，紧靠在螺钉 1 上，使定子中心 O_1 与转子中心 O_2 之间有一个偏心距 e。可见调节螺钉 1 的位置就可以决定偏心距 e 的最大值，即泵的最大排量。泵的配油盘上的吸油窗口和压油窗口相对泵的中心线是不对称的，因此泵在工作时，压油腔油液给定子的作用力 F 也偏一个角度，作用力 F 随泵的输出压力升高而增大，力 F 在水平方向的分力为 $F\sin\theta$，其方向与弹簧 4 的作用方向相反，若力 $F\sin\theta$ 大到了可以克服弹簧力时就将定子向右推，使偏心距减小，泵的输出流量也就减少，达到控制流量的目的。这种控制形式是利用压油区内部压力实现的，所以叫内反馈式限压变量泵。还有另外一种控制形式，泵的配油盘上的配油窗口是对称布置的（相对泵的中心线）。因此压油区的压力油在水平方向上油基本对定子没有作用力。而控制定子移动的作用力是通过柱塞缸从外面加到定子上的，因此称为外反馈式，其工作原理可见图 3.22。内、外反馈式限压变量叶片泵，虽然反馈方式不同，但反馈力对定子的作用是一样的，因此在分析限压式变量叶片泵的变量过程时，可用图 3.23 来说明。

设活塞的面积为 A，工作腔的压力为 P，弹簧刚度系数为 K，定子位于最大偏心时弹簧的预压缩量为 x_0。若系统的工作压力尚不够高，其控制力还不能克服弹簧力 kx_0 时，定子处于最大偏心位置不动，泵的偏心距为最大，这时有：

$$pA \leqslant kx_0 \tag{3.23}$$

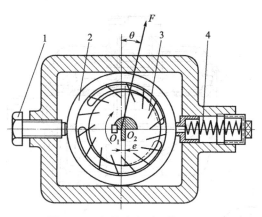
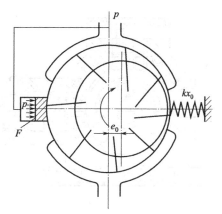

图 3.22　变量叶片泵工作原理图
1—螺钉；2—定子；3—转子；4—弹簧

图 3.23　外反馈限压变量叶片泵工作原理图

设上式相等时压力为 p_0，则
$$p_0 A = k x_0 \tag{3.24}$$
而当工作压力 $p > p_0$ 时，则
$$pA > k x_0 \tag{3.25}$$

如不计摩擦力，定子即向右移，使 e 减小。存在一个 p_b，是这种泵以最大流量输出时的最高工作压力。调节图 3.22 中的弹簧 4 的预压紧力，就可改变 p_b 值的大小。

设定子最大偏心量为 e_0，偏心量变化时弹簧增加的压缩量为 x，则压缩后的偏心量 e 为：
$$e = e_0 - x \tag{3.26}$$
这时定子受力平衡方程式为
$$pA = k(x_0 + x) \tag{3.27}$$
将式(3.24)、式(3.27)代入式(3.26)中，得
$$e = e_0 - \frac{A(p - p_0)}{k} \quad (\text{当 } p > p_0 \text{ 时}) \tag{3.28}$$

式(3.28)说明了当泵的工作压力 p 超过 p_0 时，偏心量 e 与泵工作压力 p 之间的关系是，p 增加时，e 减小；p 越大，e 越小，则泵的流量也就越小。

b. 限压式变量叶片泵的结构。图 3.24 所示的是一种内反馈限压式变量叶片泵的结构形式。它的最大输出流量为 40L/min，最大供油压力为 7MPa。泵轴 7 的两端由滚针轴承支承，带动转子 2 作顺时针方向回转。右侧的螺钉 6 用来调节弹簧 5 的作用力，即调节泵的偏心量开始变化时的工作压力 p_b。左侧螺钉 1 用来调节泵在工作时定子的最大偏心量，即 e_0 的大小。一般最大偏心量不超过 2mm。滑块 3 的作用是支承定子，承受定子上压力油的作用力。为了减少摩擦阻力，使定子对油压变化反应灵敏，滑块 3 上面用滚针支承，当定子移动时，滑块 3 也随之移动。

这种泵的配油盘结构见图 3.24 的 A 向视图，其上面的配油窗口 a 和 d 的位置，是不对称的（相对泵的中心线），a 为压油腔配油窗口，d 为吸油腔配油窗口；油槽 b 和 c 是与转子上叶片槽底部相通的。其中 a，b 和泵体中压油口相通，c，d 与泵体中吸油口相通，这样就使得位于吸油区和压油区的叶片顶部与底部的液压力是平衡的，不仅减轻了吸油区内叶片与定子表面的磨损，而且也增加了压力的反馈作用。

在泵的转子上，均匀分布 15 个叶片槽，沿转子回转方向往后倾斜了一个角度，如

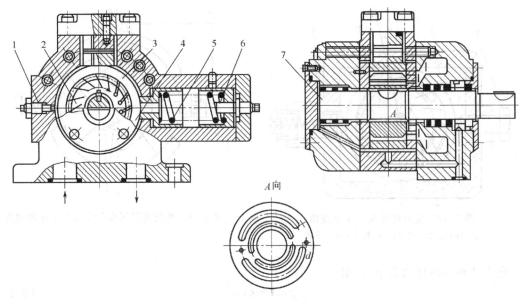

图 3.24 内反馈限压式变量叶片泵结构图
1,6—螺钉;2—转子;3—滑块;4—定子;5—弹簧;7—泵轴

图 3.25 所示。这一点与定量叶片泵刚好相反,这是因为变量叶片泵定子与转子的偏心量不大,曲线的升程也就不大,受力情况要比定量叶片泵好。但是由于叶片根部是与工作腔相通,所以保证叶片能贴紧定子表面,这是个主要问题,特别是在吸油区。为了有利于叶片与叶片的向外伸出,叶片槽道方向应当尽可能与叶片所受力的合力方向一致,所以槽道方向沿其旋转方向向后倾一个角度。

c. 限压式变量叶片泵的特性曲线。如图 3.26 所示,当泵的工作压力小于预先调整的压力 p_b(即 $p_限$)时,定子不动,仍然位于预先调定的最大偏心位置。这时,泵的输出流量 Q 为线段 AB。当泵的供油压力超过预先调整的压力 p_b($p_限$)时,弹簧受到压缩,定子偏心距减小,输出流量 Q 亦减少,而且油压升高,弹簧的压缩量亦增大,泵的偏心量也就减小,输出流量也就减少,如图中线段 BC 所示。

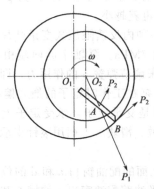
图 3.25 变量叶片泵的转子图

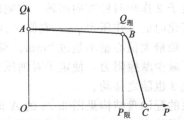
图 3.26 限压式变量叶片泵特性曲线

调节螺钉 1(图 3.24)可改变泵的最大输出流量,这时特性曲线的 AB 段上下平移。调节螺钉 6,可改变油压 p_b 的大小,这时特性曲线 BC 段左右平移。当改变弹簧 5 的刚度系数时,可以改变 BC 线段的斜率。

d. 限压式变量叶片泵的应用。限压式变量叶片泵适用于有快速行程和工作进给要求的情况。例如工作装置有快进、工进、快退等运动。当快进（退）时，系统的压力低、流量大，这时泵正好在图 3.26 所示特性曲线的 AB 工作段工作。工进时系统压力升高，需要的流量小，相当于在 BC 线段处工作。与定量泵相比较节省功率损耗，减少发热。但这种泵的结构较复杂，相对运动的零件多，泄漏较大，因此容积效率较定量泵低。

③ 排量计算 单作用式叶片泵的排量计算可用下面方法近似求出，图 3.27 为计算原理图。

图 3.27 中，O_1 为转子中心；r 为转子半径；O_2 为定子中心；R 为定子半径；e 为偏心距。

假设两叶片正好处于 b、a 位置，显然此时两叶片间的容积为最大，当转子沿 ω 方向转过 π 个弧度到 c、d 位置时，两叶片则排出容积为 M 的油液，再转 π 个弧度又到 b、a 位置时，两叶片间又吸满了容积为 M 的油液。可见，转子回转一周，两叶片间排出的油液容积为 M。若泵有 Z 个叶片，则排出 Z 块容积为 M 的油液，可以近似地看做大半径为 $R+e$，小半径为 $R-e$ 的圆环体积，因此泵的排量 q 为：

$$q = \pi[(R+e)^2+(R-e)^2]B = 4\pi ReB \quad (3.29)$$

理论流量 Q' 为：

$$Q' = 4\pi ReBn \quad (3.30)$$

式中　R——定子半径；
　　　e——偏心距；
　　　B——转子宽度；
　　　n——转速。

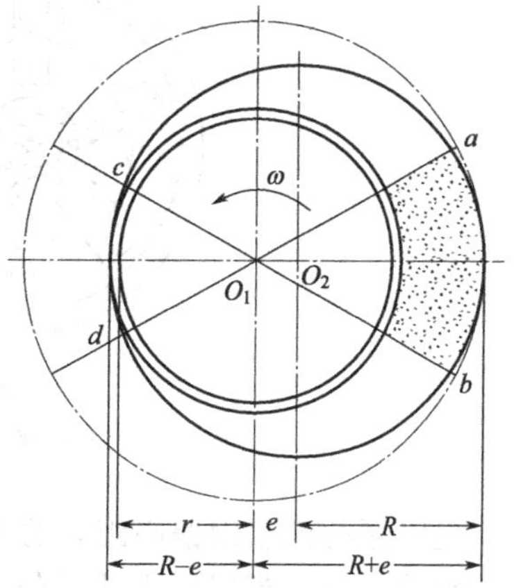

图 3.27　单作用叶片泵计算原理图

当考虑到容积效率时，则泵的实际流量 Q 为：

$$Q = Q'\eta_V = 4\pi ReBn\eta_V \quad (3.31)$$

式中　η_V——泵的容积效率。

对于单作用式叶片泵，叶片厚度对流量的影响可以不考虑，这是因为叶片根部小油室和工作腔相通，正好补偿了工作腔中叶片所占有的体积。

3.5　柱塞液压泵

柱塞液压泵（柱塞泵）是依靠柱塞在缸体内作往复运动，使密封工作腔的容积发生变化而实现吸油和压油的。由于柱塞与缸体内孔属于轴孔配合，容易得到高精度的配合，所以这类泵的特点是泄漏小、容积效率高，适用于高压系统。

柱塞泵按其柱塞排列的方式不同，可分为径向柱塞泵和轴向柱塞泵两类。

（1）径向柱塞泵

径向柱塞泵如图 3.28 所示，是由柱塞 1、转子（缸体）2、衬套 3、定子 4、配油轴 5 等主要零件组成。柱塞径向排列安装在转子中，转子由原动机带动连同柱塞一起回转，柱塞在离心力的作用下（或在低压油的作用下）抵紧定子的内壁。当转子如图示作顺时针方向回转时，由于定子和转子间有偏心距 e，则柱塞经上半周时向外伸出，使转子径向孔密封工作空间的容积逐渐加大，产生局部真空，因此便经过衬套（衬套 3 压紧在转子内，并和转子一起回转）上的油孔从配油轴上的吸油口 b 吸油，当柱塞转到下半周时，定子内壁将柱塞向里推，转子径向孔密封工作空间的容积逐渐减小，则向配油轴的压油口 c 压油。转子每回转一周，柱塞在每个径向孔内吸油、压油各 1 次。转子不断回转，即连续完成输油工作。在转子回转过程中，配油轴是固定不动的，油液从配油轴上半部的两个油孔 a 流入，从下部两个油孔 d 压出。为了实现配油，配油轴在与衬套接触的一段加工出上下两个缺口，形成吸油口 b 和压油口 c，留下部分形成封油区，封油区的宽度应能封住衬套上的径向孔，使吸油口和压油口不连通，但尺寸不能大得太多，以免产生困油现象。

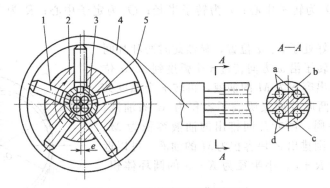

图 3.28 径向柱塞泵工作原理图
1—柱塞；2—转子；3—衬套；4—定子；5—配油轴

这种泵的流量因偏心距 e 的大小而不同，有的泵可移动定子，改变偏心距 e，则使泵的排量得到改变。当偏心距从正值变到负值，则泵的输油方向亦发生变化，就成了双向变量泵了。

径向柱塞泵主要零件的配合表面的加工工艺性好，容易保证配合精度，密封性好，因此容积效率高，一般可达 0.94～0.98。但这种泵的径向尺寸大，转子回转时，活塞与定子间的相对滑动速度较高，产生较大的机械摩擦损失。同时由于配油轴受到径向不平衡液压力作用，使配油轴与衬套的配合表面易磨损，这些都限制了它的转速和压力的提高。因此这种泵一般多用在 10～20MPa 的液压系统中。

（2）轴向柱塞泵

① 轴向柱塞泵的工作原理　轴向柱塞泵是将多个柱塞配置在一个共同缸体的圆周上，并使柱塞中心线和缸体中心线平行的一种泵。轴向柱塞泵有两种形式，直轴式（斜盘式）和斜轴式（摆缸式），如图 3.29 所示为直轴式轴向柱塞泵的工作原理，这种泵主体由缸体 1、配油盘 2、柱塞 3 和斜盘 4 组成。柱塞沿圆周均匀分布在缸体内。斜盘轴线与缸体轴线倾斜一角度，柱塞靠机械装置或在低压油作用下压紧在斜盘上（图中为弹簧），配油盘 2 和斜盘 4 固定不转，当原动机通过传动轴使缸体转动时，由于斜盘的作用，迫使柱塞在缸体内作往复运动，并通过配油盘的配油窗口进行吸油和压油。如图 3.29 中所示回转方向，当缸体转角在 π～2π 范围内，柱塞向外伸出，柱塞底部缸孔的密封工作容积增大，通过配油盘的吸油窗口吸油；在 0～π 范围内，柱塞被斜盘推入缸体，使缸孔容积减小，通过配油盘的压油窗口压油。缸体每转一周，每个柱塞各完成吸、压油 1 次，如改变斜盘倾角，就能改变柱塞行程的长度，即改变液压泵的排量，改变斜盘倾角方向，就能改变吸油和压油的方向，即成为双向变量泵。

配油盘上吸油窗口和压油窗口之间的密封区宽度应稍大于柱塞缸体底部通油孔宽度，但不能相差太大，否则会发生困油现象。一般在两配油窗口的两端部开有小三角槽，以减小冲

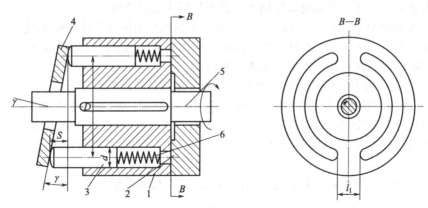

图 3.29 轴向柱塞泵的工作原理
1—缸体；2—配油盘；3—柱塞；4—斜盘；5—传动轴；6—弹簧

击和噪声。

斜轴式轴向柱塞泵的缸体轴线相对传动轴轴线成一倾角，传动轴端部用万向铰链、连杆与缸体中的每个柱塞相连接，当传动轴转动时，通过万向铰链、连杆使柱塞和缸体一起转动，并迫使柱塞在缸体中作往复运动，借助配油盘进行吸油和压油。这类泵的优点是变量范围大，泵的强度较高，但和上述直轴式相比，其结构较复杂，外形尺寸和重量均较大。

轴向柱塞泵的优点是，结构紧凑，径向尺寸小，惯性小，容积效率高，目前最高压力可达 40.0MPa，甚至更高，一般用于工程机械、压力机等高压系统中，但其轴向尺寸较大，轴向作用力也较大，结构比较复杂。

② 轴向柱塞泵的排量和流量计算　如图 3.29 所示，柱塞的直径为 d，柱塞分布圆直径为 D，斜盘倾角为 γ 时，柱塞的行程为 $s = D\tan\gamma$，所以当柱塞数为 z 时，轴向柱塞泵的排量为：

$$q = \frac{\pi}{4}d^2 l Z = \frac{\pi}{4}d^2 D\tan\gamma Z \tag{3.32}$$

设泵的转数为 n，容积效率为 η_V，则泵的实际输出流量为：

$$Q = \frac{\pi}{4}d^2 D\tan\gamma Z n_B \eta_{PV} \tag{3.33}$$

实际上，由于柱塞在缸体孔中运动的速度不是恒定的，因而输出流量是有脉动的，当柱塞数为奇数时，脉动较小，且柱塞数多脉动也较小，因而一般常用的柱塞泵的柱塞个数为 7、9 或 11。

3.6　液压马达

液压马达是把液体的压力能转换为机械能的装置，从原理上讲，液压泵可以作液压马达用，液压马达也可作液压泵用。但事实上同类型的液压泵和液压马达虽然在结构上相似，但由于两者的工作情况不同，使得两者在结构上也有某些差异。

① 液压马达一般需要正、反转，所以在内部结构上应具有对称性，而液压泵一般是单方向旋转的，没有这一要求。

② 为了减小吸油阻力，减小径向力，一般液压泵的吸油口比出油口的尺寸大。而液压马达低压腔的压力稍高于大气压力，所以没有上述要求。

③ 液压马达要求能在很宽的转速范围内正常工作，因此，应采用液动轴承或静压轴承。

因为当马达速度很低时，若采用动压轴承，就不易形成润滑油膜。

④ 叶片泵依靠叶片跟转子一起高速旋转而产生的离心力使叶片始终贴紧定子的内表面，起封油作用，形成工作容积。若将其当马达用，必须在液压马达的叶片根部装上弹簧，以保证叶片始终贴紧定子内表面，以便马达能正常启动。

⑤ 液压泵在结构上需保证具有自吸能力，而液压马达就没有这一要求。

⑥ 液压马达必须具有较大的启动转矩。所谓启动转矩，就是马达由静止状态启动时，马达轴上所能输出的转矩，该转矩通常大于在同一工作压差时处于运行状态下的转矩，所以，为了使启动转矩尽可能接近工作状态下的转矩，要求马达转矩的脉动小，内部摩擦小。

由于液压马达与液压泵具有上述不同的特点，使得很多类型的液压马达和液压泵不能互逆使用。

液压马达按其额定转速分为高速和低速两大类，额定转速高于 500r/min 的属于高速液压马达，额定转速低于 500r/min 的属于低速液压马达。

高速液压马达的基本形式有齿轮式、叶片式和轴向柱塞式等。它们的主要特点是转速较高，转动惯量小，便于启动和制动，调速和换向的灵敏度高。通常高速液压马达的输出转矩不大（仅几十牛·米到几百牛·米），所以又称为高速小转矩液压马达。

高速液压马达的基本形式是径向柱塞式，如单作用曲轴连杆式、液压平衡式和多作用内曲线式等。此外在轴向柱塞式、叶片式和齿轮式中也有低速的结构形式。低速液压马达的主要特点是排量大、体积大、转速低（有时可达每分钟几转甚至零点几转），因此可直接与工作机构连接，不需要减速装置，使传动机构大为简化，通常低速液压马达输出转矩较大（可达几千牛·米到几万牛·米），所以又称为低速大转矩液压马达。

液压马达也可按其结构类型来分，可以分为齿轮式、叶片式、柱塞式和其他形式。

（1）液压马达的性能参数

① 排量、流量和容积效率　马达的轴每转一周，按几何尺寸计算所进入的液体容积，称为马达的排量 V，有时称之为几何排量、理论排量，即不考虑泄漏损失时的排量。

液压马达的排量表示出其工作容腔的大小，它是一个重要的参数。因为液压马达在工作中输出的转矩大小是由负载转矩决定的。但是，推动同样大小的负载，工作容腔大的马达的压力要低于工作容腔小的马达的压力，所以说工作容腔的大小是液压马达工作能力的主要标志，也就是说，排量的大小是液压马达工作能力的重要标志。

根据液压动力元件的工作原理可知，马达转速 n、理论流量 Q_i 与排量 q 之间具有下列关系。

$$Q_i = nq \tag{3.34}$$

式中，Q_i 为理论流量，m^3/s；n 为转速，r/min；q 为排量，m^3/r。

为了满足转速要求，马达实际输入流量 Q 大于理论输入流量，有：

$$Q = Q_i + \Delta Q \tag{3.35}$$

式中，ΔQ 为泄漏流量。

$$\eta_v = \frac{Q_i}{Q} = \frac{1}{1 + \dfrac{\Delta Q}{Q_i}} \tag{3.36}$$

所以得实际流量：

$$Q = \frac{Q_i}{\eta_v} \tag{3.37}$$

② 液压马达输出的理论转矩　根据排量的大小，可以计算在给定压力下液压马达所能输出的转矩的大小，也可以计算在给定的负载转矩下马达的工作压力的大小。当液压马达进、出油口之间的压力差为 Δp，输入液压马达的流量为 Q，液压马达输出的理论转矩为 T_t，角速度为 ω，如果不计损失，液压马达输入的液压功率应当全部转化为液压马达输出的机械功率，即：

$$P_q = T_t \omega \tag{3.38}$$

又因为 $\omega = 2\pi n$，所以液压马达的理论转矩为：

$$T_t = \Delta p \frac{q}{2\pi} \tag{3.39}$$

式中，Δp 为马达进出口之间的压力差。

③ 液压马达的机械效率　由于液压马达内部不可避免地存在各种摩擦，实际输出的转矩 T 总要比理论转矩 T_t 小些，即：

$$T = T_t \eta_m \tag{3.40}$$

式中，η_m 为液压马达的机械效率，%。

④ 液压马达的启动机械效率 η_{m0}　液压马达的启动机械效率是指液压马达由静止状态启动时，马达实际输出的转矩 T_0 与它在同一工作压差时的理论转矩 T_t 之比，即：

$$\eta_{m0} = \frac{T_0}{T_t} \tag{3.41}$$

(2) 齿轮液压马达

液压马达是将液体的压力能转换成机械能的装置，即输入压力 p 和流量 Q，输出则是转矩 T 和转速 n。齿轮液压马达的工作原理如图 3.30 所示。图中 P 是两齿轮的啮合点，设齿轮的齿高为 h，啮合点 P 到齿根的距离分别为 a 和 c。由于 a 和 c 都小于 h，所以当压力油作用在齿面上时（如图中箭头所示，凡齿面两边受力平衡的部分都未用箭头表示），在两个齿轮上就各有一个使它们产生转矩的作用力 $pB(h-a)$ 和 $pB(h-c)$，其中 p 为输入压力，B 为齿宽。在上述作用力下，两齿轮按图示方向回转，并把油液带到低压腔排出，同

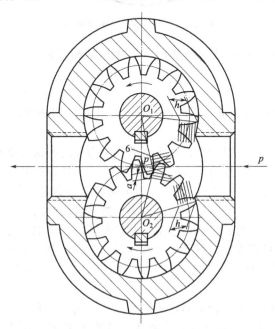

图 3.30　齿轮液压马达工作原理图

时在齿轮液压马达的输出轴上输出转矩。

齿轮液压马达由于密封性较差，容积效率较低，所以输入的油压不能过高，因而不能产生较大的转矩，并且由于它的转矩和转速都是随着齿轮的啮合点变化而脉动，因此齿轮马达一般多用于高转速低转矩的工况。

（3）叶片液压马达

① 工作原理　叶片马达的工作原理如图3.31所示。当压力为 p 的油液从进油口进入叶片马达的进油腔，位于进油腔中的叶片5因两面均受压力油作用，所以不产生转矩。位于封油区的叶片，例如叶片1、3、2、4，一侧受压力油作用，而另一侧受排油腔低压油作用，因此可以产生转矩。而叶片1、3产生的转矩使转子顺时针回转，叶片2、4产生的转矩使转子逆时针回转。但叶片1、3伸出长，作用面积大，叶片2、4伸出短，作用面积小，因此在叶片1、3和叶片2、4所产生的转矩之间，存在转矩差，这一转矩差就是叶片马达的输出转矩。定子的长短径差值越大，转子直径越大，以及输入的油压越高，则叶片马达的输出转矩也越大。当改变输油方向时，则叶片马达将反转。对于一个具体的叶片马达来说，因为结构参数已定，所以它的输出转矩 M 决定于输入的油压 p，而转速则决定于输入的流量 Q。

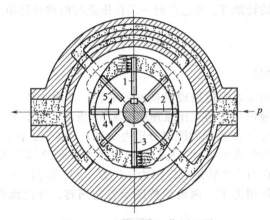

图3.31　叶片马达工作原理图

② 叶片马达的结构　叶片马达的结构，与叶片泵相比较，在结构上主要有以下几点不同。

a. 叶片马达要求有正、反转，因此叶片在转子槽道中是径向安装的，没有倾斜角度。

b. 为了使叶片底部始终都能通压力油，不受叶片马达回转方向的影响，在马达中装有两个单向阀。

叶片马达的体积小，转动惯量小，动作灵敏，可适应的换向频率较高；但泄漏较大，不宜在低的转速下工作。所以叶片马达一般适用于高速、低转矩以及要求动作灵敏的场合。

双作用叶片马达的结构如图3.32所示，转子两侧面开有环形槽，其间放置燕式弹簧5。弹簧套在销子4上，并将叶片压向定子的内表面，防止启动时高、低压腔互相串通，保证马达有足够的启动转矩输出。为了保证马达正、反转变换进、出油口时，叶片底部总是通高压油，以保证叶片与定子紧密接触，用了一组特殊结构的单向阀（梭阀），单向阀由钢球和阀座1、3组成。叶片沿转子体径向布置，进、出油口大小相同，叶片顶部呈对称圆弧形，以适应正、反转要求。

叶片马达优点是，体积小，转动惯量小，因此动作灵敏。允许频繁换向（甚至可以在千分之几秒内换向）。缺点是，泄漏较大，不能在低转速下工作。所以叶片式马达一般用于高

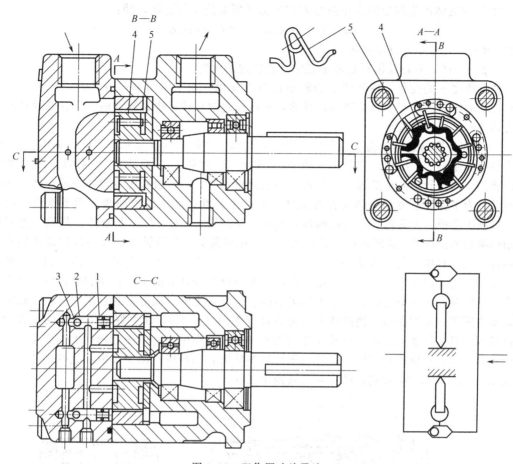

图 3.32 双作用叶片马达
1,3—阀座；2—单向球阀；4—销子；5—燕式弹簧

转速、低转矩以及动作要求灵敏的场合。

(4) 轴向柱塞马达

① 工作原理　图 3.33 所示为斜盘式轴向柱塞液压马达的工作原理。当输入压力油时，压力油将使处于压油腔位置的柱塞顶出，紧紧地抵在斜盘表面上，这时斜盘将给柱塞一反作用力 F，其方向垂直于斜盘表面，力 F 可以分解为两个分力：一个为轴向分力 P，力 P 的大小与压力油作用在柱塞上的力相平衡；另一个为垂直分力 T，显然能使缸体产生转矩的就是分力 T，其值为：

$$T = P \tan\alpha \tag{3.42}$$

式中　α——为倾斜盘的倾斜角。

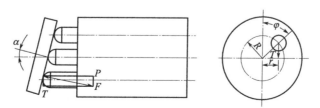

图 3.33　轴向柱塞液压马达工作原理图

力 T 使缸体产生转矩的大小由柱塞在压力区所处的位置而定，即：

$$M = Tr = TR\sin\varphi = PR\tan\alpha\sin\varphi \tag{3.43}$$

式中　R——柱塞中心分布圆半径；

φ——柱塞中心线相对缸体垂直中心线转过的角度。

随着角度 φ 的变化，柱塞产生的转矩也发生变化。处于压力油区各柱塞所产生的转矩之和就是液压马达所产生的总转矩，显然，液压马达的总转矩也是脉动的。当柱塞数目较多且为单数时，则脉动较小。

② 轴向柱塞马达的结构　轴向柱塞马达在结构上和轴向柱塞泵基本相同。如图 3.34 所示为轴向柱塞马达的结构，它是由传动轴 1、斜盘 2、缸体 10、配油盘 7、柱塞 8 等主要零件组成的。斜盘和轴向止推轴承 3 配合，斜盘倾角不变。右端盖和配油盘 7 做成一体，并固定不动。为了保证缸体和配油盘相对运动表面的密封性，应该使配油盘表面不承受颠覆力矩，以减少磨损，为此将转子分成两段，左半段是鼓轮 4，右半段就是缸体。鼓轮 4 上有可以轴向滑动的推杆 9，推杆在柱塞的作用下，顶在斜盘上，获得转矩，并通过键带动轴旋转以传递动力。缸体空套在传动轴上并由鼓轮上的拨销 6 带动与轴一起转动。由于斜盘对推杆的反作用力造成的颠覆力矩不会作用在缸体和配油盘的配油表面上，柱塞和缸体也只承受轴向力，所以减小了相对运动件间的不均匀磨损，提高了配油表面的密封性能。又由于缸体与传动轴之间接触距离很短，使缸体有一定的自位作用（浮动），能更好地保证配油盘表面和缸体端面的良好接触。同时，缸体在 3 只均布弹簧 5 和作用在缸体底部液动力的作用下，压向配油盘表面，保证密封可靠，并使接触面磨损后能自动补偿。由于采取了这些措施，使这种液压马达的容积效率较高，能在较低转速下工作。

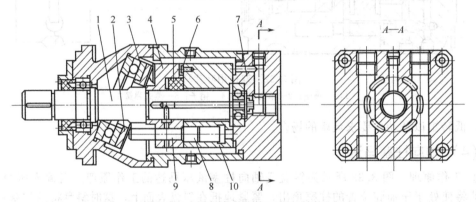

图 3.34　轴向柱塞式液压马达结构

1—传动轴；2—斜盘；3—轴向止推轴承；4—鼓轮；5—均布弹簧；
6—拨销；7—配油盘；8—柱塞；9—推杆；10—缸体

第 4 章 液压阀

4.1 概述

任何执行机构都要求产生一定力(或转矩),运动速度可以调节,并可以改变运动方向。因此,在液压系统中,除了能量转换装置——液压泵和液压马达(以及液压缸)外,还必须采用各种不同类型的液压阀,组成液压系统的控制调节装置,用来控制和调节由液压泵输送到各液压执行机构中去的液流压力、流量和方向。

(1) 液压阀的分类

表 4.1 为液压阀的分类。从阀的工作压力看,还可分为低压型、中压型和高压型三类。低压型工作压力为小于 6.3MPa,中压型的工作压力为 6.3~21MPa,高压型的工作压力为 21~32MPa。

表 4.1 液压阀的分类

分类方法	种类	详细分类
按机能分类	压力控制阀	溢流阀、顺序阀、卸荷阀、平衡阀、减压阀、比例压力控制阀、缓冲阀、仪表截止阀、限压切断阀、压力继电器
	流量控制阀	节流阀、单向节流阀、调速阀、分流阀、集流阀、比例流量控制阀
	方向控制阀	单向阀、液控单向阀、换向阀、行程减速阀、充液阀、梭阀、比例方向阀
按结构分类	滑阀	圆柱滑阀、旋转、平板滑阀
	座阀	锥阀、球阀、喷嘴挡板阀
	射流管阀	射流阀
按操作方法分类	手动阀	手把及手轮控制阀、踏板控制阀、杠杆控制阀
	机动阀	挡块及碰块、弹簧、液压、气动控制阀
	电动阀	电磁阀、伺服电动机和步进电动机控制阀

续表

分类方法	种类	详细分类
按连接方式分类	管式连接阀	螺纹式连接、法兰式连接阀
	板式及叠加式连接阀	单层连接板式、双层连接板式、整体连接板式、叠加阀
	插装式连接阀	螺纹式插装(二、三、四通插装阀)、法兰式插装(二通插装)阀
按其他方式分类	开关或定值控制阀	压力控制阀、流量控制阀、方向控制阀
按控制方式分类	电液比例阀	电液比例压力阀、电源比例流量阀、电液比例换向阀、电流比例复合阀、电流比例多路阀
	伺服阀	单级电液流量伺服阀、两级(喷嘴挡板式、动圈式)电液流量伺服阀、三级电液流量伺服阀
	数字控制阀	数字控制压力控制流量阀与方向阀

(2) 液压阀的共性
① 所有阀都由阀体、阀芯和操纵部分(手动、机械、电动)所组成。
② 都是通过改变通流面积或通路来实现操纵控制作用的。

(3) 对液压阀的总的基本要求
① 动作灵敏、平稳,冲击和振动要尽量小。
② 液流通过时压力损失要小。
③ 密封性好。
④ 结构紧凑,通用性大。

(4) 液压阀的连接方式
① 管式连接　各阀类元件直接用油管相连,不需要专门的连接板,管道较短;但更换元件比较麻烦,元件一般比较分散。
② 板式连接　需要专门的连接板,板的前面安装阀,板的后面接油管,更换元件方便,便于安装维修,同时也便于将元件集中在一起,操作和调整比较方便。
③ 组合块连接　采用通用化组合块,在组合块上加工出压力油路、回油路、控制油路和泄油路等;由于组合块是标准化的液压部件,每个组合块可以是一种液压基本回路,因此设计者只要选择几种标准液压回路的组合块,再自己设计少数的专用块,便可很方便地组成复杂的液压系统。
④ 叠加阀连接　将元件本身做成各种标准块,直接互相叠装在一起进行液压回路的组合。

4.2 压力控制阀

压力控制阀在液压系统中是用来控制压力的,它是依靠液体压力与弹簧力平衡的原理进行工作的,按结构分为直动式和先导式两种;按结构和用途分为溢流阀、减压阀和顺序阀三种。

(1) 溢流阀
溢流阀借助于溢去一定量油液来保证液压系统中压力为一定值,并防止过载。
① 溢流阀的工作原理

a. 直动式溢流阀。直动式溢流阀是直接改变压迫阀芯的弹簧的预压缩量,以调定溢流阀的工作压力。直动式溢流阀按阀芯形式不同可分为球芯、锥芯和柱芯三种。

图 4.1 为柱芯溢流阀。柱芯溢流阀在未工作前,阀口有一定的搭接量(一般为 2mm 左右)。阀打开前,阀芯必须先移动此搭接量。阀打开时,阀芯虽有振动,但阀芯底部不易与阀体发生撞击,故噪声较小。压力油从 P 口进入阀内,少量油液可以从阀芯下部有阻尼作用的中心小孔 a 进入阀芯底部,推动阀芯克服弹簧力上升,从而打开阀口使油液节流降压通过,再从回油口 O 流回油箱。借助阀芯阻尼孔的作用,可减小阀芯的振动,提高阀的工作平稳性。但由于动作反应慢,压力超调量较大。

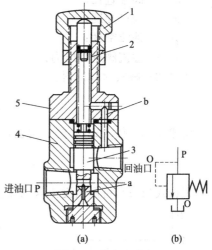

图 4.1 柱芯溢流阀
1—调解螺母;2—弹簧;3—阀芯;
4—阀体;5—上盖

通过阀芯上部封油部泄漏的油液,集积在弹簧腔内,这部分泄漏油液可借 b 孔与回油口 O 相通,随同溢流油液一起回油箱,这种泄漏方式称为内泄。内泄通路是必需的,否则弹簧腔油液闭死,阀芯不能自由运动,溢流阀不能正常工作。

柱芯溢流阀稳定工作时,阀芯的作用力平衡方程为:

$$p \frac{\pi d^2}{4} = k(x_0 + x) \tag{4.1}$$

式中 p——进油口压力;
d——阀芯直径;
k——弹簧刚度;
x_0——弹簧的预压缩量;
x——阀口开度。

由式(4.1)有:

$$p = \frac{4k(x_0 + x)}{\pi d^2} \tag{4.2}$$

式(4.2)表明,溢流阀的开度 x 随通过的流量增大而增大时,工作压力 p 相应线性增大。当 $x = 0$ 时,可得溢流阀的开启压力 p_k:

$$p_k = \frac{4k}{\pi d^2} x_0 \tag{4.3}$$

当 $x = x_t$ 调定开度时,可得溢流阀的调定压力 p_t:

$$p_t = \frac{4k}{\pi d^2}(x_0 + x_t) \tag{4.4}$$

通常溢流阀工作时的阀口开度 x 相对于弹簧预压缩量 x_0 是很小的。分析系统的液压回路时,一般可以把溢流阀的工作压力 p 近似地看成一个常数,即等于开启压力 p_k。

柱芯溢流阀的阀口属于锐边缝隙节流口,通过节流口的溢流量 Q 可用下式表示

$$Q = c\pi dx \sqrt{\frac{2}{\rho}p} \tag{4.5}$$

式中 Q——溢流阀的流量;
c——无因次流量系数,$c = 0.60 \sim 0.65$;

d——阀芯直径；
x——阀口开度；
ρ——油液密度；
p——溢流阀进口压力。

式(4.2)减式(4.3)得：

$$x = \frac{\pi d^2}{4k}(p - p_k) \tag{4.6}$$

将式(4.6)代入式(4.5)，得溢流阀的流量压力特性：

$$Q = \frac{c\pi^2 d^3}{4k}\sqrt{\frac{2}{\rho}}\left(p^{\frac{3}{2}} - p_k p^{\frac{1}{2}}\right) \tag{4.7}$$

根据式(4.7)可画出溢流阀的流量压力特性曲线，如图4.2所示。

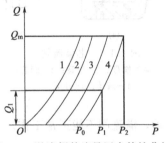

图 4.2 溢流阀的流量压力特性曲线

从式(4.7)可看出压力 p 上升至等于开启压力 p_k 时溢流阀开始打开，但溢流量 Q 仍为零。一旦有流量 Q 通过溢流阀时，溢流阀的工作压力 p 就要大于开启压力 p_k。随着溢流量 Q 的增加，工作压力 p 按类似抛物线的曲线规律增加（图4.2）。当 Q 达到溢流阀的额定流量（通常就是液压泵的全部流量）Q_n 时，压力相应达到最大值 p_t，p_t 与 p_k 之差 Δp 称为调压偏差。

$$\Delta p = p_t - p_0 \tag{4.8}$$

为使系统工作压力不受执行元件速度变化影响，溢流阀的调压偏差应当越小越好。可以用 $\dfrac{\Delta p}{p_t}$ 来表示相对调压偏差：

$$\varphi = \frac{\Delta p}{p_t} = \frac{p_t - p_0}{p_t} \tag{4.9}$$

则

$$\varphi = \frac{x_t}{x_0 - x_t} \tag{4.10}$$

当溢流阀的调定压力为额定压力时，一般 $\varphi = 2\% \sim 5\%$。

从式(4.10)可以看出，要想缩小溢流阀的调压偏差，只要增大弹簧的预压缩量就可达到目的。增大 x_0 就意味着相应减小弹簧刚性 k，因此溢流阀希望采用刚度较小的软弹簧。

通过调节溢流阀弹簧的预紧力，可以获得溢流阀的无数个流量压力特性，系统的流量压力变化按图中曲线规律变化。

b. 先导式溢流阀。先导式溢流阀由主滑阀和先导调压阀两部分组成。其特点是主阀芯上下两端油腔都通进油口 P。先导式调压阀关闭时，主阀芯两端承受的油液压力是平衡的。

先导式溢流阀的原理图如图4.3所示。

先导式溢流阀也可以用作卸荷阀，使主油路卸荷，可将远程控制口 K 通过微型电磁滑阀和油箱接通，由于阀芯上部的压力接近于零，阀芯向上抬到最高位置，由于弹簧 F_H 很软，所以这时压力油口压力很低，使主油路卸荷，卸荷压力越低，系统的功率损失就越小。

图4.4为先导式溢流阀。下部主阀是柱芯式溢流阀，上部先导阀是锥芯式溢流阀。油腔 f 和进油口相通，油腔 d 和回油口相通。压力油从进油腔 f 进入，通过孔 g 作用于阀芯 7 的下端，同时又经阻尼孔 e 进入阀芯的上部，并经孔 b、孔 a 作用于先导调压锥阀 3 上。当系统压力 p 较低，还不能打开先导调压阀时，锥阀 3 关闭，没有油液经过阻尼孔 e，所以阀芯 7 两端的油压相等，在阀芯上部弹簧 6 的作用下，使阀芯处在最下端的位置，将阀芯封闭。因为弹簧 6 的力量只需克服阀芯的摩擦力，所以可以做得较软。

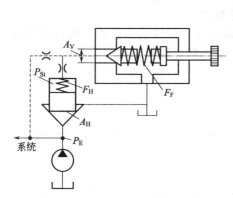

图 4.3 先导式溢流阀的原理图

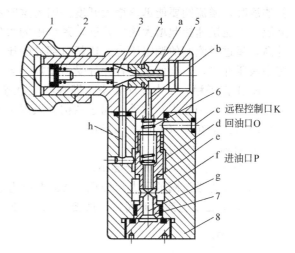

图 4.4 先导型溢流阀
1—调节螺母；2—调压弹簧；3—锥阀；4—先导阀座；
5—先导阀体；6—弹簧；7—主阀芯；8—主阀体

当系统压力升高到能够打开先导调压阀时，锥阀 3 就压缩调压弹簧 2 将阀口打开，压力油通过阻尼孔 e、孔 b 和孔 a，经锥阀 3，孔 h 流回主阀油腔 d，再流回油箱。由于阻尼孔的作用，产生压力降，所以阀芯 7 下部的油压 p 大于上部的油压 p_1。当阀芯两端压力差所产生的作用超过弹簧 6 的作用时，主阀被顶起，打开主阀，油腔 f 和油腔 d 连通，大量油液通过主阀口节流降压，再经回油口 O 流回油箱。

用调节螺母 1 调节弹簧 2 的压紧力，就可以调整溢流阀进油口处的压力。

当溢流阀稳定工作时，阀芯的作用力平衡方程为：

$$p \frac{\pi d^2}{4} = p_1 \frac{\pi d^2}{4} + k(x_0 + x) \tag{4.11}$$

$$p = p_1 + \frac{4k}{\pi d^2}(x_0 + x) \tag{4.12}$$

可以看出，当进油口的压力 p 较大，由于阀芯上腔有压力 p_1 平衡，弹簧 6 可以做得较软，因此当溢流量变化而引起主阀芯位置 x 改变时，弹簧压力 $\frac{4k}{\pi d^2}(x_0 + x)$ 的变化很小。而且主阀芯上部压力 p_1 在先导阀的调压弹簧调定后基本上是定值，所以进油口压力 p 的数值在溢流量变化时变动较小，即调压偏差小，这就克服了直动溢流阀调压偏差较大的缺点。图 4.5 所示为直动式和先导式两种溢流阀的流量压力特性的比较。

如图 4.4 所示，由于阀芯上阻尼孔 e 的阻尼作用，主阀芯振动较小，因而压力波动小，提高了溢流阀的工作平稳性。

锥阀 3 的阀座孔尺寸较小，调压弹簧 2 相对而言不必很强（当然比弹簧 6 硬得多），调压比较轻便。所以，先导式溢流阀适用于高压。这种溢流阀的最大调定压力为 32MPa。

② 溢流阀的结构特点　溢流阀有三个结构特点：阀口是常闭的；控制阀口开闭的油液来自进油口；漏油回油箱采用内泄方式。

③ 对溢流阀的要求

a. 调压偏差要小，即流过溢流阀的流量变化时，系统的压力变化要小，一般为 0.2～0.4MPa。

b. 灵敏度要高，压力超调量要小。系统中换向阀突然关闭或油缸突然停止运动而不需要油液时，溢流阀要能迅速增大开度。因为这时液压泵还在供油，如果溢流阀的阀芯动作不灵敏，不能迅速抬起增大阀口开度，系统中的大量油液就不能顺利排出，系统压力就会突然升高，超过溢流阀的调定压力。这超过部分的压力值称为压力超调量，该值过大可能引起系统中液压冲击，它会使系统各元件受力增加，影响系统寿命。

c. 工作平稳，压力波动要小。即在稳定状态下，调定压力的波动值要小。压力波动与液压源（流量和压力）脉动、阀芯结构、阻尼大小、弹簧参数，以及油温变化等因素有关。一般压力波动在±（0.1～0.3）MPa。

d. 卸载压力要小。

e. 当阀关闭时，泄漏量要小。

图 4.6 为溢流阀的压力示波图。Δp 为压力超调量，Δt_2 为压力调整时间，一般 $\Delta t_2 = 0.1 \sim 0.5 \mathrm{s}$，$\Delta t_1$ 为卸荷时间，一般要求 $\Delta t_1 = 0.03 \sim 0.1 \mathrm{s}$。

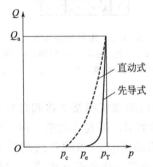

图 4.5　直动式和先导式溢流阀的流量压力特性比较

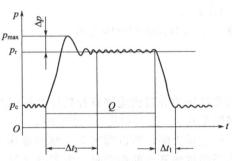

图 4.6　溢流阀的压力示波图

（2）减压阀

减压阀是用来降低液压系统中某一部分的压力，使这一部分得到比液压泵所供油低的稳定压力，用来控制使出口压力为定值。减压阀在各种夹紧系统、控制系统和润滑系统中应用较多。

图 4.7 为减压阀用于夹紧油路的原理图。液压泵 1 除供给主工作油缸压力油外，还经过减压阀 2、单向阀 3 及换向阀 4 进入夹紧油缸 5。夹紧工件所需力的大小，可以用减压阀来调节。单向阀可以防止工件在停车时从夹紧装置中掉下来。

① 减压阀的工作原理　减压阀也有直动式和先导式两种。由于一般要求输入压力稳定，所以多采用先导式减压阀，但调速阀内的减压阀属直动式。

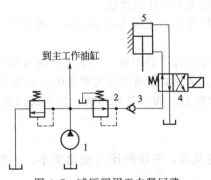

图 4.7　减压阀用于夹紧回路

1—液压泵；2—减压阀；3—单向阀；4—换向阀；5—夹紧油缸

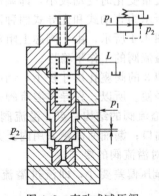

图 4.8　直动式减压阀

a. 直动式减压阀。图 4.8 所示为直动式减压阀。高压油从进口 p_1 进入，低压油从出口 p_2 引出。出口 p_2 的低压油可以通过阀芯的径向孔和中心孔进入阀芯的下端油腔，产生向上推力，推动阀芯克服弹簧作用力。使阀芯抬起，关闭节流口。

当油压 p_1 未进入减压阀时，阀芯在弹簧力作用下处于最下端位置，阀口全开，所以减压阀是常开阀。当出口压力 p_2 小于减压阀的调定压力时，阀芯上端的弹簧作用力大于下端的油压推力，阀芯便向下移动，增大节流口的开度 x，以使出口压力 p_2 增高。当出口压力 p_2 超过减压阀的调定压力时，阀芯下端油压推力大于上端的弹簧作用力，阀芯便向上抬起，减小节流口的开度 x，以便出口压力 p_2 降低。

当出口压力 p_2 降低到与弹簧的调定压力平衡时，节流口便保持适当开度 x，使出口压力保持恒定，阀芯便处于平衡状态。此时阀芯作用的平衡方程为：

$$p_2 \frac{\pi d^2}{4} = k(x_0 + x)$$

即

$$p_2 = \frac{4k}{\pi d^2}(x_0 + x) \tag{4.13}$$

式中 p_2——减压阀出口压力；
      d——减压阀阀芯直径；
      k——弹簧的刚度；
      x_0——阀口关闭时弹簧的压缩量；
      x——阀口的开度。

上式中，阀口开度 x 是一个变量，它随进口压力 p_1 和通过阀口的流量 Q 而变。p_1 增大，x 就自动减小；Q 增大，x 就自动增大。虽然 x 是一个变量，但 x 与 x_0 相比是一个较小的值，在初步分析时，可以忽略，因此 p_2 近似于下式：

$$p_2 = \frac{4k}{\pi d^2} x_0 \tag{4.14}$$

为了使 p_2 因 x 的变化而引起的调压偏差减至最小，减压阀的弹簧也需采用刚度较小的软弹簧。

由于减压阀的出口油液有压力，减压阀的泄油必须专门设回油管引回油箱。

b. 先导式减压阀。图 4.9 所示是先导式减压阀的结构和符号，高压油从油口 d 进入，低压油从油口 f 引出。低压油口 f 通过小孔 g 与阀芯的下端接通，并通过阻尼孔 e 流入阀芯的上腔，又通过通孔 b 和 a 作用在先导锥阀 3 上。当出油口 f 的压力小于调定压力时，先导锥阀 3 关闭，阻尼孔 e 中没有油液流动，阀芯上下两端压力相等，这时阀芯在弹簧的作用下处于最下端位置，节流口 x 全部打开。当出油口 f 的压力超过调定压力时，低压油经过阻尼孔 e 打开先导锥阀 3 流出。由于存在阻尼孔，阀芯下部压力大于上部压力。当这个压力差所产生的作用力大于弹簧力时，阀芯上移，使节流口的缝隙减小，从而降低了出油口的压力，并使作用在阀芯上的油压力和弹簧力在新的位置上重新达到平衡。因此，当进油压力或流

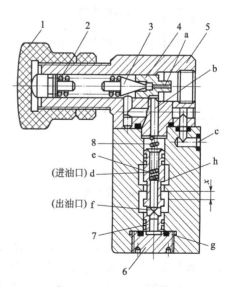

图 4.9 先导型减压阀
1—调节螺母；2—调压弹簧；3—锥阀；4—先导阀座；
5—先导阀体；6—主阀体；7—主阀芯；8—弹簧

进减压阀的流量变化时,出口处的低压油压力均可维持在调整好的压力附近。

② 减压阀的结构特点 减压阀有三个结构特点:阀口是常开的;控制阀口开闭的油液来自出油口;泄油回油箱采用外泄方式。

这三个特点也完全反映在减压阀的符号图上。

(3) 顺序阀

顺序阀是用来控制液压系统中两个以上工作机构先后动作顺序的。

图 4.10 所示是利用顺序阀来实现定位与夹紧的顺序动作。系统的压力升到 p_1 推动定位液压缸完成定位,此后系统压力继续升高,达到 p_2 后,打开单向顺序阀,推动夹紧油缸把工件夹紧。工作压力的关系是 $p_1 < p_2 < p$。电磁阀换向后,高压油同时进入定位和夹紧液压缸,拔出定位销,松开工件,此时夹紧缸的回油通过单向阀。

① 顺序阀的工作原理 顺序阀可分为两类:一类是直接利用阀的进油压力来控制的自控顺序阀;另一类是利用外来油压进行控制的遥控顺序阀。在调压方式上,顺序阀也可分直动式和先导式两种,一般先导式用于压力较高的液压系统中。

a. 自控顺序阀。图 4.11 所示为自控型顺序阀,它是自控式直动低压顺序阀。它的工作原理和溢流阀相似。不同之点是顺序阀的调定压力要低于进口压力,工作时,由于进口压力超过调定压力,阀芯抬起较高,阀口的节流作用不大,出口压力基本上等于进口压力。此外,因为出油口 p_2 仍是通向系统中某一执行元件的压力油路,因此顺序阀的泄油必须设置单独回油管。

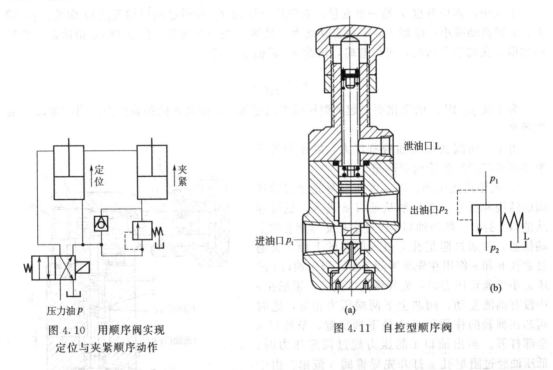

图 4.10 用顺序阀实现定位与夹紧顺序动作

图 4.11 自控型顺序阀

b. 遥控顺序阀(液动顺序阀)。图 4.12 所示为液动顺序阀,它是遥控式先导中压顺序阀。它和自控式顺序阀的主要差别在于遥控式的阀芯下部有一个控制口 K。阀口的开闭不是由进油压力来控制,而是由外来控制油压来控制。遥控顺序阀的泄漏油应从外部回油。遥控顺序阀可作卸荷阀用,p_1 接液压泵,p_2 接油箱,卸荷油压接 K,当卸荷油压升高超过阀的调定压力时,顺序阀打开,液压泵卸荷。

② 压力继电器

a. 压力继电器的应用。压力继电器的作用是当液压系统中的油压达到一定数值后，发出信号，操纵电磁阀或通过中间继电器接通下一个动作，借以实现顺序控制和安全保护。

图 4.13 是压力继电器的应用举例。当液压缸碰上死挡铁后，缸的进油腔压力升高，达到调定值，压力继电器 3 发出电信号，使电磁铁 1 断电、2 吸合，液压缸快速退回。

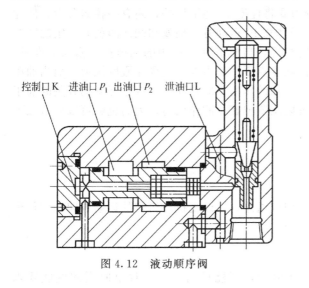

图 4.12　液动顺序阀

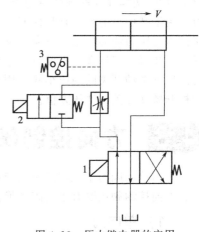

图 4.13　压力继电器的应用
1，2—电磁铁；3—压力继电器

b. 压力继电器的工作原理。常见的压力继电器如图 4.14 所示，它的控制油口 K 和液压系统相连接，当压力油达到调定值时，压力油作用在橡胶薄膜 11 上，通过橡胶薄膜 11 可推

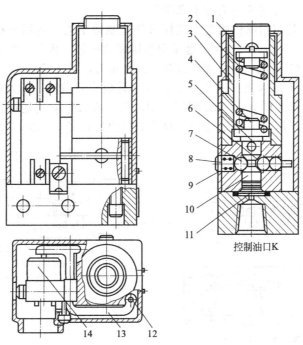

图 4.14　压力继电器
1，8—螺钉；2，9—压缩弹簧；3—套；4—件；5～7—钢球；10—柱塞；
11—橡胶薄膜；12—销轴；13—杠杆；14—微动开关

动柱塞 10 向上移动，压缩弹簧 2，直到件 4 的肩部碰到套 3 为止。与此同时，柱塞 10 的锥面推动钢球 6 和 7 径向移动，钢球 6 推动杠杆 13 绕销轴 12 逆时针转动，压下微动开关 14 的触头，发出电信号。发出电信号的油压可用弹簧 2 上端的螺钉 1 来调节。

当压力降到一定值时，弹簧 2 和 9 通过钢球 5 和 7 将柱塞 10 压下，这时钢球 6 落入柱塞 10 的锥面槽内，微动开关 14 复位并将杠杆 13 推回，电路断开。弹簧 9 的作用力经钢球 7 作用在柱塞 10 的锥面上，除有一向下的分力要将柱塞 10 往下压外，还有一径向分力，使柱塞 10 的一边紧靠在阀体的内壁上。这样，当柱塞 10 运动时，柱塞和阀体间就有一定的摩擦力。由于摩擦力的方向是和柱塞运动的方向相反，当控制油口 K 中的油压把柱塞向上推时，摩擦力与压力油的作用力方向相反，压力油除要克服弹簧力外，还要克服摩擦力。而当油压降低，弹簧力把柱塞向下推时，摩擦力与压力油的作用方向相同，所以松开微动开关的油压要比压下微动开关的油压小些。用螺钉 8 可以调节弹簧 9 的作用力，因而也就可以调节压下和松开微动开关的油压差值。

4.3 方向控制阀

方向控制阀用于控制液压系统中油流方向或通路，以改变执行机构的运动方向和工作顺序。方向控制阀主要有单向阀和换向阀两大类。

(1) 单向阀

单向阀的作用是使油液只能向一个方向流动，不能反向流动。对单向阀的性能要求如下。

① 油液正向流通时阻力要小，即压力损失要小。
② 油液不能反向通过，阀芯和阀座接触的密封性要好，应没有泄漏或泄漏很小。
③ 动作应灵敏，工作时不应有撞击和噪声。

图 4.15(a) 所示是用钢球作阀芯，这样可简化制造工艺，适用于小流量。弹簧右端用弹性卡圈支承。图 4.15(b)、(c) 所示是采用带锥面的阀芯。其中，图 4.15(b) 所示是管式单向阀，当油液从进口 p_1 流入时，克服弹簧 3 的作用力，顶开阀芯 2，经过阀芯上的四个径向孔 a 及内孔 b 从出口 p_2 流出。图 4.15(c) 所示是板式单向阀，压力油从进油口 p_1 流入，顶开阀芯，直接流向出油口 p_2，不经阀芯的中心孔。板式单向阀用螺钉（图中未表示）将阀体固定在连接板上，用两个 O 形橡胶密封圈对进出油口进行密封。图 4.15(d) 所示为单

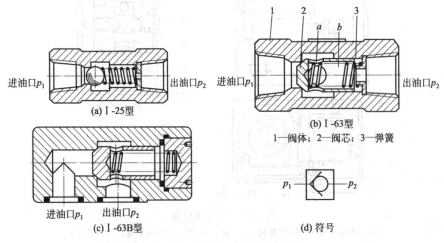

图 4.15 常用的中压型单向阀

向阀的符号。

单向阀中的弹簧主要是用来克服阀芯的摩擦阻力和惯性力,使关闭迅速可靠,所以弹簧压力应较小,以免液流正向通过时产生过大的压力降。一般单向阀的开启压力为 0.035～0.5MPa。当额定流量通过单向阀时,其压力损失一般不超过 0.3MPa;当利用单向阀作背压阀时,应换上较硬的弹簧,使回油保持一定的背压力,背压阀的背压压力一般为 0.2～0.6MPa。

除了一般的单向阀外,还有液控单向阀。图 4.16 所示为液控单向阀。当控制油口 K 不通过压力油时,油只可以从进油口 p_1 进入,顶开阀芯从出油口 p_2 流出,反向不通。当控制油口 K 接通压力油时,活塞 1 左部受油压作用,而活塞的右腔是和泄油口相通的(图中未表示),所以活塞 1 向右运动,借顶杆 2 将锥芯向右顶开,于是 p_1 和 p_2 两腔接通,油可以从两个方向自由流动。液控单向阀的最小液控压力为主油路压力的 30%～40%。

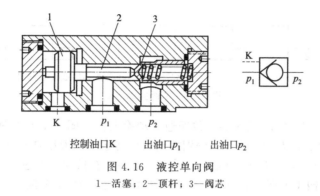

图 4.16 液控单向阀
1—活塞;2—顶杆;3—阀芯

(2) 换向阀

换向阀的作用是利用阀芯和阀体的相对运动,来变换油液的流动方向,接通或关闭油路。换向阀的应用很广,种类也多。对换向阀的主要要求是:油液流经换向阀的压力损失要小;各关闭阀口泄漏要小;换向阀要可靠,换向要平稳迅速。

根据阀芯运动方式的不同,换向阀可分为滑阀式和转阀式两种,滑阀式应用较广。根据阀芯操作方式的不同,换向阀可分为手动换向阀、机动换向阀、电磁换向阀、液动换向阀、电液动换向阀等。根据工作位数的不同,换向阀可分为二位的、三位的等。根据控制的通道数不同,换向阀可分为二通的、三通的、四通的、五通的等。

① 转阀 图 4.17 所示为三位四通转阀。当阀芯处在图示位置时,压力油从进油口 P 进

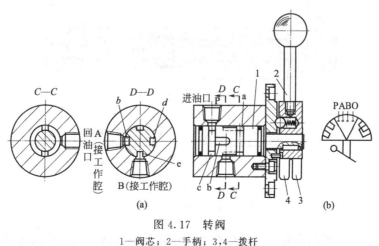

图 4.17 转阀
1—阀芯;2—手柄;3,4—拨杆

入,通过环槽c、油沟b与油口A相通,使压力油进入液压缸(或液压马达)的一腔。液压缸(或液压马达)另一腔的回油从油口B进入,经过油沟e、环槽a从回油口O流回油箱。如用手柄2将阀芯1顺时针旋转45°时,油沟b、e和油口A、B断开,于是油路不通。如将阀芯再顺时针转45°,油口A就通过油沟e和回油口O相通,而油口B通过油沟d和压力油口P相通,这样就实现了换向。3和4是两个叉形布置的拨杆,可以利用两块挡铁分别碰撞拨杆3和4,使转阀机动换向。图4.17(b)所示为手动操纵三位四通转阀的符号。转阀因为结构尺寸受到限制,一般多用在流量较小的场合,作先导阀或小型换向阀使用。

② 滑阀式换向阀　阀体和滑动阀芯是滑阀式换向阀的结构主体。表4.2所示是其最常见的结构形式。由表4.2可见,阀体上开有多个通口,阀芯移动后可以停留在不同的工作位置上。常见的滑阀操纵方式见图4.18。

(a)手动式　(b)机动式　(c)电磁动　(d)弹簧控制　(e)液动　(f)液压先导控制　(g)电液控制

图4.18　滑阀操纵方式

③ 手动换向阀　图4.19所示为三位四通手动换向阀。图4.19(a)所示为自动复位式。P为压力油入口,A、B为工作油口,分别接通液压马达(或液压缸),O为回油口。油槽a通过阀芯上的中心孔和回油口O相通。当手柄1上端向左扳时,阀芯2右移,P和B接通,A和O接通。当手柄1上端向右扳时,阀芯2左移,这时P和A接通,B通过环槽a和阀芯2上的中心孔与O连通,实现了换向。放松手柄时,右端的弹簧3能自动将阀芯2恢复到中间原位,使油路断开,所以称为自动复位式。

这种滑阀能定位在两端位置上。如果要滑阀在三个位置上都能定位,可以将右端的弹簧3部分改为图4.19(b)所示的钢球定位式结构。在阀芯右端的一个径向孔中装有一个弹簧和两个钢球。可以在三个位置上实现定位。图4.19(c)、(d)分别为自动复位式和钢球定位式手动滑阀的符号图。

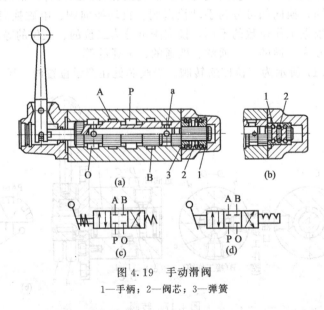

图4.19　手动滑阀
1—手柄；2—阀芯；3—弹簧

④ 机动换向阀　机动换向阀也叫行程滑阀,它是用挡铁或凸轮使阀芯移动来控制油流

的方向。机动滑阀通常是二位的。机动滑阀有二通、三通、四通、五通几种。二位二通的分常闭和常开两种。

图 4.20 所示为二位二通常闭式行程滑阀。在图示位置，阀芯 2 被弹簧 3 推向上端，油腔 P 和 A 不通。当挡铁压下滚轮 1 使阀芯 2 移到下端，就使油腔 P 和 A 接通。图 4.21 所示为几种换向阀的符号。

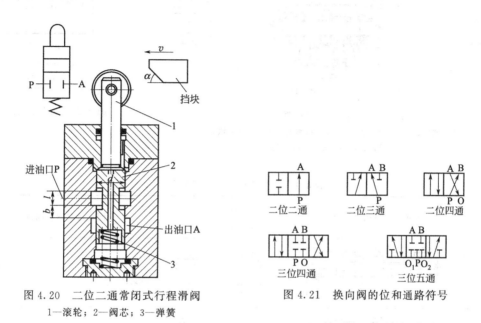

图 4.20　二位二通常闭式行程滑阀
1—滚轮；2—阀芯；3—弹簧

图 4.21　换向阀的位和通路符号

⑤ 电磁换向阀　电磁换向阀是利用电磁铁推动阀芯移动来控制油流方向的阀类。电磁铁是由按钮开关、限位开关、行程开关或其他电器元件的电讯号来控制的。采用电磁换向阀可使操作轻便，实现远距离自动控制，因此应用广泛。

电磁换向阀按使用的电源不同有交流（D 型）和直流（E 型）两种。交流电磁阀电源电压为 220V（也有 38V 或 36V 的），直流电磁阀电源电压为 24V 或 110V。电流电压波动不得超过额定电压的 85%～105%，电压太高易烧坏电磁铁，电压太低则吸力不够，工作不可靠。直流电磁铁启动力小，换向冲击小，寿命长，不会过载烧坏，工作可靠，但其换向时间较长，并需要直流电源，交流电磁铁不需要特殊的电源，电磁铁吸力大，换向时间短，但是换向冲击大，噪声大，过载易烧坏，可靠性不及直流电磁铁。

为了提高电磁铁的可靠性，可采用湿式电磁铁。湿式电磁铁浸在工作油中，取消了推杆处的密封，因此摩擦力小，复位性能好，冷却润滑好，工作寿命长。对于行程长、流量大（63L/min）或者要求换向时间可调的换向阀，不能直接用电磁铁推动阀芯，要采用电液换向阀及其他的方式进行换向。电磁换向阀一般有二位二通、二位三通、二位四通、二位五通、三位四通和三位五通等各种形式。

a. 构造和工作原理。图 4.22 为电磁换向阀的结构图。电磁换向阀由阀体 1、滑阀（阀芯）2、接线柱 3、电磁铁 4 和 5、弹簧 6 等零件组成。线圈通电，衔铁被吸动，推动顶杆使滑阀阀芯移动接通油路。断电后，阀芯在弹簧作用下复位，使油路换向。

b. 中位机能。三位换向阀，当阀芯处于中间位置时，阀的通道内部可根据使用的需要有各种各样的连通，见表 4.2，称为三位换向阀的中位机能，表 4.2 中 P 为压力油口，A、B 为工作油口，O 为回油口。图 4.23 所示为三位四通电磁阀。

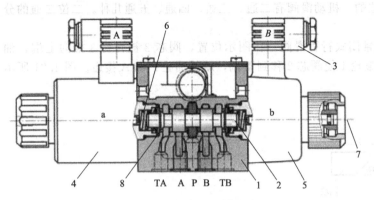

图 4.22 二位三通电磁换向阀
1—阀体；2—滑阀（阀芯）；3—接线柱；4,5—电磁铁；
6—弹簧；7—按钮；8—弹簧座

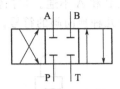

P—压力端口(油泵出口)
T—油箱端口(泄油口)
A、B—工作端口

图 4.23 三位四通电磁阀

表 4.2 三位换向阀的滑阀机能

滑阀机能型式	中间位置时的滑阀状态	中间位置的符号 三位四通	中间位置的符号 三位五通	中间位置时的性能特点
O				各油口全部关闭,系统保持压力,油缸封闭
H				各油口 A、B、P、O 全部连通,油泵卸荷,油缸两腔连通
Y				A、B、O 连通,P 口保持压力,油缸两腔连通
J				P 口保持压力,油缸 A 口封闭,B 口和回油口 O 接通
C				油缸 A 口通压力油,B 口与回油口 O 不通
P				P 和 A、B 口都连通,回油口封闭
K				P、A、O 连通,油泵卸荷,油缸 B 口封闭

续表

滑阀机能型式	中间位置时的滑阀状态	中间位置的符号 三位四通	中间位置的符号 三位五通	中间位置时的性能特点
X	(图) O(O₁) A P B O(O₂)	A B / P O	A B / O₁ P O₂	A、B、P、O半开启接通，P口保持一定压力
M	(图) O(O₁) A P B O(O₂)	A B / P O	A B / O₁ P O₂	P、O连通，油泵卸荷，油缸A、B两油口都封闭
U	(图) O(O₁) A P B O(O₂)	A B / P O	A B / O₁ P O₂	A、B接通，P、O封闭，油缸两腔连通，P口保持压力

O型中位机能特点是油口全部关闭，油液不流动，执行元件可在任意位置被锁住。由于液压缸内充满油液，从静止到启动较平衡，但换向时冲击较大。

H型中位机能特点是油口全部连通，液压泵卸荷，液压缸处于浮动状态。由于回油口通油箱，在停车时，执行元件中的油流回油箱，再次启动时，易产生冲击。由于油口全通，换向时比O型平稳，但冲击量较大，换向精度较低。当用于单出杆液压缸时，中位机能不能使液压缸在任意位置停止。

M型中位机能的特点是压力油口P与回油口O连通，其余封闭，液压泵卸荷，液压缸可在任意位置停止，启动平稳，换向时有冲击现象。

其他中位机能的特点，可以由此类推。在分析和选择阀的中位机能时，通常考虑以下几点：a. 系统保压。当P口关闭，系统保压，液压泵能用于多缸系统。当P口不太通畅地与T口接通时（如X型），系统能保持一定的压力供控制油路使用。b. 系统卸荷。P口通畅地与T口接通时，系统卸荷。c. 启动平稳性。阀在中位时，液压缸某腔如通油箱，则启动时该腔内因无油液起缓冲作用，启动不太平稳。d. 液压缸"浮动"和在任意位置上的停止，阀在中位，当A、B两口互通时，卧式液压缸呈"浮动"状态，可利用其他机构移动工作台，调整其位置。若A、B两口关闭或与P口连接（在非差动情况下），则可使液压缸在任意位置处停下来。三位五通换向阀的机能与上述相仿。

⑥ 液动换向阀　液动换向阀是靠压力油推动阀芯达到换向的。图4.24所示为三位四通型液动阀的结构和符号。当控制油路的压力油从阀右边的油口进入滑阀右腔时，阀芯被推向左侧，使P与B接通，A与O接通。当控制油路的压力油从阀左边的油口进入滑阀左腔时，阀芯被推向右侧，实现了油路的换向。当两个控制压力油口都不通压力油时，阀芯在两端弹簧作用下恢复到中间位置。当对液动换向阀的换向性能有较高要求时，液动阀的两端装有可调节的单向节流阀，用来调节阀芯的移动速度。

⑦ 电液动换向阀　电液动换向阀是电磁滑阀和液动滑阀的组合。电磁滑阀起先导作用，它可以改变控制液流的流向，以改变液动滑阀的阀芯位置，所以能够用较小的电磁铁来控制较大的液流。常用的有二位四通和三位四通等形式。

图4.25所示为一种电液操纵式换向滑阀，它是一个由电磁阀和液动阀组成的复合阀，电磁阀操纵控制油流的流动方向，改变液动阀阀芯的位置，起着"先导"的控制作用。液动

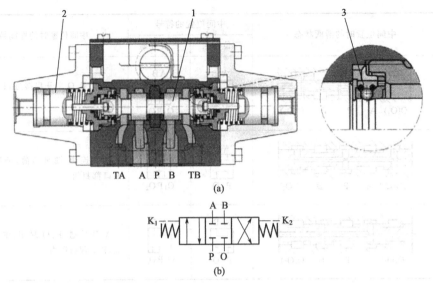

图 4.24 三位四通型液动阀的结构和符号
1—滑阀（阀芯）；2—液控阀芯；3—可调单向节流阀

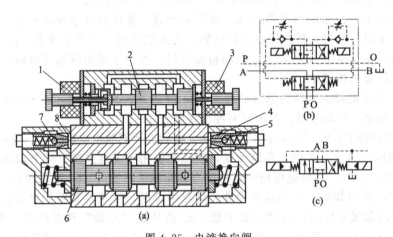

图 4.25 电液换向阀
1,3—电磁铁；2—电磁阀阀芯；4,8—节流阀；5,7—单向阀；6—液动阀阀芯

阀则以其阀芯位置的变化改变主油路上油流的方向，起着"放大"的控制作用。

电磁铁 1 和 3 都不通电时，电磁阀阀芯 2 处于中位，液动阀阀芯 6 因其两端都接通油箱，也处于中位。电磁铁 1 通电时，阀芯 2 移向右位，压力油经单向阀 7 接通阀芯 6 的左端，开度由节流阀 8 的开口大小决定。阀芯 2 和 6 由各自的定位套定位，与前面几种操纵形式中的情况相同。

在电液操纵式换向阀中，控制主油路的阀芯 6 不是靠电磁铁吸力直接推动的，而是靠电磁铁操纵控制油路上的压力油推动的，因此推力可以很大而操纵又可以很方便。此外，阀芯 6 向右或向左的移动速度可以分别由节流阀 4 或 8 来调节，这就使系统中的执行元件能够得到平稳无冲击的换向，所以这种操纵型式的换向性能是较好的，适用于高压、大流量的场合。

换向阀的主要性能，以电磁阀的项目为最多，它主要包括下面几项。

a. 工作可靠性。工作可靠性指电磁铁通电后能否可靠地换向，而断电后能否可靠地复位。工作可靠性主要取决于设计和制造，且和使用也有关系。液动力和液压卡紧力的大小对工作可靠性影响很大，而这两个力是与通过阀的流量和压力有关。所以电磁阀也只有在一定的流量和压力范围内才能正常工作。这个工作范围的极限称为换向界限，如图4.26(a)所示。

b. 压力损失。由于电磁阀的开口很小，故液流流过阀口时产生较大的压力损失。一般阀体铸造流道中的压力损失比机械加工流道中的损失小。不同的进出油道压力损失也是不一致的，如图4.26(b)所示。

c. 内泄漏量。在各个不同的工作位置，在规定的工作压力下，从高压腔漏到低压腔的泄漏量为内泄漏量。过大的内泄漏量不仅会降低系统的效率，引起过热，而且还会影响执行机构的正常工作。

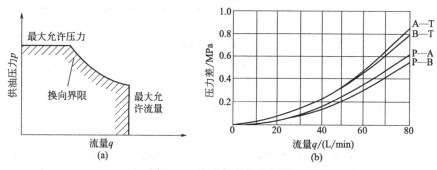

图4.26 电磁阀的换向界限

d. 换向和复位时间。换向时间指从电磁铁通电到阀芯换向终止的时间；复位时间指从电磁铁断电到阀芯回复到初始位置的时间。减小换向和复位时间可提高机构的工作效率，但会引起液压冲击。交流电磁阀的换向时间一般为0.03~0.05s，换向冲击较大；而直流电磁阀的换向时间为0.1~0.3s，换向冲击较小。通常复位时间比换向时间稍长。

e. 换向频率。换向频率是在单位时间内阀所允许的换向次数。目前单电磁铁的电磁阀的换向频率一般为60次/分。

f. 使用寿命。使用寿命指使用到电磁阀某一零件损坏，不能进行正常的换向或复位动作，或使用到电磁阀的主要性能指标超过规定指标时所经历的换向次数。

电磁阀的使用寿命主要决定于电磁铁。湿式电磁铁的寿命比干式的长，直流电磁铁的寿命比交流的长。

g. 滑阀的液压卡紧现象。一般滑阀的阀孔和阀芯之间有很小的间隙，当缝隙均匀且缝隙中有油液时，移动阀芯所需的力只需克服黏性摩擦力，数值是相当小的。但在实际使用中，特别是在中、高压系统中，当阀芯停止运动一段时间后（一般约5min以后），这个阻力可以大到几百牛顿，使阀芯很难重新移动。这就是所谓的液压卡紧现象。

引起液压卡紧的原因，有的是脏物进入缝隙而使阀芯移动困难，有的是缝隙过小在油温升高时阀芯膨胀而卡死，但是主要原因是来自滑阀副几何形状误差和同心度变化所引起的径向不平衡液压力。如图4.27(a)所示，当阀芯和阀体孔之间无几何形状误差，且轴心线平行但不重合时，阀芯周围间隙内的压力分布是线性的（图中A_1和A_2线所示），且各向相等，阀芯上不会出现不平衡的径向力；当阀芯因加工误差而带有倒锥（锥部大端朝向高压腔）且轴心线平行而不重合时，阀芯周围间隙内的压力分布如图4.27(b)中曲线A_1和A_2所示，这时阀芯将受到径向不平衡力（图中阴影部分）的作用而使偏心距越来越大，直到两者表面接触为止，这时径向不平衡力达到最大值；但是，如阀芯带有顺锥（锥部大端朝向低压腔)时,产生的径向不平衡力将使阀芯和阀孔间的偏心距减小;图 4.27(c) 所示为阀芯表面有局部凸起(相当于阀芯碰伤、残留毛刺或缝隙中楔入脏物)时,阀芯受到的径向不平衡力将使阀芯的凸起部分推向孔壁。

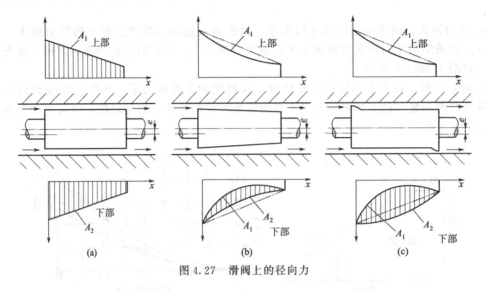

图 4.27 滑阀上的径向力

当阀芯受到径向不平衡力作用而和阀孔相接触后,缝隙中存留液体被挤出,阀芯和阀孔间的摩擦变成半干摩擦乃至干摩擦,因而使阀芯重新移动时所需的力增大了许多。

滑阀的液压卡紧现象不仅在换向阀中有,其他的液压阀也普遍存在,在高压系统中更为突出,特别是滑阀的停留时间越长,液压卡紧力越大,以致造成移动滑阀的推力(如电磁铁推力)不能克服卡紧阻力,使滑阀不能复位。为了减小径向不平衡力,应严格控制阀芯和阀孔的制造精度,在装配时,尽可能使其成为顺锥形式,另一方面在阀芯上开环形均压槽,也可以大大减小径向不平衡力。

4.4 流量控制阀

流量控制阀是靠改变节流元件工作开口的大小来调节通过阀的流量,以改变执行机构的运动速度。液流经小孔或狭缝时,会遇到阻力。阀口的通流面积越小,油液流过时的阻力就越大。因而通过的流量就越小。常用的流量控制阀有普通节流阀、调速阀、温度补偿调速阀、溢流节流阀以及这些阀和单向阀、行程阀的各种组合等。

对流量控制阀性能的主要要求如下。
① 当阀前后的压力差变化时,通过阀的流量变化要小。
② 当油的温度变化使油的黏度变化时,通过节流阀的流量变化要小。
③ 节流阀不易堵塞,这样使节流阀能得到较低的最小稳定流量,不会在连续工作一段时间后因节流口堵塞而使流量减小过多甚至断流。
④ 通过节流阀的压力损失要小。
⑤ 节流阀的泄漏要小。

在液压传动系统中节流元件与溢流阀并联于液泵的出口,构成恒压油源,使泵出口的压力恒定。如图 4.28(a) 所示,此时节流阀和溢流阀相当于两个并联的液阻,液压泵输出流量 q_p 不变,流经节流阀进入液压缸的流量 q_1 和流经溢流阀的流量 Δq 的大小由节流阀和溢流阀液阻的相对大小来决定。若节流阀的液阻大于溢流阀的液阻,则 $q_1 < \Delta q$;反之则

$q_1 > \Delta q$。节流阀是一种可以在较大范围内以改变液阻来调节流量的元件。因此可以通过调节节流阀的液阻，来改变进入液压缸的流量，从而调节液压缸的运动速度；但若在回路中仅有节流阀而没有与之并联的溢流阀，如图 4.28(b) 所示，则节流阀就起不到调节流量的作用。液压泵输出的液压油全部经节流阀进入液压缸。改变节流阀节流口的大小，只是改变液流流经节流阀的压力降。节流口小，流速快；节流口大，流速慢，而

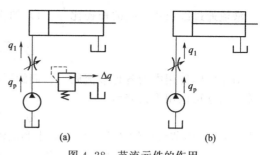

图 4.28 节流元件的作用

总的流量是不变的，因此液压缸的运动速度不变。所以，节流元件用来调节流量是有条件的，即要求有一个接受节流元件压力信号的环节（与之并联的溢流阀或恒压变量泵），通过这一环节来补偿节流元件的流量变化。

(1) 节流口的流量特性

① 节流口的形式　节流口的形式很多，图 4.29 所示的是几种常用的节流口。图 4.29(a) 所示为针式节流口，针阀做轴向移动，调节环形通道的大小以调节流量。图 4.29(b) 所示是偏心式节流口，在阀芯上开了一个截面为三角形（或矩形）的偏心槽，当转动阀芯时，就可以调节通道的大小以调节流量。图 4.29(c) 所示是轴向三角沟式节流口，在阀芯端部开有一个或两个斜的三角沟，轴向移动阀芯时，就可以改变三角沟通流截面的大小。图 4.29(d) 所示是周向缝隙式节流口，阀芯上开有狭缝，油可以通过狭缝流入阀芯内孔再经左边的孔流出，旋转阀芯就可以改变缝隙式节流口的通流面积的大小。图 4.29(e) 所示为轴向缝隙式节流口，在套筒上开有轴向缝隙，轴向移动阀芯就可以改变缝隙的通流面积的大小以调节流量。

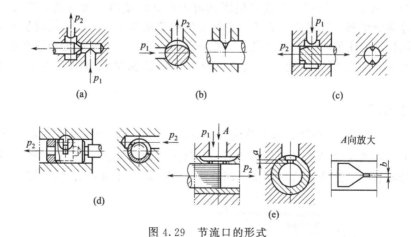

图 4.29 节流口的形式

② 节流口的流量特性公式　液流通过薄壁小孔（小孔的长径比 $\frac{l}{d} < 0.5$ 时，可以看作薄壁小孔）的流量公式为：

$$Q = CA \sqrt{\frac{2\Delta p}{\rho}} \tag{4.15}$$

液流通过细长孔（孔的长径比 $\frac{l}{d}=1$）的流量公式为：

$$Q=\frac{\pi d^2 \Delta p}{128\mu l} \tag{4.16}$$

对于实际使用中的各种节流阀，它们的形状可能在薄壁孔和细长孔两种情况之间，它们的流量特性可以用下式表示。

$$Q=kA\Delta p^m \tag{4.17}$$

式中 k——由节流口的断面形状及大小和油液性质决定的系数；

m——由节流口形状决定的指数，一般在 0.5～1 的范围内，近似于薄壁孔时，接近 0.5，近似于细长孔时，接近于 1；

A——节流口的通流面积。

对比图 4.29 所示的各种节流口，图（a）所示的针式节流口和图（b）所示的偏心节流口，由于节流通道较长，因而节流口前后压力差和温度的变化对流量的影响较大，也较容易堵塞，所以一般应用在性能要求不高的地方；而图（e）所示的轴向缝隙式节流口，由于在节流口上部铣了一个槽，使节流口的厚度减薄到 0.07～0.09mm，成为薄壁式节流口，这样性能就比较好，可以得到较小的稳定流量。

在液压系统中，希望节流口大小调好后，流量 Q 稳定不变。但实际上流量会有变化，特别是流量小时变化较大。根据流量公式，可以看出影响流量稳定的因素有下面几个。

a. 节流阀前后的压力差 Δp。流量公式中包含 Δp^m，m 越大，Δp 变化后对流量的影响就越大，因此薄壁孔比细长孔好。

b. 油的温度。油温影响油液的黏度，油温高时油的黏度降低。对细长孔，当油温升高时，油的黏度降低，流量 Q 就会增加。而对于薄壁孔，油的黏度对流量的影响很小，所以节流通道长时温度对流量的影响大。此外，对于同一个节流口，在小流量时，节流口的截面较小，节流口的长度相对地就比较长，所以油温的影响也会增大。

c. 节流口的堵塞。节流阀的开度可能因油液中有杂质或由于油液的极化分子和氧化后析出的胶质等部分堵塞，这样就改变了原来调节好的节流口大小，因而使流量发生变化。通流面积对湿周长度的比值叫做水力半径。一般通流面积越大、节流通道越短和水力半径越大时，节流口就越不容易堵塞。此外，油的质量或过滤的精度较好时，也不容易产生堵塞现象。

（2）节流阀

图 4.30 是节流阀的结构图。这种节流阀的节流口形式是轴向三角槽式，油从进油口 p_1 进入，经孔 b 和阀芯 1 左端的节流槽进入孔 a，再从出油口流出。调节手把 3，利用推杆 2 使阀芯 1 做轴向移动，改变节流口面积，调节流量。弹簧保证阀芯始终紧紧压在推杆 2 上。

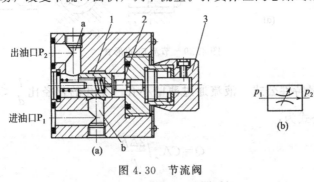

图 4.30 节流阀
1—阀芯；2—推杆；3—调节手把

节流阀在系统中用来调节执行机构的运动速度,图 4.31 就是把节流阀串联在油路系统中,利用节流调节液压缸运动速度的简图。这种节流阀通过的流量受阀两端的压力差变化的影响很大,随着压力差的减小,通过阀的流量按抛物线规律下降。

(3) 调速阀

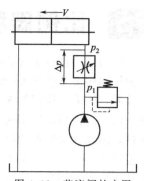

图 4.31 节流阀的应用

调速阀是由一个节流阀和一个减压阀组合而成的。由于减压阀的作用使调速阀中通过的流量几乎可以不受节流阀口两端压力差波动的影响,大大提高了流量的稳定性。图 4.32(a)是调速阀的工作原理图,图 4.32(b)所示是调速阀的符号,图 4.32(c)所示是简化符号。

如图 4.32(a) 所示液压缸活塞被压力油的压力 p 推动以速度 v 向左运动,回油压力 p_2 通过减压阀的槽 a,经阀芯台肩形成的节流口减压后降为 p_3 由槽口流出,压力 p_3 再引到减压阀芯右端(无弹簧端的两个端面),然后进入节流阀。减压阀的有弹簧端则接到节流阀后端,设压力为 p_4(往往 p_4 不为零)。略去阀杆上的摩擦力和阀芯本身自重,则阀芯上的力的平衡方程式可如下表达。

$$p_3 F_{阀} = S + p_4 F_{阀} \tag{4.18}$$

即

$$p_3 - p_4 = \frac{S}{F_{阀}}$$

式中 S——弹簧力;
　　$F_{阀}$——阀芯的有效作用面积;
　　p_3——节流阀前(b 腔)的压力;
　　p_4——节流阀后的压力。

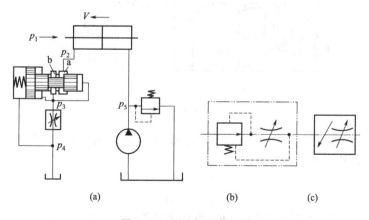

图 4.32 调速阀工作原理

设计时,减压阀的弹簧很软,而且工作中阀芯的移动量很小,因而等式的右端 $S/F_{阀}$ 可视为常量,所以压力 $\Delta p = p_3 - p_4$ 也基本上是常量。因此调速阀工作通过的流量基本不变,虽然外加载荷 P 的变化造成压力的波动,但调整好的活塞运动速度保持稳定。

调速阀正常工作时,要有一定的压力差 0.4~0.5MPa,因为压力差很小时,减压阀芯在弹簧作用下,移至最右侧,减压阀的节流口全部打开,这时的性能和节流阀完全一样,只有当压差大于上述值时,减压阀才能起稳定节流阀两端压差的作用。

4.5 比例阀和逻辑阀

比例阀是一种按输入的电信号连续地、按比例地控制液压系统的压力和流量的阀。前面讨论的控制阀多具有开关控制的性质，不能进行连续地控制，若要对液压系统的参数进行连续地控制，则需使用伺服阀。伺服阀由于价格高，维护保养要求严格，限制了它在一般液压系统中的广泛使用。比例阀的组成是把普通的压力阀、流量阀和换向阀的控制部分换上比例电磁铁，用比例电磁铁的吸力来改变阀的参数以进行比例控制。

逻辑阀是以锥阀为基本单元，以芯子插入式为基本连接形式，配以不同的先导阀来满足各种动作要求的阀类，实际上是一种液控单向阀，又称嵌装式闸阀或插装阀。这种阀的开启和闭合完全像一个受操纵的逻辑元件那样工作，所以称为"逻辑阀"，特别适合于高压、大流量系统。

(1) 电磁比例压力阀

图 4.33 所示为电磁比例压力阀（溢流阀）的结构原理图。它是由普通先导式溢流阀和比例电磁铁组成，它的工作原理与先导式溢流阀相同。所不同者，普通溢流阀的调压多是用手调。而电磁比例溢流阀的压力是由电磁铁产生的电磁力推动推杆，压缩弹簧作用在锥阀上。顶开锥阀的压力 p，即是调整压力。其电磁推力的大小与通入比例电磁铁的电流成比例，因此改变电流的大小，即可调节溢流阀压力的大小。

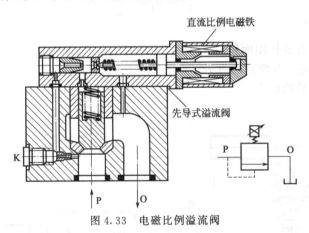

图 4.33 电磁比例溢流阀

电磁比例压力阀可接受电信号的指令，连续地控制液压系统压力，使压力与输入电信号成比例地变化。其基本关系如下：

$$F_D = K_t I \tag{4.19}$$

$$F_S = pA \tag{4.20}$$

F_D 为电磁力，F_S 为弹簧压缩力，K_t 为比例常数，由于 $F_D = F_S$，所以

$$pA = K_t I, p = K_t I/A = K_p I \tag{4.21}$$

K_p 为比例常数，A 为锥阀在阀座上的受压面积，I 为通入比例电磁铁中的电流。

当电流 I 是连续的或按一定程序变化，则比例阀所控制的压力也是与输入信号成正比例的或按一定程序变化的。

图 4.34 为比例溢流阀的 p-I 特性曲线。压力 p 与电流 I 的关系应该是线性的，但由于磁性材料和运动部件的黏滞摩擦影响，使得 p-I 上升与下降曲线不重合。从图中可以看出，在电流上升到 I_0 时，输出压力 p_A（A 点）。继续增大控制电流，压力将按比例增加，直到

I_M 时，压力为 p_M（C 点）。当控制电流减小时，压力不按原来的曲线下降，而控制电流为零时，输出压力为 p_A，而在控制电流从零到 I_0 范围内输出压力不变，出现不灵敏区。

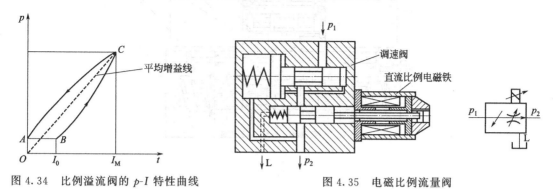

图 4.34 比例溢流阀的 p-I 特性曲线　　　　图 4.35 电磁比例流量阀

（2）电磁比例流量阀

电磁比例流量阀由调速阀和比例电磁铁组合而成，如图 4.35 所示。外部信号输入时，节流阀的阀芯在弹簧力与比例电磁铁的电磁力作用下保持平衡，该位置对应节流阀的一定的开口量 x，通过节流口的流量可按小孔流量特性方程决定。

$$Q = KA\Delta p^m \tag{4.22}$$

因为减压阀保证了卸荷基本恒定，所以

$$Q \propto A = bx \tag{4.23}$$

又

$$F_D = K_t I$$
$$F_S = K_S x$$

由于 $F_D = F_S$，所以

$$K_t I = K_S x$$

所以

$$x = K_t I / K_S$$

即

$$Q \propto A = \frac{K_t}{K_S} bI \tag{4.24}$$

式中　K_t——比例常数；
　　　K_S——弹簧刚度；
　　　b——节流口宽度。

由式（4.24）可以看出，只要改变输入电流信号的大小，就可控制调速阀的流量，其流量电流特性曲线与 p-I 特性曲线相似。

（3）电磁比例方向阀

图 4.36 为电磁比例方向阀，是电磁比例压力阀与液动换向阀的组合，常用电磁比例减压阀作为先导阀。利用电磁比例减压阀的出口压力来控制液动阀的正反开口量，从而控制液压系统的流量大小和液流方向。

当电信号输给比例电磁铁 8 时，其推杆使减压阀芯向右移动。这时压力油的压力 p 经减压阀减为 p_1，从油道 2 进入液动阀 5 的右端，推动阀 5 向左移动，使 B 腔与压力油相通，在油道 2 内设有反馈孔 3，将 p_1 引至减压阀右端，形成压力反馈。当 p_1 的作用力与比例电磁铁力相等时，减压阀处于平衡，液动换向阀有一个相应的开口量，p 与 A 腔的通油原理同上。通过电磁比例方向阀的液流流量大小和液流方向可以由输入信号连续控制。另外在液动换向阀的两端盖上分别设有节流阀 6 和 7，可以根据需要调节液动换向阀换向时间。

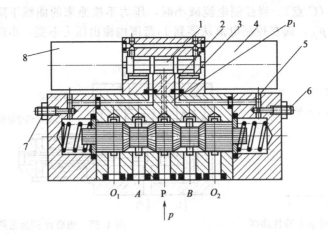

图 4.36 电磁比例方向阀

1—阀芯；2—油道；3—反馈孔；4,8—比例电磁铁；5—液动阀；6,7—节流阀

第 5 章 液压缸

5.1 液压缸的基本类型

液压缸是将油液的压力能转变为机械能的能量转换装置。液压缸一般用于实现直线往复运动或回转往复运动。

液压缸根据其结构特点,可以分为活塞式、柱塞式和回转式三大类。以下主要以活塞式液压缸为例进行说明。

(1) 单活塞杆液压缸

单活塞杆液压缸的特点是仅在液压缸的一腔中有活塞杆,使液压缸两腔的有效工作面积不相等,活塞杆直径越大,有效工作面积相差越大。在两腔分别输入油量相同的情况下,活塞往复运动速度不相等;在供油压力一定的情况下作用到活塞两侧的力量大小也不相等。这种液压缸多用于工作行程不长的地方,因单杆伸出过长较易下垂,对工作不利。

图 5.1 所示为单活塞杆液压缸,由活塞杆 1、前端盖 2、缸筒 3、活塞 5、后端盖 7 和导向套 8 等件组成。

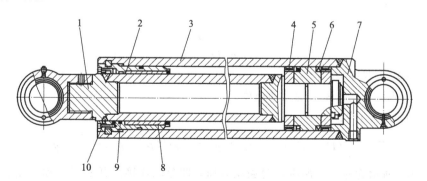

图 5.1 单活塞杆液压缸
1—活塞杆;2—前端盖;3—缸筒;4—支承环;5—活塞;6—密封件;
7—后端盖;8—导向套;9—活塞杆密封件;10—防尘圈

压力油进入液压缸右腔,推动活塞向左移动。油缸左腔的油液从液压缸侧面的孔排出。

当活塞运动接近终点时，回油腔的油液必须经活塞外圆端部的轴向三角槽流出，使油液受到节流而起缓冲作用。

单杆活塞缸的计算简图如图 5.2 所示。在单杆活塞缸中，由于缸两腔的有效工作面积不相等，所以左右两腔的流量与速度、牵引力与压力之间的关系式不一样。如图 5.2(a) 所示，当压力油输入无杆腔时，输入的流量 Q_1 为：

$$Q_1 = \frac{\pi}{4} D^2 v_1 \tag{5.1}$$

或

$$v_1 = \frac{2Q_1}{\pi D^2} \tag{5.2}$$

式中　Q_1——输入无杆腔的流量；
　　　v_1——活塞（或缸体）的运动速度。

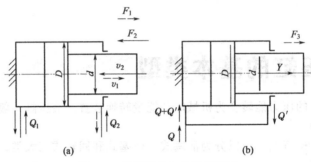

图 5.2　单活塞杆缸的计算简图

活塞上的推力 F_1 为：

$$F_1 = \frac{\pi}{4} D^2 p_1 - \frac{\pi}{4} (D^2 - d^2) p_2 = \frac{\pi}{4} D^2 (p_1 - p_2) + \frac{\pi}{4} d^2 p_2 \tag{5.3}$$

式中　p_1, p_2——进油压力和回油压力。

当压力油输入有杆腔时，输入的流量 Q_2 为：

$$Q_2 = \frac{\pi}{4} (D^2 - d^2) v_2 \tag{5.4}$$

或

$$v_2 = \frac{4Q_1}{\pi(D^2 - d^2)} \tag{5.5}$$

式中　Q_2——输入有杆腔的流量；
　　　v_2——活塞（或缸体）的运动速度。

活塞上的推力 F_2 为：

$$F_2 = \frac{\pi}{4}(D^2 - d^2) p_1 - \frac{\pi}{4} D^2 p_2 = \frac{\pi}{4} D^2 (p_1 - p_2) - \frac{\pi}{4} d^2 p_1 \tag{5.6}$$

图 5.2(b) 所示为左、右两腔同时通压力油，即差动连接。开始时差动缸左右两腔的油液压力相同，但由于无杆腔面积大于有杆腔的有效面积，故活塞将向右运动。

$$Q + Q' = Q + \frac{\pi}{4}(D^2 - d^2) v_3 = \frac{\pi}{4} D^2 v_3 \tag{5.7}$$

$$v = v_3 = \frac{4Q}{\pi d^2} \tag{5.8}$$

活塞上的推力 F_3 为：

$$F_3 = p_1(A_1 - A_2) = \frac{\pi}{4}[D^2 - (D^2 - d^2)] = \frac{\pi}{4}d_2 p_1 \qquad (5.9)$$

由此可见，差动连接时液压缸推力比非差动连接时小，速度比非差动连接时大，利用这个特点，可实现执行机构快速前进、后退和慢速工进的工作循环。

（2）双活塞杆液压缸

如图 5.3 所示，双活塞杆液压缸的特点是被活塞分隔开的液压缸两腔中都有活塞杆伸出，动力是活塞杆传递的。两活塞杆直径相等。当流入液压缸两腔中的油量相同时，活塞往复运动的速度也相等。

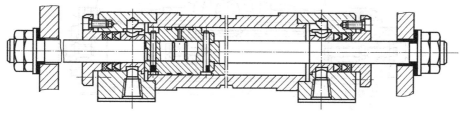

图 5.3 实心双活塞杆液压缸结构图

如图 5.4 所示，需要输入缸内的流量可根据活塞的面积和要求的运动速度算出，流量 Q 的计算公式为

$$Q = \frac{\pi}{4}(D^2 - d^2)v \qquad (5.10)$$

式中 D，d——液压缸内径和活塞杆直径；
　　　v——活塞（或缸体）的运动速度。

由式（5.10）可得活塞的运动速度为：

$$v = \frac{4Q}{\pi(D^2 - d^2)}$$

液压缸牵引力和油压之间的关系为：

$$F = \frac{\pi}{4}(D^2 - d^2)(p_1 - p_2) \qquad (5.11)$$

式中 p_1，p_2——进油压力和回油压力。

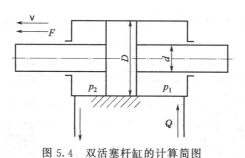

图 5.4 双活塞杆缸的计算简图

（3）无杆活塞液压缸

不用活塞杆传递动力的液压缸，多数是利用齿条齿轮、棘爪棘轮等机构传递动力。输出件的运动形式大多数是周期性的回转运动和步进运动。

图 5.5 所示是回转工作台的驱动液压缸。两个活塞 4 用螺钉固定在齿条 5 的两端，两端盖 2 和 8 通过螺钉、压板和半环 3 连接在缸体 7 上。当压力油从油口 a 进入液压缸左腔时，推动齿条活塞向右移动，通过齿轮 6 的回转，带动回转工作台运动，液压缸右腔的回油经油口 c 排出。当压力油从油口 c 进入右腔时，齿条活塞向右移动，齿轮 6 反方向回转，左腔的回油经油口 a 排出。

端盖 2 和 8 上的盲孔和两端活塞 4 上的凸头组成间隙式缓冲装置。当凸头进入盲孔以后，孔内油液必须经间隙 b 排出。盲孔内的油液在排出时受到阻力而起缓冲作用。螺钉 1 起定位作用，调整它的位置，可调节齿条活塞的行程。

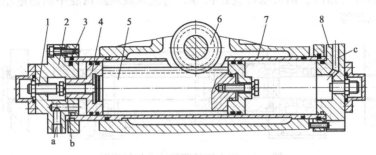

图 5.5 回转工作台的驱动液压缸结构
1—螺钉；2,8—端盖；3—半环；4—活塞；5—齿条；6—齿轮；7—缸体

5.2 液压缸的构造

图 5.6 所示为单出杆活塞式液压缸的典型结构，它由缸体组件和活塞组件两个基本部分组成。缸体组件包括缸体 5 和前、后端盖 1 和 8 等。活塞组件包括活塞 3、活塞杆 4 等零件，这两部分在组装后用四根长拉杆 6 串起来，并用螺母紧固。为了保证液压缸具有可靠的密封性，在前、后端盖和缸体之间，缸体和活塞之间，活塞杆和后端盖之间以及活塞和活塞杆之间都分别设置了相应的密封件 12、2、7 等。活塞杆的伸出端由装有刮油、防尘装置 9 的导向套 10 支承。为了防止活塞在两端对端盖的撞击，在前、后缸盖中都设置了由单向阀 14 和节流阀 13 组成的缓冲装置，其工作原理将在本节后面详细介绍。在液压缸工作前，应先放出缸内积聚的空气，为此在缸体的最上方设有排气装置（图中未表示出来），本节后面将介绍。

从以上对液压缸典型结构的分析中可以看出，液压缸是由缸体组件、活塞组件以及密封

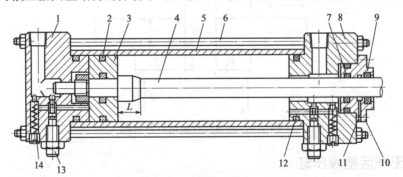

图 5.6 单出杆式活塞液压缸结构
1—前端盖；2,7,12—密封件；3—活塞；4—活塞杆；5—缸体；6—长拉杆；8—后端盖；
9—刮油、防尘装置；10—导向套；11—螺钉；13—节流阀；14—单向阀

装置、缓冲装置、排气装置等所组成的。它们的结构和性能直接影响到液压缸的工作质量和制造成本，现分述如下。

（1）缸体组件

图 5.7 所示为几种常用的缸体组件的结构。在设计时，主要应根据液压缸的工作压力、缸体材料和具体工作条件来选用不同的结构。一般工作压力低的地方，常采用铸铁缸体，它的端盖多用法兰连接，如图 5.7(a) 所示。这种结构易于加工和装拆，但外形尺寸大。工作压力较高时，可采用无缝钢管的缸体，它与端盖的连接方式如图 5.7(b)、(c) 所示。采用半环连接 [图 5.9(b)]，装拆方便，但缸壁上开了槽，会减弱缸体的强度。采用螺纹连接 [图 5.7(c)]，外形尺寸小，但是缸体端部需加工螺纹，使结构复杂，加工和装拆不方便。图 5.6 所示缸体和端盖的连接是采用四根拉杆固紧的方法，缸体的加工和装拆都方便，只是尺寸较大。

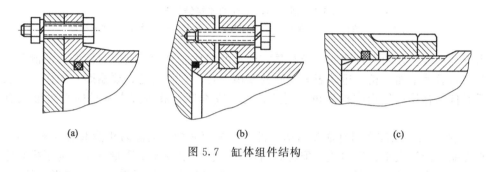

图 5.7 缸体组件结构

（2）活塞及活塞的连接

图 5.8 所示为几种常用的活塞结构形式，其中，图 (a)～(c) 所示为整体活塞，图 (d) 为分体活塞。

常用的活塞与活塞杆连接结构形式见图 5.9。所有的连接结构形式均须有锁紧措施，以防止活塞杆往复运动时松动，另外如选用螺纹连接结构形式，必须有一个轴肩定位以防螺纹的间隙引起活塞的径向松动。

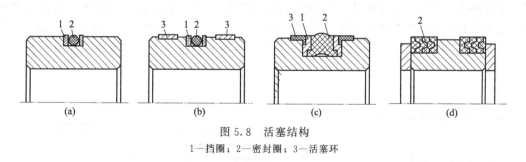

图 5.8 活塞结构
1—挡圈；2—密封圈；3—活塞环

由于活塞组件在液压缸中是一个支承件，必须有足够的耐磨性能，所以活塞材料一般采用铸铁，而活塞杆采用钢材。

（3）密封装置

液压缸中的密封主要指活塞和缸体之间、活塞杆和端盖之间的密封，它是用来防止内、外泄漏的，液压缸中密封性能的好坏，直接影响到液压缸的工作性能和效率，因此在设计时应根据液压缸不同的工作条件来选用相应的密封方式。一般对密封装置的要求是：在一定工

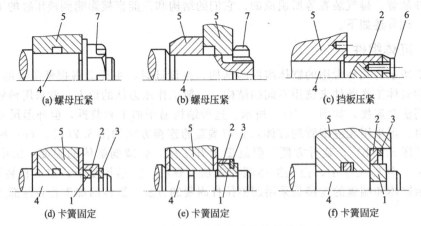

图 5.9 活塞与活塞杆的连接结构形式
1—卡环；2—轴套；3—弹簧圈；4—活塞杆；5—活塞；6—螺钉；7—锁紧螺母

作压力下，具有良好的密封性能，最好是随压力的增加能自动提高密封性能，使泄漏不致因压力升高而显著增加；相对运动表面之间的摩擦力要小，且稳定；要耐磨，工作寿命长，或磨损后能自动补偿；使用维护简单，制造容易，成本低。液压缸中常见的密封形式有下列几种。

① 间隙密封　间隙密封是靠相对运动件配合表面间微小间隙防止泄漏的（图 5.10）。它的密封性能与间隙大小、压力差、配合表面长度、直径以及加工质量有关。为了提高它的密封性能，在活塞上常开有深 0.3～0.5mm 的截面为三角形的环形槽（也称作平衡槽），在环形槽中形成等压区，使作用在活塞上的径向液压力得到平衡，有使活塞自动对中的作用，从而减小了活塞和油缸配合表面间的摩擦力，并减少泄漏量。间隙密封结构简单，摩擦力小，在滑阀中也被广泛采用。但是其密封性能不能随压力的增大而提高，且磨损后不能自动补偿间隙。当活塞直径大时，配合表面很大，要保证缸体很高的加工精度有一定困难，且不经济，因此一般在液压缸中较少采用，而仅用于直径小、运动速度快的低压液压缸中。

② 活塞环密封　如图 5.11(a) 所示，在活塞的环形槽中，嵌放有开口的金属活塞环，其形状见图 5.11(b)。活塞环依靠其弹性变形所产生的张力紧贴在油缸内壁，从而实现密封，这种密封装置的密封效果较好，能适应较大的压力变化和速度变化，耐高温，使用寿命长，易于维护保养，并能使活塞有较长的支承面。缺点是制造工艺复杂，因此只适用于高压、高速或密封性能要求较高的场合。

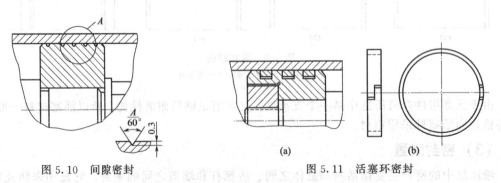

图 5.10　间隙密封　　　　图 5.11　活塞环密封

③ 密封圈密封　密封圈密封是液压元件中应用最广的一种密封形式，它的优点如下。
a. 密封圈结构简单，制造方便，是大量生产的标准模压件，所以成本低。

b. 能自动补偿磨损。

c. 油液的工作压力越高，密封圈在密封面上贴得越紧，其密封性能可随着压力的加大而提高，因而密封可靠。

d. 被密封的部位，表面不直接接触，所以加工精度可以放低。

e. 既可用于固定件，也可用于运动件。密封圈的材料应具有较好的弹性，适当的机械强度，耐热耐磨性能好，摩擦系数小，与金属接触不互相黏着和腐蚀，与液压油有很好的"相容性"。目前用得最多的是耐油橡胶，其次是尼龙和聚氨酯等。密封件的形状应使密封可靠、耐久、摩擦阻力小、容易制造和拆装，特别是应能随压力的升高而提高密封能力和利于自动补偿磨损。

常用密封圈按其断面形状来分，可分为 O 形密封圈和唇形密封圈，而唇形密封圈中又可分为 Y 形、V 形等密封圈，现分述如下。

图 5.12(a) 所示为 O 形密封圈的形状，其外侧、内侧及端部都能起密封作用，O 形密封圈装入沟槽时的情况如图（a）右部所示，图中 δ_1 和 δ_2 为 O 形圈装配后的预变形量，它们是保证间隙的密封性所必须具备的，预变形量的大小应选择适当，过小时会由于安装部位的偏心、公差波动等而漏油，过大时对运动件上用的 O 形密封圈来说，摩擦阻力会增加，所以固定件上 O 形圈的预变形量通常取大些，而运动件上 O 形圈的预变形量应取小些，由安装沟槽的尺寸来保证。用于各种情况下的 O 形圈尺寸，连同安装它们的沟槽的形状、尺寸和加工精度等可从设计手册中查到。O 形密封圈一般适用于低于 10MPa 的工作压力下，当压力过高时，可设置多道密封圈，并应加用密封挡圈，以防止 O 形圈从密封槽的间隙中被挤出。使用 O 形圈的优点是简单、可靠、体积小、动摩擦阻力小、安装方便、价格低，故应用极为广泛。

图 5.12(b) 所示为 Y 形密封圈，一般用耐油橡胶制成，它在工作时受液压力作用使唇张开，分别贴在轴表面和孔壁上，起到密封作用。为此，在装配时应注意使唇边面对有压力的油腔。这种密封圈因摩擦力小，在相对运动速度较高的密封面处也能应用，其密封能力可随压力的加大而提高，并能自动补偿磨损。

图 5.12(c) 所示为 V 形密封圈，它是用多层涂胶织物压制而成的，并由三个不同截面

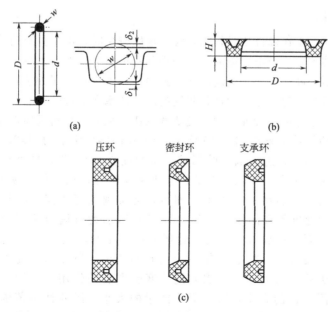

图 5.12 密封圈形状

的支承环、密封环和压环组成，其中密封环的数量由工作压力大小而定。当工作压力小于 10MPa 时，使用三件一套已足够保证密封；压力更高时，可以增加中间密封环的数量。它与 Y 形密封圈一样，在装配时也必须使唇边开口面对压力油的作用方向。V 形密封圈的接触面较长，密封性好，但摩擦力较大，在相对速度不高的活塞杆与端盖的密封处应用较多。

图 5.13(a)～(c) 分别表示了 O 形、V 形和 Y 形密封圈在活塞杆和端盖密封处的应用情况。对于工作环境较脏的液压缸来说，为了防止脏物被活塞杆带进液压缸，使油污染，加速密封件的磨损，需在活塞杆密封处设置防尘圈。防尘圈应放在朝向活塞杆外伸的一端，如图 5.13(d) 所示。

在液压泵、液压马达和摆动缸的转轴上，通常采用回转轴密封圈，其形状如图 5.14 所示。它由耐油橡胶压制而成，内部有一个断面为直角形的金属骨架 1 支撑着。内唇由一根螺旋弹簧 2 收紧在轴上，防止油液沿轴向泄漏到壳体外面去。它的工作压力一般不超过 0.1MPa，最大允许速度为 4～8m/s，且应在有润滑的情况下工作。

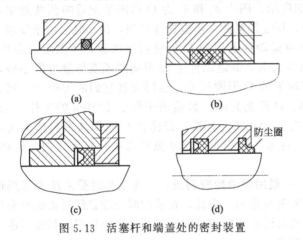

图 5.13　活塞杆和端盖处的密封装置　　　图 5.14　回转轴密封圈
1—金属骨架；2—螺旋弹簧

（4）缓冲装置

当液压缸所驱动的工作部件质量较大，移动速度较快时，由于具有的动量大，致使在行程终了时，活塞与端盖发生撞击，造成液压冲击和噪声，甚至严重影响工作精度和发生破坏性事故，因此在大型、高速或要求较高的液压缸中往往需设置有缓冲装置。尽管液压缸中的缓冲装置结构形式很多，但工作原理都是相同的。当活塞在接近端盖时，增大液压缸回油阻力，使缓冲油腔内产生足够的缓冲压力，使活塞减速，从而防止活塞撞击端盖。

液压缸上常用的缓冲装置如图 5.15 所示。图 5.15(a) 所示为间隙缓冲装置，当活塞移近端盖时，活塞上的凸台进入端盖的凹腔，将封闭在回油腔中的油液从凸台和凹腔之间的环状间隙 δ 中挤压出去，吸收了能量，形成缓冲压力，从而使活塞减慢了移动速度。这种缓冲装置结构简单，但缓冲压力不可调节，且实现减速所需行程较长，适用于移动部件惯性不大、移动速度不高的场合。图 5.15(b) 所示为可调节流缓冲装置，它不但有凸台和凹腔等结构，而且在端盖中还装有针形节流阀 1 和单向阀 2。当活塞移近端盖时，凸台进入凹腔，由于凸台和凹腔之间有 O 形密封圈挡油，所以回油腔中的油液只能经针形节流阀流出，由于回油阻力增大，因而使活塞受到制动作用。这种缓冲装置可以根据负载情况调节节流阀开口的大小，改变吸收能量的大小，因此适用范围较广。当活塞移近液压缸端盖时，活塞与端盖间的油液须经轴向三角槽流出，而使活塞受到制动作用。

从图中可看出,它在实现缓冲过程中能自动改变其节流口大小,因而使缓冲作用均匀,冲击压力小,制动位置精度高。

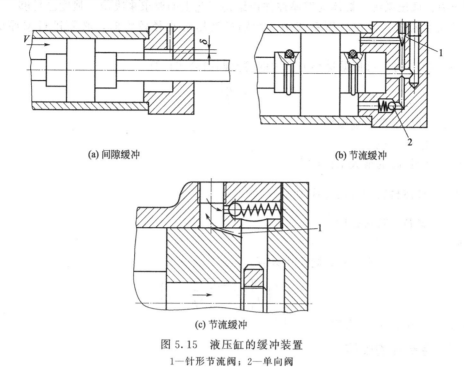

图 5.15 液压缸的缓冲装置
1—针形节流阀;2—单向阀

5.3 液压缸的设计计算

液压缸的设计是整个液压系统设计的重要内容之一,由于液压缸是液压传动的执行元件,它和工作机构有直接的联系,对于不同的工作机构,液压缸具有不同的用途和工作要求,因此在设计液压缸之前,应做好充分的调查研究,收集必要的原始资料和设计依据,包括机械用途、性能和工作条件;工作机构的形式、结构特点、负载情况、行程大小和动作要求;液压缸所选定的工作压力和流量;同类型机械液压缸的技术资料和使用情况以及有关国家标准和技术规范等。

不同的液压缸有不同的设计内容和要求,一般在设计液压缸的结构时应注意下列几个问题。

① 在保证满足设计要求的前提下,尽量使液压缸的结构简单紧凑,尺寸小,尽量采用标准形式和标准件,使设计、制造容易,装配、调整、维护方便。

② 应尽量使活塞杆在受拉力的情况下工作,以免产生纵向弯曲。为此,在双出杆活塞式液压缸中,活塞杆与支架连接处的螺栓紧固螺母应安装在支架外侧。对单出杆活塞式油缸来讲,应尽量使活塞杆在受拉状态下承受最大载荷。

③ 在确定液压缸的固定形式时,必须考虑缸体受热后的伸长问题。为此,缸体只应在一端用定位销固定,而让另一端能自由伸缩。双出杆液压缸的活塞杆与支架之间不能采用刚性连接。

④ 当液压缸很长时,应防止活塞杆由于自重而产生过大的下垂而使局部磨损加剧。

⑤ 应尽量避免用软管连接。

（1）液压缸壁厚校核

对于中、低压系统，缸体的壁厚往往由结构工艺上的要求来决定，强度已足够，通常不需要进行强度校核。但在高压系统中，特别是液压缸直径较大时，必须进行壁厚的强度校核。

当 $D/\delta \geqslant 10$ 时，可依据材料力学中的薄壁圆筒公式计算：

$$\delta = \frac{pD}{2[\sigma]} \tag{5.12}$$

式中 δ——缸体最薄处的壁厚；

D——缸体内径；

p——液压缸的最大工作压力；

$[\sigma]$——缸体材料的许用拉应力，$[\sigma] = \dfrac{\sigma_b}{n}$；

σ_b——材料的抗拉强度；

n——安全系数，一般取 $n=5$。

当 $D/\delta < 10$ 时，应按厚壁筒公式计算：

$$\delta = \frac{D}{2}\left(\sqrt{\frac{[\sigma]+0.4p}{[\sigma]-1.3p}} - 1\right) \tag{5.13}$$

式(5.13)中各符号与式(5.12)同。

（2）活塞杆的校核

① 强度校核

$$d \geqslant \sqrt{\frac{4F}{\pi[\sigma]} + d_t^2} \tag{5.14}$$

式中 d——活塞杆直径；

F——液压缸载荷；

d_t——空心活塞杆孔径，实心杆 $d_t = 0$；

$[\sigma]$——活塞杆材料的许用应力，$[\sigma] = \dfrac{\sigma_b}{n}$，$\sigma_b$ 为材料的抗拉强度，n 为安全系数，一般取 $n \geqslant 1.4$。

② 稳定性校核　对于受压的活塞杆来说，一般其直径 d 应不小于长度 l 的 1/15。当 $l/d \geqslant 15$ 时，需进行稳定性校核，应使活塞杆所承受的载荷力 F 小于使其保持工作稳定的临界负载力 F_k，F_k 的值与活塞杆材料的性质、截面形状、直径和长度以及液压缸的安装方式等因素有关。根据材料力学中的公式，受压活塞杆的稳定条件是：

$$F \leqslant \frac{F_k}{n_k} \tag{5.15}$$

式中 n_k——安全系数，一般取 $n_k = 2 \sim 4$。

当活塞杆的长细比 $\dfrac{l}{r_k} > \phi_1\sqrt{\phi_2}$ 时：

$$F_k = \frac{\phi_2 \pi^2 EJ}{l^2} \tag{5.16}$$

当活塞杆的长细比 $\dfrac{l}{r_k} \leqslant \phi_1\sqrt{\phi_2}$，而 $\phi_1\sqrt{\phi_2} = 20 \sim 120$ 时：

$$F_k = \frac{fA}{1 + \frac{\alpha}{\phi_2}\left(\frac{l}{r_k}\right)^2} \tag{5.17}$$

$$r_k = \sqrt{\frac{J}{A}}$$

式中 l——安装长度，即液压缸安装面至活塞完全伸出时的杆端连接处的距离；
r_k——活塞杆截面的最小回转半径；
J——活塞杆横截面惯性矩；
A——活塞杆横截面积；
ϕ_1——柔性系数，对钢来说 $\phi_1 = 85$；
ϕ_2——末端系数，其值与液压缸支承方式有关；
E——活塞杆材料的弹性模量，对钢来说，取 $E = 2.06 \times 10^{11} \text{N/m}^2$；
f——由材料强度决定的一个实验值，对钢来说，$f \approx 4.9 \times 10^8 \text{N/m}^2$；
α——系数，对钢来说取 $\alpha = \frac{1}{5000}$。

（3）液压缸连接螺栓的强度校核

当缸体与缸盖用螺栓连接时，螺栓同时承受拉应力和扭应力，在计算时可将螺栓所受外力加大30%来考虑，即合成应力 $\sigma_\Sigma = 1.3\sigma$。

$$\sigma = \frac{kF}{\frac{\pi}{4}d_1^2 Z} \tag{5.18}$$

$$\sigma_\Sigma \leq [\sigma] = \frac{\sigma_s}{n} \tag{5.19}$$

式中 F——液压缸的荷载力；
k——螺纹拧紧系数，$k = 1.12 \sim 1.5$；
d_1——螺纹内径，普通螺纹 $d_1 = d - 1.224t(\text{mm})$，$t$ 为螺纹的螺距（mm），d 为螺纹外径（mm）；
Z——螺栓数目；
$[\sigma]$——许用应力；
σ_s——材料的屈服极限，当材料为45钢时，$\sigma_s = 3 \times 10^3 \text{Pa}$；
n——安全系数，一般取 $n = 1.2 \sim 2.5$。

（4）液压缸的缓冲计算

液压缸的缓冲计算主要是估计缓冲时的最大冲击压力，校核液压缸的耐压强度，检验减速度是否合乎要求。下面以图5.15中节流口可调流量式缓冲装置作为例子加以说明。

① 冲击压力的估算 如图5.15(b)所示，背压腔内产生的液压能 E_1 和工作部件产生的机械能 E_2 分别为：

$$E_1 = p_c A_c l_c \tag{5.20}$$

$$E_2 = p_p A_p l_c + \frac{1}{2}mv^2 - F_f l_c \tag{5.21}$$

式中 p_c——缓冲腔中的平均缓冲压力；
p_p——高压腔中的液压力；
A_c, A_p——缓冲腔、高压腔的有效工作面积；

l_c——缓冲凸台长度（或缓冲行程长度）；
m——工作部件质量；
v——工作部件运动速度；
F_f——摩擦力。

当 $E_1 = E_2$ 时，工作部件的机械能完全被缓冲腔液体吸收，故由式（5.20）和式（5.21）得：

$$p_c = \frac{E_2}{A_c l_c} \tag{5.22}$$

由于缓冲调节阀调好后在工作中相当于一个固定的阻尼，所以缓冲开始时缓冲腔中产生的压力最高，在缓冲过程中压力逐步降低，假定压力的降低为线性递减，则最大缓冲压力即冲击压力为：

$$p_{cmax} = p_c + \frac{mv^2}{2A_c l_c} \tag{5.23}$$

如果 $E_1 < E_2$，则工作部件的机械能没有全部被缓冲腔液体吸收，一部分机械能以冲击力形式传到液压缸的端盖上。

② 液压缸强度的校核　当出现

$$\left. \begin{array}{l} p_{cmax} > 1.5p \quad (p \leqslant 16\text{MPa}) \\ p_{cmax} > 1.25p \quad (p > 16\text{MPa}) \end{array} \right\} \tag{5.24}$$

时，表明液压缸强度不足，必须改变额定压力 p，或加大其缓冲行程 l_c，或缓和其最大缓冲压力，或将活塞缓冲凸台前端制成锥面，或在液压系统中增设其他制动措施，使工作部件提前减速以减少冲击压力。

第 6 章 辅助元件

液压系统中除液压泵、液压缸、液压马达、液压阀以外的其他各类组成元件，如油箱、滤油器、蓄能器、压力表、密封件、油管等，统称为辅助装置（元件）。它们是液压系统中不可缺少的组成部分。

6.1 蓄能器

（1）蓄能器的应用

① 短期大量供油　对于短时间内需要大量压力油的液压系统，采用蓄能器辅助供油可减小液压泵容量，从而可减少发动机功率消耗和系统发热。图 6.1 所示液压系统，当液压缸停止工作时，液压泵排出的压力油储存在蓄能器中；液压缸工作时，蓄能器和液压泵同时供油，使液压缸快速运动。

② 维持系统压力　图 6.2 所示是蓄能器用于夹紧油路中，当系统达到夹紧压力时液压泵卸荷，靠蓄能器补偿保持夹紧，图中单向阀用来防止蓄能器压力油向液压泵回油。

③ 吸收冲击压力　图 6.3 所示蓄能器装在液压泵出口处，可吸收液压泵的脉动压力以及泵、阀等液压件突然启停、换向引起的液压冲击。

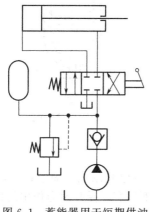

图 6.1　蓄能器用于短期供油

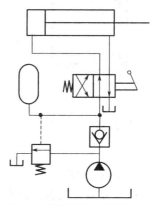

图 6.2　蓄能器用于夹紧系统

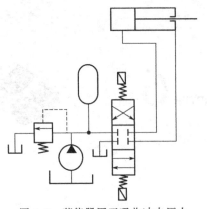

图 6.3 蓄能器用于吸收冲击压力

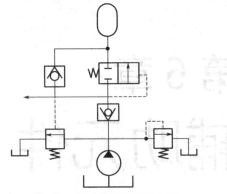

图 6.4 蓄能器作应急动力源

④ 作应急动力源 图 6.4 中所示蓄能器作应急动力源用。工作时压力油推开液动二位二通阀，多余的压力油进入蓄能器被储存起来，当液压泵产生故障时靠蓄能器供油。这种作为能源用的蓄能器要有足够大的容量。

(2) 蓄能器的种类

蓄能器根据蓄能方式分为重力式、弹簧式、充气式等几种类型，应用最多的是弹簧式、充气式，这里仅介绍充气式蓄能器。

① 活塞式蓄能器 图 6.5(a) 所示活塞 1 的上腔中充有高压气体，下腔与液压系统管路相通。活塞随蓄能器中油压的增减在缸筒内移动。这种蓄能器结构简单，油气隔离，油液不易氧化又能防止气体进入，工作可靠，寿命长；缺点是活塞有一定惯量，并在密封处有摩擦阻力；主要用来吸收冲击压力，用来蓄压。

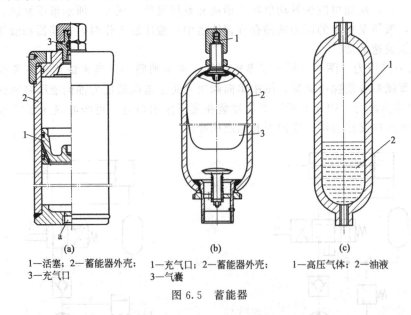

1—活塞；2—蓄能器外壳；3—充气口

1—充气口；2—蓄能器外壳；3—气囊

1—高压气体；2—油液

图 6.5 蓄能器

② 气囊式蓄能器 图 6.5(b) 所示气囊 3 用特殊耐油橡胶制成，固定在壳体 2 的上半部。气体从气门 1 充入，气囊外面为压力油。在蓄能器下部有一受弹簧力作用的提升阀，它的作用是防止油液全部排出时气囊胀出壳体之外。这种蓄能器的优点是气囊的惯性小，因而

反应快，容易维护，质量轻，尺寸小，安装容易；缺点是气囊制造困难。

③ 气瓶式蓄能器　图6.5(c)是一种直接式接触式蓄能器，2腔内盛油液，1腔中充有高压气体。这种蓄能器容量大，体积小，惯性小，反应灵敏；缺点是气体容易混入油液中，使油液的可压缩性增加，并且耗气量大，必须经常补气。

(3) 蓄能器容量计算

① 储存能量时容量计算方法。由气体定律可知：

$$p_0 V_0^n = p_1 V_1^n = p_2 V_2^n = 常数 \tag{6.1}$$

其中　V_0——蓄能器容量（供油前蓄能器气体体积）；

V_1——压力为p_1时气体容积（即蓄能器充油后气体的体积）；

V_2——压力为p_2时气体容积（即蓄能器排油后气体的体积）；

p_1——最高工作压力；

p_2——最低工作压力；

p_0——充气压力（供油前蓄能器充气压力）；

n——指数，当蓄能器用于保持系统压力、补偿泄漏时，它释放能量的速度缓慢，认为气体在等温下工作，取$n=1$；当蓄能器用来大量供应油液时，它释放能量的速度很快，可认为气体在绝热条件下工作，取$n=1.4$。

从式(6.1)可看出，当工作压力从p_1降为p_2时，蓄能器排出的油量ΔV为

$$\Delta V = V_2 - V_1 = p_0^{\frac{1}{n}} V_0 \left[\left(\frac{1}{p_2} \right)^{\frac{1}{n}} - \left(\frac{1}{p_1} \right)^{\frac{1}{n}} \right] \tag{6.2}$$

理论上$p_0 = p_2$，由于系统中有泄漏，为了保证系统压力为p_2时蓄能器还可能补偿泄漏，取$p_2 = (0.8 \sim 0.85) p_0$。

② 吸收液压冲击时蓄能器容量计算。常用下述经验计算公式。

$$V_0 = \frac{0.004 Q p_2 (0.0164 L - t)}{p_2 - p_1} \tag{6.3}$$

其中　V_0——蓄能器容量；

Q——阀口关闭前管内流量，L/min；

t——阀口由开到关闭持续时间，s；

p_1——阀口关闭前的工作压力，bar；

p_2——阀口关闭后允许的最大冲击压力，bar（一般可取$p_2 = 1.5 p_1$）；

L——发生冲击的管子长度，即液压油源到阀口的长度，m。

③ 吸收液压泵脉动压力时蓄能器容量计算。常用以下经验公式。

$$V_0 = \frac{qi}{0.6k} \tag{6.4}$$

$$i = \frac{\Delta q}{q}$$

$$k = \frac{\Delta p}{p_B}$$

式中　q——泵的每转排量，L/r；

i——排量变化率；

Δq——超过平均排量的过剩排出量，L；

k——液压泵的压力脉动率；

Δp——液压泵的压力脉动，bar；

p_B——液压泵的工作压力，bar。

6.2 滤油器

灰尘、铁屑等脏物侵入油箱，以及由于零件的磨损、装配时元件及油管中残留物（切屑、氧化皮等）和油液氧化变质析出物等混在油路系统中，导致相对运动零件的划伤、磨损甚至卡死，或者堵塞节流阀和管道小孔，所以必须对油液进行过滤。一般对过滤器的基本要求如下。

① 较好的过滤能力，即能阻挡一定尺寸以上的机械杂质。

② 通油性能好，即油液全部通过时不致引起过大的压力损失。

③ 过滤材料耐腐蚀，在一定温度下工作有足够的耐久性。

④ 滤油器有足够的机械强度，容易清洗，便于更换滤芯。

滤油器精度分四级：粗滤油器（滤去杂质直径大于0.1mm）；普通滤油器（滤去杂质直径等于0.1～0.01mm）；精滤油器（滤去杂质直径等于0.01～0.005mm）；特精滤油器（滤去杂质直径等于0.005～0.001mm）。

(1) 滤油器的类型

① 网式滤油器 如图6.6所示，这是一种以铜丝网为过滤材料构成的滤油器，一般装在液压泵系统的吸油管路入口处，避免吸入较大的杂质，以保护液压泵。这种滤油器结构简单，通过性能好，但过滤精度低。也可以用较密的铜丝网或多层铜网做成过滤精度较高的过滤器，装在压油管路中使用，如用于调速阀的入口处。

② 线隙式滤油器 如图6.7所示，线隙式滤油器是用铜线或铝线绕在筒形芯架上，利用线间缝隙过滤油液，主要用于压油管路中。若用于液压泵吸油口，则只允许通过它的额定流量的1/2～2/3，以免泵的吸油口压力损失过大。这种过滤器结构简单，过滤精度较高，但过滤材料强度较低，不易清洗。

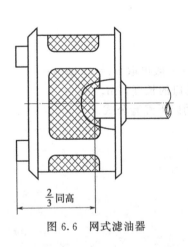

图6.6 网式滤油器

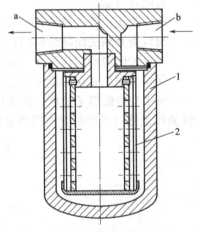

图6.7 线隙式滤油器
1—壳体；2—滤芯

③ 金属烧结式滤油器 如图6.8所示，烧结式滤油器的滤芯是用青铜粉压制后烧结而成，具有杯状、管状、碟状和板状等形状，靠其粉末颗粒间的间隙微孔滤油。选择不同粒度的粉末能得到不同的过滤精度，目前常用的过滤精度一般为0.01～0.1mm。这种过滤器的

强度大，抗腐蚀性好，制造简单，适合作精过滤，是一种使用日趋广泛的精滤油器。缺点是清洗比较困难，如有颗粒脱落会影响过滤精度，最好与其他过滤器配合使用。

④ 纸芯滤油器　这种滤油器的滤芯一般采用机油微孔滤纸制成，如图 6.9 所示的形状。纸芯 1 做成折叠形是为了增加过滤面积。纸芯绕在带孔的镀锡铁皮骨架 2 上，以支撑纸芯免被压力油压破。这种滤油器的过滤精度超过 0.005mm，是精滤油器。缺点是纸芯易堵塞，无法清洗，需经常换纸芯。

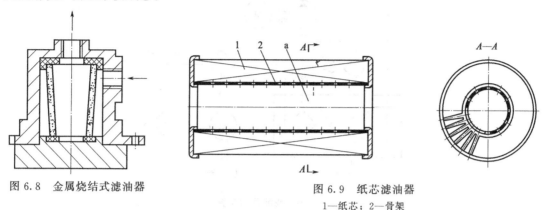

图 6.8　金属烧结式滤油器

图 6.9　纸芯滤油器
1—纸芯；2—骨架

⑤ 磁性滤油器　磁性滤油器靠磁性材料把混在油中的铁屑、铸铁粉之类的杂质吸住，过滤效果好。这种滤油器常与其他种类的滤油器配合使用。

（2）滤油器的选用

选用滤油器时应考虑以下三个问题。

① 滤孔尺寸　滤芯的滤孔尺寸可根据过滤精度或过滤比的要求来选取。

② 通过能力　滤芯应有足够的通流面积。通过的流量愈高，则要求通流面积愈大。一般可按要求通过的流量，由样本选用相应的规格的滤芯。

③ 耐压　包括滤芯的耐压以及壳体的耐压。这主要靠设计时的滤芯有足够的通流面积，使滤芯上的压降足够小，以避免滤芯被破坏。当滤芯堵塞时，压降便增加，故要在滤油器上装置安全阀或发讯装置报警。必须注意滤芯的耐压与滤油器的使用压力是两回事。当提高使用压力时，只需考虑壳体（以及相应的密封装置）是否能承受，而与滤芯的耐压无关。

（3）滤油器的安装

① 安装在泵吸油路上　如图 6.10 所示，在泵吸油路上安装滤油器可保护液压系统所有元件，但由于泵的吸油口一般不允许有较大阻力，因此只能安装网孔较大的滤油器，过滤精度低，而且液压泵磨损产生的颗粒仍将进入系统内，结果这种安装方式主要起保护液压泵的作用。近来也有在某些自吸能力强而要求较高的液压泵的吸油口处安装较细滤油器的趋势，从而在系统中其他地方可不必再安装滤油器。

② 安装在压油路上　这种安装方法对泵以外的元件都有保护作用，但是滤油器在压力作用下，必须有足够的强度，因而滤油器质量加大。可与滤油器并联一个旁通阀或堵塞指示器，以提高安全性。

③ 安装在回油路上　这种安装方法可降低对滤油器的强度要求，但只能经常清除油中杂质，不能保证杂质不进入系统。

④ 安装在旁路上　主要装在溢流阀的回油路上，这时不是所有的油量都通过滤油器，这样可降低滤油器的流量，但不能保证杂质不进入系统。

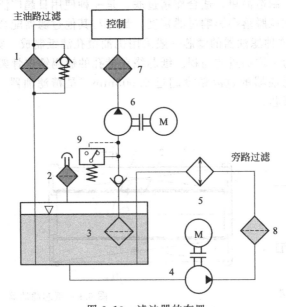

图 6.10 滤油器的布置

1—回油路滤油器；2—滤油器和空气滤清器；3—吸油滤油器；4—液压泵；5—冷却器；
6—液压泵；7—高压滤油器；8—旁路滤油器；9—防吸空继电器

在液压系统中为获得好的过滤效果，上述几种安装方法经常综合起来采用。特别是在一些重要元件（如伺服阀、节流阀）的前面，单独安装一个精滤油器来保证它们的正常工作。

6.3 油箱

油箱的作用是保证供给系统充分的工作油液，同时具有沉淀油液中的污物、逸出油中空气和散热的作用。通常油箱的有效容积取为液压泵每分钟流量的 3～6 倍。

油箱分总体式和分离式两种。总体式油箱利用设备内腔作油箱。总体式油箱结构紧凑，但散热不利。分离式油箱是设置一个与设备分开的油箱，是常用的一种油箱。

图 6.11 为分离式油箱的结构简图。图中 1 为吸油管，4 为回油管，中间有两个隔板 7 和 9，隔板 7 用作阻挡沉淀物进入吸油管，隔板 9 用来阻挡泡沫进入吸油管，油阀 8 为定期释放沉淀物用，滤油网 2 用作加油口，6 是油面指示器。彻底清洗油箱时可将上盖 5 卸开。

油箱的结构设计应注意以下几个问题。

① 油箱要有足够的刚度和强度。油箱一般用 2.5～4mm 的钢板焊接而成，尺寸高大的直油箱要加焊角板、筋条以增加刚度。泵和电机直立安装时，振动一般比横放安装时要小。

② 吸油管和回油管之间的距离应尽量远些，最好用隔板隔开两管，以增加油液循环流动距离，使油液有足够长的时间放出气泡和沉淀杂质。隔板高度约为最低油面高度的 2/3。

③ 吸油管离油箱底面的距离应不小于管径的 2 倍，

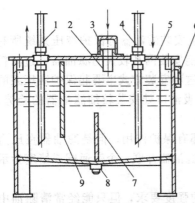

图 6.11 分离式油箱结构简图

1—吸油管；2—滤油网；3—注油口；4—回油管；5—上盖；6—油面指示器；7,9—隔板；8—油阀

距油箱侧面的距离应不小于管径的3倍，以使油流畅通。回油管应插入最低油面以下，以防回油冲入油液使油中混入气泡。回油管管端切成45°，以增大排油口面积，排油口应面向箱壁，利于散热。泄油管不应插入油中，以免增大元件泄漏腔处的背压。

④ 吸油管入口处最好装粗滤油器，它的额定通过流量应为液压泵流量的2倍以上。

⑤ 液压泵的安装要正确。液压泵轴通常不应该承受径向荷载，故液压泵常用电机直接通过弹性联轴器传动，不同心度不能过大，以免增加泵轴的额外荷载引起噪声。为了避免汽蚀，一般规定液压泵吸油口距离油面高度不大于0.5m。使用时还必须注意泵的转向及吸、排油口方向。

6.4 管道元件及密封

（1）油管

液压系统中使用的油管，有钢管、铜管、尼龙管、橡胶软管和塑料管等。

钢管、铜管和尼龙管属硬管，用于连接相对位置不变的固定元件。钢管能承受高压，但不能任意弯曲，常用于装配方便的压力管道处。铜管弯曲方便，便于装配，但不能承受高压。尼龙管耐压可达2.5MPa，在油中加热到160~170℃后可任意弯曲，常用作回油路。

橡胶管、塑料管属软管，用于两个相对运动元件之间的连接。橡胶管分高压和低压两种。高压橡胶管是在橡胶管中间加一层或几层编织钢丝而成。低压橡胶管则以编织棉、麻线代替编织钢丝，多用于低压回油管道。软管弯曲半径应大于9倍的外径，至少应在离接头6倍直径处弯曲，因此软管所占空间大。在液压缸和调速阀间不宜接软管，否则运动部件容易产生爬行。软管长度一般应有富裕，接上后应避免油管受拉或扭，如图6.12(a)、(b)所示；接头处应避免油管受弯，如图6.12(c)、(d)所示；可将油管缚在一个可弯曲的薄钢板上，使油管质量由钢板承受，如图6.12(e)所示。

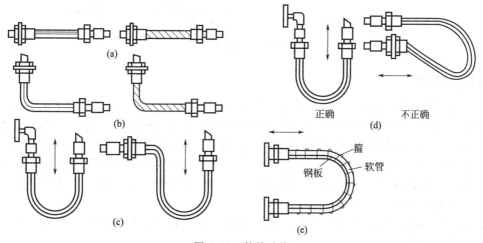

图 6.12 软管连接

（2）管接头

管接头种类很多，按接头的通路分，有直通、角通和四通等；按管接头与液压件连接方式分，有螺纹式、法兰式等；按油管与管接头的连接方式分，有焊接式、卡套式、扩口式、快换式等。

焊接式管接头如图6.13(a)所示，它用于钢管连接中。这种管接头结构简单，连接牢固。缺点是装配时球形接头1需与油管焊接。

卡套式管接头如图6.13(b)所示，也用在钢管连接中，利用卡套2卡住油管1进行密封，轴向尺寸要求不严，装拆简便，不需要事先焊接或扩口，但要用精度高的冷拔无缝钢管作油管。

扩口式管接头如图6.13(c)所示，适用于铜管和薄壁钢管。它利用油管1管端的扩口在管套2的压紧下进行密封，结构简单，装拆方便，但承压能力较低。

快换式管接头如图6.13(d)所示。这种管接头能快速装拆，适用于经常装拆的地方。图中为油路接通时的情况，外套4把钢球5压入槽底使接头体1和接头体6连接起来。单向阀阀芯3和7互相挤紧顶开，使油路接通。当需拆开时，可用力把外套向左推，同时拉出接头体1，管路就断开了。与此同时，单向阀阀芯3和7分别在各自的弹簧2和8的作用下外伸，顶在接头体1和接头体6的阀底上，使两边管子内的油封闭在管中不致流出。

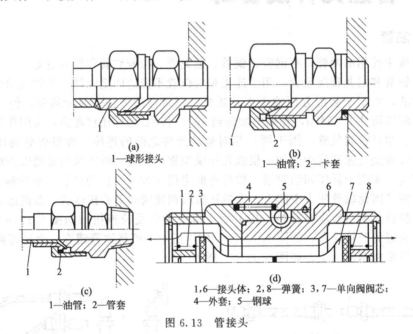

图6.13 管接头

(3) 密封

液压系统的漏油问题是一个十分严重的问题。液压系统漏油污染环境，使系统不能很好工作。解决密封是一个很重要的问题。需要密封的地方可以分为三种情况：相接的固定件、直线移动件、转动件。这里仅介绍固定件间的密封，如管接头、元件的端盖、元件与连接板间的密封。

① 纸垫　两个平面接触由于微观的不平度影响，即使两个面压得很紧，压力油也会从接触面渗出。如在两个平面间增加一张纸垫，可以改善密封性能。纸垫可用描图纸或绘图纸。纸垫一般只适合于低压。

② 铜垫或铝垫　这种密封只要保证有足够均匀的压紧力，便能承受很高的压力。铜垫第二次使用时要经过回火。

③ 密封胶　管螺纹等连接要用密封胶，它可自由成形，能在复杂形状表面上成形，因此可降低零件的加工精度。涂胶前先要除去零件上的油、水、灰尘和铁锈，一般两边各涂0.06～0.1mm，然后经过一段时间干燥再紧固。

④ O形圈　接口为圆孔时，可采用橡胶件O形圈密封。采用O形圈密封要注意O形圈槽的尺寸，要保证一定的压缩量（固定密封时最佳初始压缩量取15%～20%）。这种密封装置作用可靠，适用范围广，非圆形孔也可采用O形圈密封。

第 7 章 液压基本回路

液压系统由若干个液压基本回路组合而成,液压基本回路是由液压元件组成并能完成特定功能的典型回路。按其功用的不同,液压基本回路主要包括压力控制回路、速度控制回路和方向控制回路。图 7.1 为液压元件组合成的简单液压系统,用这些元件就可以实现:控制液压缸的运动方向(方向控制阀);控制液压缸的运动速度(流量控制阀);限制液压缸的负荷(溢流阀);防止系统在静止时通过液压泵完全卸荷(单向阀);防止液压泵停止时带载液压缸的回缩(单向阀)。

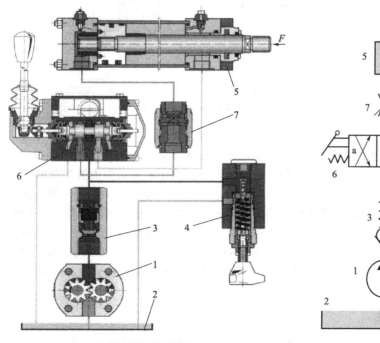
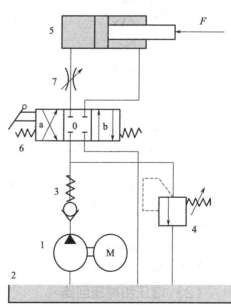

(a) 液压系统结构原理图　　　　　　　　　(b) 液压原理图

图 7.1　液压系统中的液压元件

1—液压泵;2—液压油箱;3—单向阀;4—溢流阀;5—液压缸;6—换向阀;7—节流阀

7.1 压力控制回路

(1) 调压回路

① 限压回路 图 7.2 所示为变量泵与溢流阀组成的限压回路。系统正常工作时溢流阀关闭，系统压力由负载决定；当负载压力超过溢流阀的开启压力时，溢流阀打开，这时系统压力为最大值。此处溢流阀起限压、安全作用。

② 多级调压回路 当液压系统调压范围较大或工作机构需要两种或两种以上不同工作压力时，需要采用多级调压回路。图 7.3 所示为多级调压回路，图 (a) 所示为二级调压回路，当两个压力阀的调定压力值满足 $p_A > p_B$ 时，液压系统可通过二位二通阀得到 p_A 和 p_B 两种压力；图 (b) 为三级调压回路，当 A、B、C 三个溢流阀的调定值满足 $p_A > p_B$、$p_A > p_C$、$p_B \neq p_C$ 时，通过三位四通阀系统可得到 p_A、p_B 和 p_C 三种压力。图 7.3(b) 中所示，溢流阀 A、B、C 的流量都应与泵的流量一致；而图 7.3(a) 所示，溢流阀 A 与泵的流量一致，B 为小流量溢流阀。

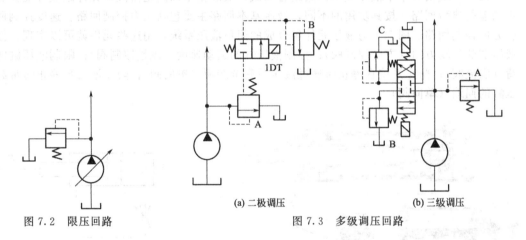

图 7.2 限压回路   图 7.3 多级调压回路

③ 保压回路 有些执行机构在某一工作阶段需要液压泵卸荷，或当系统压力变动时，为保持执行机构稳定的压力，可在液压系统中设置保压回路。图 7.4 所示为由液控单向阀 4 和电接点式压力表 5 实现自动补油的保压回路。换向阀 3 的 1DT 通电，压力油进入液压缸 6 的上腔。当上腔压力达到电接点式压力表预定的上限值时，电接点式压力表发出信号，使换向阀 3 换成中位，这时泵 1 卸荷，液压缸由液控单向阀保压；由于回路存在泄漏，经过一段时间后，液压缸上腔的压力将下降到预定的下限值，这时电接点压力表又发出信号使 1DT 通电，压力油对液压缸上腔补油，使其压力回升。如此反复，直到保压过程结束。这种回路的保压时间长，压力稳定性好。

(2) 增压和减压回路

① 增压回路 增压回路是用来提高液压系统局部工作压力以便获得高于液压泵供油压力的回路。图 7.5 所示为一单向增压回路。换向阀 3 右位工作时，压力油进入增压器 4 的 a 腔，右腔 b 的压力油进入液压缸 7 的上腔，由于 $A_a > A_b$，$p_b = (A_a/A_b)p_a$，所以压力油的压力 $p_b > p_a$，起到了增压作用。换向阀左位工作时，增压器活塞向左移动，这时液压缸 7 靠弹簧复位，增压器的 b 腔靠油箱 5 补油。

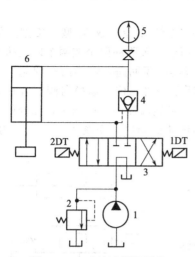

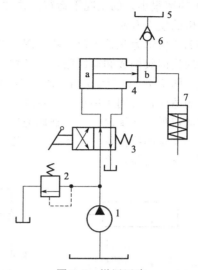

图7.4 自动补油保压回路

1—液压泵；2—溢流阀；3—换向阀；4—液控单向阀；5—电接点式压力表；6—液压缸

图7.5 增压回路

1—液压泵；2—溢流阀；3—换向阀；4—增压器；5—油箱；6—单向阀；7—液压缸

② 减压回路 当多执行机构系统中某一支油路需要稳定或低于主油路的压力时，可在系统中设置减压回路。一般在所需的支路上串联减压阀即可得到减压回路。如图7.6(a) 所示为由单向减压阀组成的单级减压回路，换向阀1左位工作时，液压泵同时向液压缸3、4供压力油，进入缸4的油压由溢流阀调定，进入缸3的油压由单向减压阀调定，缸3所需的工作压力必须低于缸4所需的工作压力。图7.6(b) 所示为二级减压回路，主油路压力由溢流阀5调定，压力为p_1；减压油路压力为p_2（$p_2 < p_1$）。换向阀8为图示位置时，p_2由减压阀6调定；当换向阀8下位工作时，p_2由阀7调定。阀7的调定压力必须小于阀6的调定压力。一般减压阀的调定压力至少比主系统压力低0.5MPa，减压阀才能稳定工作。

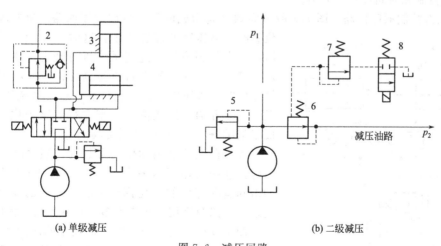

(a) 单级减压 (b) 二级减压

图7.6 减压回路

1—换向阀；2—单向减压阀；3,4—液压缸；5,7—溢流阀；6—减压阀；8—二位二通换向阀

（3）卸荷回路

当液压系统的执行机构短时间停止工作或者停止运动时，为了减少损失，应使泵在空载

(或输出功率很小)的工况下运行。这种工况称为卸荷,这样既能节省功率损耗,又可延长泵和电机的使用寿命。

图 7.7 所示为几种卸荷回路。图 7.7(a) 所示采用具有 H 型(或 M 型、K 型)滑阀中位机能的换向阀构成卸荷回路,其结构简单,但不适用于一泵驱动两个或两个以上执行元件的系统。图 7.7(b) 所示是由二位二通电磁换向阀组成的卸荷回路,该换向阀的流量应和泵的流量相适应,宜用于中小流量系统中。图 7.7(c) 所示是将二位二通换向阀安装在溢流阀的远控油口处,卸荷时二位二通阀通电,泵的大部分流量经溢流阀流回油箱,此处的二位二通阀为小流量的换向阀。由于卸荷时溢流阀全开,当停止卸荷时,系统不会产生压力冲击,适用于高压大流量场合。

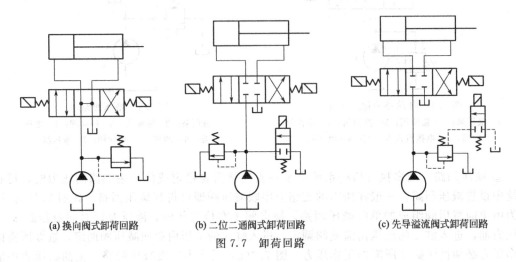

(a) 换向阀式卸荷回路　　(b) 二位二通阀式卸荷回路　　(c) 先导溢流阀式卸荷回路

图 7.7　卸荷回路

(4) 顺序回路

顺序回路是实现多个执行机构按规定的顺序依次动作的回路,按控制原理可分为压力控制、行程控制和时间控制三大类。

① 压力控制顺序回路　图 7.8 所示为顺序阀构成的压力控制顺序回路。换向阀 1 图示位置时,液压缸 6 左腔进油,这时顺序阀 4 关闭,液压缸 6 右行到位后,遂使系统压力升高,顺序阀 4 开启,液压缸 7 的活塞右行直至到位;当换向阀 1 电磁铁通电时,液压缸 7 左行到位后,这时系统压力升高,顺序阀 2 开启,液压缸 6 活塞左行直至到位。这样完成了从①→②→③→④工序的顺序动作。

为了保证顺序阀动作的可靠性,顺序阀的调定压力应比前一动作所需最大压力高出 1MPa 左右。压力冲击和运动部件的卡死都会引起顺序阀的误动作,因此这种回路只宜用于缸数不多、负载变化不大的场合。

图 7.9 所示为由压力继电器控制的压力顺序回路。1DT 通电,液压缸 5 右行到位后,系统压力升高,压力继电器 3 发出信号,使 3DT 通电,液压缸活塞右行直至到位;当 1DT、3DT 断电,4DT 通电时,液压缸 6 活塞先左行到位,遂使系统压力升高,压力继电器 4 发出信号,使 2DT 通电,液压缸 5 活塞左行直至到

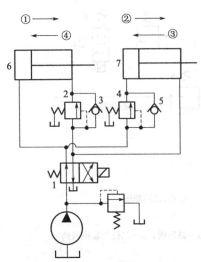

图 7.8　顺序阀控制的顺序回路
1—换向阀;2,4—顺序阀;3,5—单向阀;6,7—液压缸

位，这样实现了从①→②→③→④工序的顺序动作。为了防止继电器误发信号，一般压力继电器的调定压力应比先一动作最高压力高出 0.3～0.5MPa，且应比溢流阀的调定压力值低 0.3～0.5MPa。压力继电器控制的顺序回路可靠性差，只宜用于负载变化不大的场合，且同一系统中压力继电器不宜用得过多。

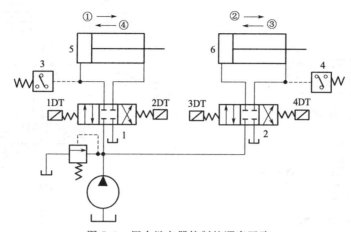

图 7.9　压力继电器控制的顺序回路
1，2—换向阀；3，4—压力继电器；5，6—液压缸

② 行程控制顺序回路　图 7.10 所示为行程阀控制的顺序回路。当电磁铁 1DT 通电时，液压缸 A 活塞向右运动，当运动到一定位置时，压下行程阀阀芯，使液压缸 B 活塞向右运动直至到位；当 1DT 断电时，液压缸 A 活塞向左运动，直至撞块脱离行程阀阀芯后，行程阀复位，液压缸 B 活塞向左运动，这样完成了从 1→2→3→4 工序的顺序动作。这种回路工作可靠，但顺序动作一旦确定，再改变较困难。

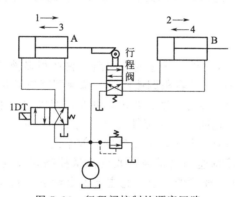

图 7.10　行程阀控制的顺序回路

③ 时间控制顺序回路　时间控制一般由延时阀实现，使一个执行机构开始动作后，经过规定的时间，另一执行机构才开始工作。

图 7.11 所示为延时阀，它由二位三通液动换向阀和单向节流阀组成。当 1 腔与压力油接通，阀芯向右移动，阀芯右端的油液经节流阀排出，使 1、2 两腔接通。调节节流阀的开口度，即可改变接通 1、2 两腔所需的时间。

图 7.12 所示为延时阀控制的顺序回路。1DT 通电时，液压缸 6 左腔进油，液压缸 6 活塞向右运动，同时 1 腔进入压力油，使延时阀阀芯右移，经调定时间后，1 腔与 2 腔接通，液压缸 7 左腔开始进油，其活塞向右运动；当 1DT 断电，2DT 通电时，液压缸 6、7 的活塞

同时返回，同时压力油经单向阀推动延时阀阀芯左移，使1、2两腔断开，阀芯恢复到原位。这样就实现了①→②的顺序动作。这种延时阀的调定时间易受油温影响，很少单独使用，一般多采用行程-时间控制。

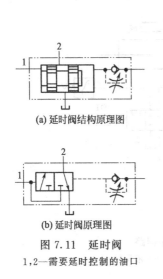

(a) 延时阀结构原理图

(b) 延时阀原理图

图 7.11 延时阀
1,2—需要延时控制的油口

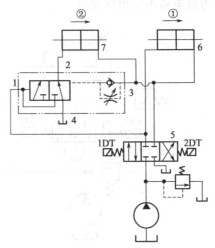

图 7.12 延时阀控制的顺序回路
1~4—延时阀的4个油口；5—换向阀；6,7—液压缸

7.2 速度控制回路

速度控制回路往往是液压系统中的核心部分，它工作的好坏对液压系统的性能起着重要的作用。速度控制回路主要包括调速回路、限速回路、制动回路、速度换接回路和同步回路等。

(1) 调速回路

调速回路是用来调节执行元件工作速度的回路。它在很多液压系统中起决定性的作用。调速回路主要包括节流调速回路和容积调速回路。调速回路应满足如下条件。

a. 调速范围。满足执行元件对速度的要求，并在该范围内能平稳地实现无级调速。

b. 速度刚度。当负载变化时，工作部件的调定速度不变或变化较小，即速度刚度好。

c. 回路效率。回路功率损耗要小，即发热少，效率高。

① 节流调速回路　节流调速回路是通过改变流量控制阀节流口的大小，以调节通过流量阀的流量，实现对执行元件速度的调节。它主要由定量泵、溢流阀、流量控制阀和定量式执行元件等组成。

a. 进油路节流调速回路。进油路节流调速回路是将流量阀装在执行元件的进油路上。如图7.13所示，定量泵的输出流量为Q_p，经节流阀调节后得到流量Q_1，其余流量ΔQ经溢流阀流回油箱。调节节流阀的开口度，可得到不同的活塞速度$v=\dfrac{Q_1}{A_1}$。回路中泵的出口压力p_P由溢流阀调定，而p_1由负载决定。此处回油管直接通油箱，$p_2 \approx 0$。由活塞的力平衡方程得：

$$p_1 = \frac{F}{A_1}$$

则进入液压缸左腔的流量为：

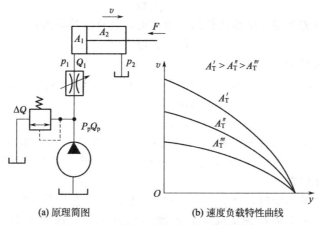

(a) 原理简图　　　　　(b) 速度负载特性曲线

图 7.13　进油路节流调速回路原理图

$$Q_1 = Q_P - \Delta Q = CA_T(p_P - p_1)^m$$

即

$$v = \frac{CA_T\left(p_P - \dfrac{F}{A_1}\right)^m}{A_1} \tag{7.1}$$

式中　v——活塞向右运动速度；

C——与节流口形式、液流状态、油液性质等有关的流量系数；

A_T——节流阀开口面积；

p_P——液压泵输出压力，即溢流阀的调定压力；

F——作用在液压缸上的总负载；

m——由节流阀节流口形式决定的节流阀指数。

进油路节流调速回路的特性如下。

• 速度负载特性。调速回路中执行元件的工作速度与负载之间的关系，称为速度负载特性。由式(7.1)可得到速度负载特性曲线，当 p_P 和 A_T 调定后，则活塞的运动速度随负载的增加而减小，如图 7.13(b) 所示；当负载 $F_{\max} = p_P A_1$，即 $p_1 = p_P$ 时，泵的输出流量全部从溢流阀溢走，这时活塞速度为零。从图上还可看出，不同的节流阀开口度，对应着不同的速度负载曲线。

活塞运动速度受负载影响的大小，可用速度刚度 K_v 表示。它定义为速度负载特性曲线上某点处斜率的负倒数，即：

$$K_v = \frac{-1}{\left(\dfrac{\partial v}{\partial F}\right)} = -\frac{\partial F}{\partial v} \tag{7.2}$$

由式(7.1)、(7.2)得：

$$K_v = \frac{A_1^{m+1}}{mCA_T(p_P A_1 - F)^{m-1}} = \frac{p_P A_1 - F}{mv} \tag{7.3}$$

从式(7.3)可看出，当节流阀开口度调定后，负载愈小，速度刚度愈大，即速度稳定性越好，当负载一定时，节流阀通流面积 A_T 越小，速度刚度也越大，另外，提高溢流阀的调定压力，增大液压缸的有效工作面积 A_1 或减小节流阀指数 m，都能提高速度刚度，但这些参数受到阀的结构、负载工作要求的限制。

• 功率特性和回路效率。液压泵的输出功率为：

$$N_P = p_P Q_P \tag{7.4}$$

若忽略执行元件的泄漏、摩擦及管路压力损失,其有效功率为:

$$N_1 = p_1 Q_1 \tag{7.5}$$

回路功率损失 ΔN 为:

$$\Delta N = N_P - N_1 = p_P Q_P - p_1 Q_1 = p_P(Q_1 + \Delta Q) - (p_P - \Delta p)Q_1$$
$$= p_P \Delta Q + \Delta p Q_1 \tag{7.6}$$

式中 Δp——节流压力损失, $\Delta p = p_P - p_1$。

由式(7.6)可看出,该调速回路功率损失由两部分组成,即由溢流阀造成的溢流损失 $p_P \Delta Q$ 和由节流阀产生的节流损失 $\Delta p Q_1$。这两部分功率损失都转换为热能,使油温升高,因此应尽量减少功率的损失。

当执行机构的负载不变时,即 p_P、p_1 和 Δp 都基本不变,则其功率速度曲线如图7.14所示。有效功率 N_1 和节流损失 $\Delta p Q_1$ 随速度 v 线性增加,而溢流损失 $p_P \Delta Q$ 随 v 线性减小。

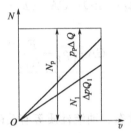

图 7.14 节流阀进油路节流调速回路在负载恒定时的功率速度曲线

回路效率为:

$$\eta = \frac{p_1 Q_1}{p_P Q_P} = \frac{p_1 Q_1}{(p_1 + \Delta p) Q_P} \tag{7.7}$$

式(7.7)说明 $\dfrac{Q_1}{Q_P}$ 越大,效率越高; $\dfrac{p_1}{p_P}$ 越大,效率也越高。一般 $\Delta p \geqslant 0.3\text{MPa}$,节流阀才能正常工作。

当执行机构的负载 F 为变化值时,泵的输出压力 p_P 按最大负载调定,工作压力 p_1 随负载而变,这时系统的输出功率为:

$$N_1 = p_1 Q_1 = p_1 CA(p_P - p_1)^m$$

输出功率在 $p_1 = 0$ 与 $p_1 = p_P$ 之间有一极大值:

$$N_{1\max} = \frac{CA_T}{m}\left(\frac{m p_P}{m+1}\right)^{m+1}$$

图 7.15 所示为变负载下,当 $m = \dfrac{1}{2}$ 时的功率负载特性曲线。回路效率为:

$$\eta = \frac{p_1 Q_1}{p_P Q_P} \leqslant \frac{N_{1\max}}{p_P Q_P}$$

即

$$\eta \leqslant \frac{CA_T}{Q_P(m+1)}\left(\frac{m p_P}{m+1}\right)^m \tag{7.8}$$

以上分析说明,进口节流调速回路宜用于负载不变或变化很小的低速小功率场合,以便获得较好的速度稳定性和较高的回路效率。

b. 回油路节流调速回路。回油路节流调速回路是将流量阀装在执行元件的回油路上，如图 7.16 所示。调节节流阀的通流面积，即调节流量 Q_2，从而控制活塞的运动速度 v。定量泵输出的多余流量从溢流阀流回油箱，即

$$Q_P = Q_1 + \Delta Q$$

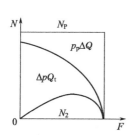

图 7.15　节流阀进油路节流调速回路在变负载下的功率负载曲线

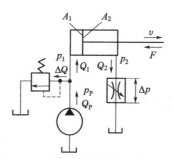

图 7.16　回油路节流调速回路原理图

泵的输出压力 p_P 由溢流阀调定。它取决于负载的大小和背压 p_2，即

$$p_P A_1 = F + p_2 A_2$$

活塞的运动速度 v 为：

$$v = \frac{Q_2}{A_2} = \frac{C A_T p_2^m}{A_2} = \frac{C A_T (p_P A_1 - F)^m}{A_2^{m+1}} \tag{7.9}$$

回路速度刚度 K_v 为：

$$K_v = -\frac{\partial F}{\partial v} = \frac{A_2^{m+1}}{m C A_T (p_P A_1 - F)^{m-1}} = \frac{p_P A_1 - F}{mv} \tag{7.10}$$

比较式(7.1) 和式(7.9)、式(7.3) 和式(7.10)，其形式完全相同，说明回油节流调速与进油节流调速的速度负载特性和速度刚度都相似。

泵的输出功率 N_P 为：

$$N_P = p_P Q_P \tag{7.11}$$

执行元件的有效功率 N_1 为：

$$N_1 = Fv = (p_P A_1 - p_2 A_2) v = p_P Q_1 - p_2 Q_2 \tag{7.12}$$

功率损失 ΔN 为：

$$\Delta N = N_P - N_1 = p_P \Delta Q + p_2 Q_2 \tag{7.13}$$

显然，回油路节流调速回路的功率损失和进油路节流调速回路相似，即也是由溢流损失 $p_P \Delta Q$ 和节流损失 $p_2 Q_2$ 组成，所以两者的功率特性和效率特性也相似。

回油路节流调速回路能承受"负方向"的负载（即与活塞运动方向相同的负载），而进油路节流调速回路不能承受"负方向"的负载。在回油路节流调速回路中，液压缸回油腔的背压 p_2 是一种阻尼力，此力不但有限速作用，且对运动部件的振动有抑调作用，有利于提高执行元件的运动平稳性。另外，回油路节流调通回路中，通过节流阀的油液流回油箱，有利于系统散热。

c. 旁路节流调速回路。旁路节流调速回路是将流量阀装在与执行元件并联的支路上，如图 7.17 所示。调节节流阀的通流面积 A_T，也即调节经节流阀流回油箱的流量 Q_2，从而间接地

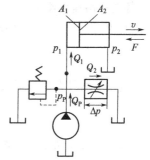

图 7.17　旁路节流调速回路原理图

对进入液压缸的流量 Q_1 进行控制,即

$$Q_1 = Q_P - Q_2$$

此处溢流阀为安全阀,当系统正常工作时,安全阀关闭,因而泵的输出压力 p_P 是随负载 F 而变化的,即

$$p_P = p_1 = \frac{F}{A_1}$$

又因

$$Q_2 = CA_T p_1^m = CA_T \left(\frac{F}{A_1}\right)^m$$

因此活塞的运动速度为

$$v = \frac{Q_1}{A_1} = \frac{Q_P - CA_T \left(\frac{F}{A_1}\right)^m}{A_1} \tag{7.14}$$

- 速度负载特性和速度刚度。由式(7.14)可得如图 7.18 所示的速度负载特性曲线,其速度刚度为:

$$K_v = -\frac{\partial F}{\partial v} = \frac{A_1^2}{mCA_T \left(\frac{F}{A_1}\right)^{m-1}} = \frac{A_1 F}{m(Q_P - vA_1)} \tag{7.15}$$

式中　A_1——液压缸无杆腔的承压面积;
　　　m——由节流阀节流口形式决定的节流阀指数;
　　　C——与节流口形式、液流状态、油液性质等有关的流量系数;
　　　A_T——节流阀开口面积;
　　　F——作用在液压缸上的总负载。

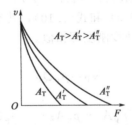

图 7.18　旁路节流调速回路的速度负载特性曲线

当负载 F 不变时,节流阀通流面积 A_T 越小,速度刚度越好;当 A_T 调定后,负载 F 越大,速度刚度越好。另外,增大活塞承压面积 A_1,减小节流阀指数 m,或减小流量系数 C,都能提高速度刚度。

- 功率特性和回路效率。液压泵的输出功率 N_P 随负载变化而变化,即

$$N_P = p_P Q_P = \left(\frac{F}{A_1}\right) Q_P \tag{7.16}$$

功率损失显然只有节流损失 ΔN:

$$\Delta N = p_1 Q_2 = CA_T \left(\frac{F}{A_1}\right)^{m+1} \tag{7.17}$$

执行元件的有效功率 N_1 为:

$$N_1 = p_1 Q_1 = p_1 (Q_P - CA_T p_1^m) \tag{7.18}$$

则回路效率为:

$$\eta = \frac{N_1}{N_P} = \frac{Q_1}{Q_P} = 1 - \frac{CA_T(F/A_1)^m}{Q_P} \tag{7.19}$$

显然,当节流阀调定后,其效率随负载的增加而减小;当负载不变时,节流阀的通流面积 A_T 越大,其效率也越小。

旁路节流调速回路由于泵的出口压力随负载变化而变化,所以其回路效率比进、出口节流调速回路高。它适用于负载变化小、对运动平稳性要求不高的高速大功率系统,但不能承受"负方向"的负载。

d. 采用调速阀的节流调速回路。上述几种调速回路,当节流阀调定后,执行元件的速度随负载变化而变化。若要执行元件的速度稳定性好,则可采用由调速阀或溢流节流阀组成的节流调速回路。

图 7.19(a) 所示为调速阀进油节流调速回路,其中溢流阀的调定压力是根据最大负载、管路和其他阀的压力损失、调速阀所必需的最小压差来调节的。由于定差减压阀的调节作用,当负载在一定范围内变化时,使节流阀节流口两端的压差为恒值,不随负载的变化而变化,所以 Q_1 基本不变,活塞的运动速度 v 不受负载变化的影响保持不变,其速度负载特性如图 7.19(b) 所示。

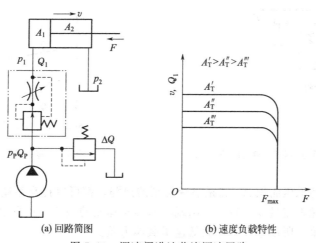

图 7.19 调速阀进油节流调速回路

调速阀和节流阀进油节流调速回路从功率上比较,显然前者多了一项减压损失。一般调速阀上压差不得小于 0.5MPa,高压调速则为 1MPa,因而泵的输出压力 p_P 比相应的节流调速要高些,所以调速阀调速的功率损失也略大些。但调速阀调速回路的低速性能、调速范围、速度刚度等都大大好于对应的节流阀调速回路。调速阀同样也有回油路调速和旁路调速回路,溢流节流阀则只能组成进油节流调速回路。

② 容积调速回路 容积调速回路主要由变量泵或变量马达和安全阀等组成,它通过改变变量泵或变量马达的排量来实现速度的调节。容积调速回路具有效率高(因为既无节流损失又无溢流损失)、温升小的特点,可以组成闭式回路。但其结构复杂,成本较高,一般用于功率较大或对发热有严格要求的系统。容积调速回路通常有三种基本形式:变量泵和定量执行元件组成的容积调速回路,定量泵和变量马达组成的容积调速回路,变量泵和变量马达组成的容积调速回路。

a. 变量泵和定量执行元件组成的调速回路。

• 变量泵和液压缸组成的容积调速回路。如图 7.20 所示,液压缸活塞运动速度由变量泵的排量调节,回路中最大压力由安全阀限定。若不计液压泵以外元件的泄漏,活塞的运动速度为：

$$v = \frac{Q_P}{A_1} = \frac{Q_t - k_1 \frac{F}{A_1}}{A_1} \quad (7.20)$$

式中　v——活塞向右运动速度；
　　　Q_P——变量泵的实际输出流量；
　　　A_1——液压缸无杆腔的承压面积；
　　　Q_t——变量泵的理论流量；
　　　k_1——变量泵的泄漏系数；
　　　F——作用在液压缸上的总负载。

图 7.21 所示为该回路的速度负载曲线，速度刚度为：

$$K_v = \frac{A_1^2}{k_1} \quad (7.21)$$

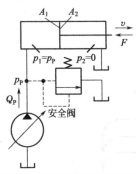
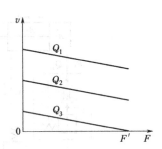

图 7.20　泵-缸组成的开式容积调速回路原理图　　图 7.21　泵-缸式容积调速回路的速度负载特性

显然，加大活塞承压面积 A_1 和减小变量泵的泄漏，都可以提高系统速度刚度。从图上可以看出，当泵的理论流量较小时，会出现活塞停止运动的现象，这是由于泵的理论流量等于泵的泄漏量的缘故，所以这种回路的低速承载能力差。

• 变量泵和定量马达组成的调速回路。图 7.22 所示为变量泵和定量马达组成的闭式容积调速回路，泵的转速 n_P 和液压马达的排量 q_m 均为常数。改变变量泵 3 的排量，即可调节液压马达 5 的转速。系统正常工作时，安全阀 4 关闭；辅助泵 1 用来补油，以改善系统的吸油状态，同时起冷却系统的作用；低压溢流阀 6 用来调节泵 1 的工作压力。

速度特性是指马达的输出转速随变量泵排量变化的关系曲线。若忽略回路中的泄漏损失，则马达的转速为：

$$n_m = \frac{n_P q_P}{q_m} \quad (7.22)$$

式中　n_m——马达的输出转速；
　　　n_P——变量泵的转速，为定值；
　　　q_P——变量泵的排量；
　　　q_m——马达的排量，为定值。

由此可见马达的转速与泵的排量成正比，图 7.23 中所示 n_m-q_P 曲线为虚线，由于回路中泄漏的存在，当变量泵的流量小到不足以补充回路的泄漏时，液压泵就不能驱动液压马达，$n_m = 0$，所以存在一速度死区。

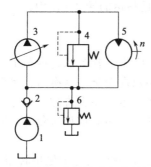

图 7.22 变量泵和定量马达组成的调速回路
1—补油泵；2—单向阀；3—变量泵；4—安全阀；
5—定量马达；6—低压溢流阀

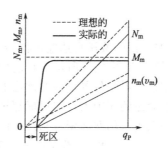

图 7.23 变量泵和定量马达
容积调速回路特性曲线

转矩特性和功率特性是指液压马达的输出转矩和功率分别与变量泵排量 q_P 之间的关系。如图 7.22 所示，若不考虑回路的各种损失，并设低压溢流阀 6 的调定压力为 p_0，则马达的输出转矩为：

$$M_m = \frac{1}{2\pi} q_m (p_P - p_0) \tag{7.23}$$

式中 M_m——马达的输出转矩；
p_P——液压泵 3 的出口压力。

显然，当液压马达驱动的负载不变时，p_P 为常量，所以转矩 M_m 不随 q_P 的变化而变化，因此称为恒转矩调速。图 7.23 中所示 M_m-q_P 虚线曲线，同样由于机械摩擦和泄漏的存在，转矩曲线也有一死区存在，实际 M_m-q_m 特性曲线如图中实线所示。

回路中液压马达的输出功率 N_m 为：

$$N_m = 2\pi \frac{M_m n_P}{q_m} q_P \tag{7.24}$$

显然，在恒负载下，马达的输出功率 N_m 与变量泵的排量 q_P 成正比，如图 7.23 中 N_m-q_P 虚线所示；计入摩擦和泄漏损失，N_m-q_P 特性曲线如图 7.23 中实线所示。

该调速回路具有较大的调速范围，可无级调速，适用于恒转矩调速。

b. 定量泵和变量马达组成的容积调速回路。图 7.24 所示为定量泵和变量马达组成的容积调速回路。改变变量马达的排量 q_m，即可调节马达的转速 n_m。泵 1 的输出流量 Q_P 为恒值，但输出的压力 p_P 随负载而变；阀 3 为安全阀；泵 4 是低压补油泵，用来改善系统的吸油状态，并对系统起冷却作用；低压溢流阀 5 用来调节补油泵 4 的压力。

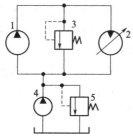

图 7.24 定量泵变量马达容积调速回路
1—定量泵；2—变量马达；3—安全阀；4—补油泵；5—溢流阀

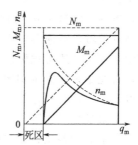

图 7.25 定量泵变量马达
容积调速回路特性曲线

- 速度特性。若忽略回路中的泄漏和摩擦损失,变量马达的转速 n_m 为:

$$n_m = \frac{Q_P}{q_m} \quad (7.25)$$

式(7.25)说明液压马达输出的转速与马达的排量成反比。若考虑到各种损失,其 n_m-q_m 曲线如图7.25中实线所示。在这种调速回路中,不用双向变量马达换向。因为换向时要经过马达排量为零的位置,这时理论上马达转速为无穷大,这是不允许的。实际上变量马达的转速虽不会达到无穷大,但可能超过马达允许的最高转速,也是应该避免的。所以在这种回路中,一般不采用双向变量马达换向。

- 转矩和功率特性。若忽略回路中的泄漏和摩擦损失,液压马达的输出转矩为

$$M_m = \frac{(p_P - p_0) q_m}{2\pi} \quad (7.26)$$

输出功率为

$$N_m = 2\pi n_m M_m = Q_P(p_P - p_0) \quad (7.27)$$

显然,当外负载不变时,p_P 不变,p_0 由低压溢流阀调定,也为常量。所以变量马达的转矩 M_m 与其排量 q_m 成正比关系,而马达的输出功率为一恒值,即不随 q_m 变化,因此称这种调速方式为恒功率调速。同样,当考虑到系统的容积损失和摩擦损失时,其 M_m-q_m、N_m-q_m 特性曲线如图7.25中实线所示。

c. 变量泵和变量马达组成的容积调速回路。图7.26所示为变量泵变量马达容积调速回路。双向变量泵1不仅可改变流量,而且可改变液流方向;为了改善泵1的吸油性并冷却系统,增设了补油低压泵4;阀3为系统安全阀;低压溢流阀5调节补油泵的出口压力;单向阀6和8用于实现双向补油;而单向阀7和9使安全阀3能在两个方向起安全作用。

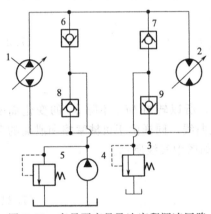

图7.26 变量泵变量马达容积调速回路
1—变量泵;2—变量马达;3—安全阀;4—补油泵;5—低压溢流阀;6~9—单向阀

从图7.26可看出,变量泵和变量马达容积调速回路实际上是上述两种调速回路的组合。由于泵和马达的排量均可改变,所以扩大了调速范围,增加了液压马达输出功率和转矩的选择余地。下面介绍变量泵变量马达容积调速回路的常用调节方法。

图7.27为变量泵和变量马达组成的容积调速回路结构示意图,结构与原理图7.26对应,两图中的件号也是一一对应的。

首先,将马达的排量 q_m 调至最大,并使之恒定,然后将变量泵的排量 q_P 由小调到大,这时液压马达的输出转速和输出功率也随之增大,而输出转矩不变,如图7.28所示。这一阶段与变量泵定量马达容积调速相似,为恒转矩调速。

然后,将变量泵的排量调定在上述的最大值并使之恒定。再调节变量马达的排量 q_m,使之由大调到小。这时马达的输出转矩随之减小,但输出速度继续上升,功率保持恒定。这一阶段与定量泵变量马达容积调速相似,为恒功率调速。图7.28所示为双向变量泵的流量为一个方向调节时的输出特性曲线。

(2) 限速回路

限速回路也称平衡回路。当工作机构的运动方向和负载重力方向一致(如起重机吊物下

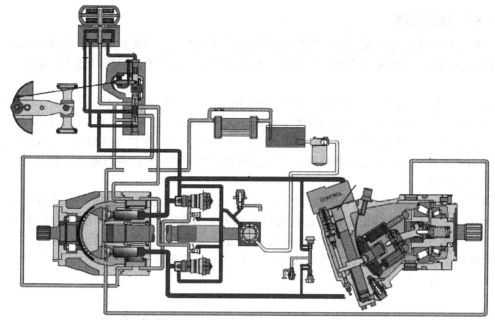

图 7.27 变量泵和变量马达组成的容积调速回路结构示意图

放和挖掘机下坡）时，为了控制执行机构的速度大小，可设置限速回路。

图 7.29 所示为外控平衡阀限速回路。当左路进入压力油时，油液经单向阀进入液压缸的无杆腔，活塞上升，有杆腔回油流回油箱；当右路进入压力油时，只有当进油压力达到平衡阀的调定压力时，活塞才能下降，无杆腔回油经平衡阀的节流口流回油箱。若下降速度超过了设计速度，则有杆腔由于泵供油不足而压力下降，这时平衡阀阀芯在弹簧力的作用下，自动关小节流口，以增大回油阻力，消除超速现象。此处的平衡阀还具有使活塞在任一位置锁紧的功能。

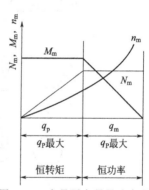

图 7.28 变量泵变量马达容积调速回路的输出特性曲线

图 7.30 所示为挖掘机行走机构和起重机回转机构上应用的一种限速回路。它是通过两个外控单向节流阀来限速的。在图示位置时，压力油经左路单向阀供给液压马达，当机器下坡或重物下放时，马达转速有增大的可能。这时左边进油路压力下降，控制油路自动调小右边节流阀的通流面积，从而达到限速的目的。同理可知，当右路进入压力油时，回路也可限速。

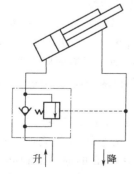

图 7.29 外控平衡阀限速回路

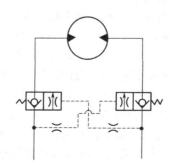

图 7.30 外控单向节流阀限速回路

(3) 制动回路

当执行机构需要停止运动时，需要对执行机构进行制动。液压缸通常采用换向阀进行制动。而对制动的平稳性要求高时，可采用一些缓冲装置。以下是对液压马达进行制动的两种回路。

图 7.31 所示为用背压阀制动的回路。当换向阀 3 左位工作时，马达正常工作，系统工作压力由溢流阀 1 调定，而马达回油经卸荷阀 2 流回油箱，（此时背压阀 2 的远控口接油箱，阀 2 作卸荷阀用）；当换向阀 3 右位工作时，由于溢流阀 1 的远控口接油箱，所以泵卸荷，背压阀 2 的远控口堵死，这时背压阀 2 对马达施加背压，即对马达进行制动，其制动力大小由背压阀 2 调节。

图 7.32 所示为有补油装置的制动回路。当换向阀从左位换到中位时，由于液压马达运动的惯性，它不会立即停止运动，由此通过单向阀 c 吸油。马达右腔回油压力达到一定值时，经单向阀 b、溢流阀 1 流回油箱。溢流阀 1 是制动溢流阀，调节其压力的大小，即可调节制动时间。要注意的是，为了使液压马达正常工作，溢流阀 1 的调定压力至少要比溢流阀 2 的调定压力高 5%～10%。

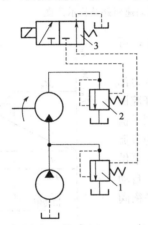

图 7.31 用背压阀制动的回路
1—溢流阀；2—背压阀；3—换向阀

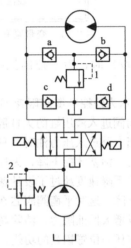

图 7.32 带有补油装置的制动回路
1,2—溢流阀；a～d—单向阀

(4) 速度换接回路

有些工作机构，要求在工作行程的不同阶段有不同的运动速度，这时可采用速度换接回路。速度换接回路的作用是将一种运动速度转换成另一种运动速度。

图 7.33 所示为用行程阀实现速度换接的回路。在图示位置时，液压缸右腔回油经行程阀 3 流回油箱，活塞快速向右运动；当到达预定位置时，活塞上的挡块压下行程阀 3，使液压缸右腔回油必须通过节流阀 2 流回油箱，活塞慢速向右运动。当换向阀换至左位工作时，压力油经单向阀 1 进入液压缸右腔，活塞向左运动；当活塞挡块脱离行程阀 3 后，压力油经行程阀 3 进入液压缸右腔，活塞快速向左运动。

图 7.34 所示为两调速阀串联两工作速度换接回路，通过控制电磁换向阀实现速度的换接。当 1DT 通电，活塞向右快进；当 3DT 通电为一工进，调速阀 A 控制速度；当 4DT 也同时通电时，为二工进，调速阀 B 控制速度。该回路中调速阀 B 的通流面积必须小于调速阀 A。当一工进换接为二工进时，因调速阀 B 中始终有压力油通过，定差减压阀处于工作

状态，故执行机构的速度换接平稳性较好。

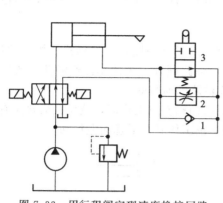

图 7.33 用行程阀实现速度换接回路
1—单向阀；2—节流阀；3—行程阀

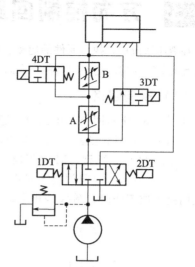

图 7.34 两调速阀串联两工进速度换接回路
A,B—调速阀

（5）同步回路

使两个或两个以上的液压缸（或液压马达）实现同步动作的回路称为同步回路。图 7.35 所示为用串联液压缸同步的回路。这种回路要求液压缸有较高的制造精度和密封性，否则同步精度难以保证。该回路中泵的供油压力较高，为两液压缸负载压力之和。

由于液压缸泄漏的存在，所以常用带有补油装置的串联同步回路，如图 7.36 所示。在活塞每一向下行程中，如果其一液压缸的活塞先到达底部，限位开关动作，使电磁铁 1DT 或 2DT 通电，另一液压缸的活塞可完成全行程。例如，在 4DT 通电时，若液压缸 1 的活塞先下行到达底部，则 1DT 通电，使液压缸 2 的活塞下行到位；若液压缸 2 的活塞先下行到达底部，则 2DT 通电，使液压缸 1 的活塞下行到位。

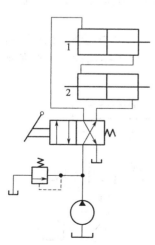

图 7.35 用串联缸同步的回路
1,2—液压缸

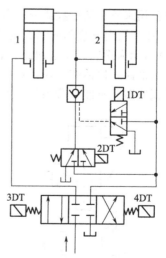

图 7.36 带有补油装置的串联同步回路
1,2—液压缸

7.3 方向控制回路

在液压系统中，执行元件的启动、停止、改变运动方向是通过控制元件对液流实行通、断、改变流向来实现的。这些回路称为方向控制回路，常用的有换向回路、锁紧回路和浮动回路等。

（1）换向回路

如图 7.37 所示回路，用二位二通换向阀控制液流的通与断，以控制执行机构的运动与停止。图示位置时，油路接通；当电磁铁通电时，油路断开，泵的排油经溢流阀流回油箱。同样，采用 O 型、Y 型、M 型等换向阀也可实现油路的通与断。

图 7.38 所示为换向阀换向回路。当三位四通换向阀左位工作时，液压缸活塞向右运动；当换向阀中位工作时，活塞停止运动；当换向阀右位工作时，活塞向左运动。

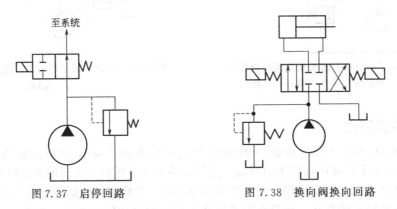

图 7.37 启停回路　　　　　图 7.38 换向阀换向回路

图 7.39 所示为差动缸回路。当二位三通换向阀左位工作时，液压缸活塞快速向左移动，构成差动回路；当换向阀右位工作时，活塞向右移动。

以上是由换向阀构成的换向回路，另外也可用双向变量泵来改变液压马达的运转方向。

（2）锁紧回路

锁紧回路用来防止液压缸或液压马达在停止运动时在外力作用下发生运动。锁紧回路一般由 O 型、M 型换向阀或单向阀、液控单向阀构成。

图 7.40 所示为换向阀锁紧回路。它利用 M 型（或 O 型）中位机能三位换向阀，闭锁液压缸两腔的油路，使活塞可在任意位置停止并锁紧。但由于换向阀不可避免地存在泄漏，这种回路的锁紧时间不能保持很长。

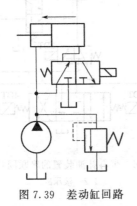 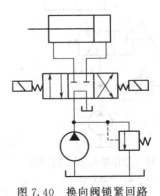

图 7.39 差动缸回路　　　　　图 7.40 换向阀锁紧回路

图 7.41 所示为由两个液控单向阀组成的锁紧回路,液压缸活塞可在任意位置停止并锁紧。在液压缸本身具有良好的密封性能时,由于液控单向阀的密封性能好,即使在外力作用下,也能使执行机构长时间锁紧。为了使当换向阀中位工作时能够锁紧,换向阀应使用 Y 型或 H 型中位机能。

(3) 浮动回路

浮动回路是指某一执行机构在一定工作条件下处于自由运动状态。

图 7.42 所示是利用 Y 型(或 H 型)三位换向阀实现的浮动回路。当换向阀处于中位时,液压缸左右两腔都接油箱,这时若对活塞施加一较小的外力,可以在活塞运动行程内随意改变活塞位置。

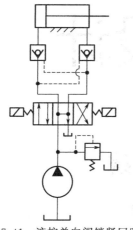
图 7.41 液控单向阀锁紧回路

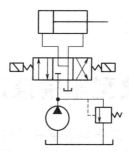
图 7.42 换向阀浮动回路

图 7.43 所示是一种用于装载机上的浮动回路。当三位换向阀右位工作时,液压缸上腔进油,铲斗开始翻转倒土。一旦铲斗重心越过铰支点之后,由于铲斗及土料自重的作用使翻斗加速,这时泵的供油不够,所以油箱中的油液经单向阀流入液压缸上腔进行补油,使铲斗实现"撞斗"动作,由此可干净、彻底地卸料。这是一种用补油阀实现的浮动回路。

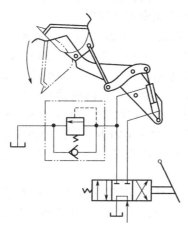
图 7.43 用补油阀的浮动回路

第8章 车辆液压作业系统和系统设计

8.1 典型车辆液压作业系统

(1) 大型工程车辆全液压转向流量放大系统

对于大型工程机械的转向系统，为了提高其机动性能，需要在特定工况下，增加它的转向能力。通常采用大排量的液压泵，在一定的液压系统压力下，提供流量最大可达 400L/min 来获得相应的转向运动。若大型工程机械的液压转向系统的液压泵仅供转向，需要液压泵的排量相当大，并且所提供的流量不可能全部供给液压转向系统使用，这样会使系统的能量浪费较大。为解决这个矛盾，在大型工程机械转向系统中安装一个集流控制阀，来实现转向流量的变化。当优先阀的流量无法为转向器提供足够的流量时，通过该流量阀为转向器提供足够的流量，保证大型工程机械实现正常安全转向。

① 具有流量放大阀的转向系统工作原理　图 8.1 是具有流量放大阀的液压转向系统原理图。流量放大阀的总成由优先阀、方向控制阀、流量控制阀以及缓冲安全阀组成。液压泵为流量阀的油口 HP 供油，其集成的优先阀为转向器供油，和流量阀相并联，多余的流量通过油口 EF，为其他液压工作装置供油。流量阀的油口 CL 和油口 CR 连接到转向液压缸，油口 L 和 R 连接到转向器。在没有转向指令时，流量放大阀接油口 L、R、LS 和 T 相连接，通过油口 HT 回到油箱。集成的缓冲安全阀组可以保护转向器和转向液压缸免受冲击载荷，调节压力可达 23MPa，为避免气穴现象的影响，在油箱管路上安装背压阀，压力为 0.2MPa。

油口 PP 由先导压力 p 控制。优先阀阀芯的位置由在右端的弹簧的弹力决定。液压转向时，由油口 LS 的感应载荷建立压力，阀芯往左边移动（图 8.1 所示位置），油口 HP 和油口 CF 的油道接通，油口 P 和流量放大阀并联。

优先阀流量由液压泵提供。由于阀芯中部较细，从而可以将优先流量（控制流量）传至油口 CF 和油口 P。同时由于阀芯的结构，增大了流量压力。一定的压力差使得通过液压转向器中的旋转阀的流量保持恒定，如果转向器的工作所需流量低于液压泵的流量，多余的流

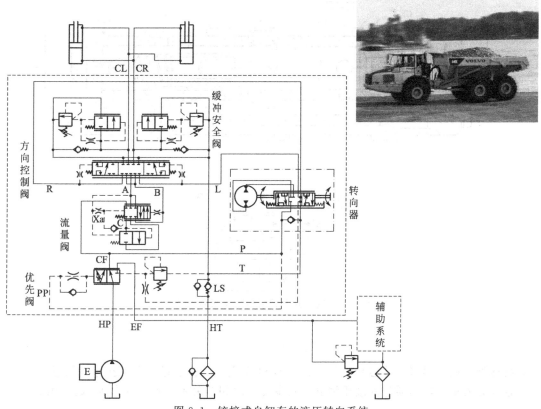

图 8.1 铰接式自卸车的液压转向系统

量经油口 EF 被传到系统其他执行元件上。

方向控制阀的流量由阀口 R、L 的流量由的先导控制压力决定。当液压转向器向右转向，方向控制阀芯移向右端。阀口 R 和流量阀的 B 腔接通，阀口 CR 与流量阀口 A 接通，油口 CL 和油箱相接通回油。

缓冲阀阻止管路 CR 和管路 CL 中的工作压力降低到回油管路的背压，通过可调弹簧预紧力，先导阀和主阀芯实现管路减压。

② 流量放大阀工作特性分析　图 8.2 是大型工程机械转向系统的流量放大阀的结构图。如果不操作方向盘，优先阀将流量全部转到系统的其它执行元件，流量放大阀的油口全部关闭，转向系统没有反应。如果方向盘向右转向，油口 R 的流量大小与方向盘转向速度成正比，此时 A 腔逐渐和油缸工作腔 CR 相通；阀口 R 和流量阀的 B 腔接通。

图中 A 腔的压力为 p_A；B 腔的压力为 p_B；C 腔的压力为 p_C；c 是流量阀滑阀套管的压力作用面积；d 是流量阀阀芯的压力作用面积。

当油口 A 的压力建立后，阀套管和流量阀的阀芯一起运动来克服弹簧力，两个元件的油口保持关闭状态。当油口 B 的压力增长到足够大时，即

$$p_B = p_A + \frac{f_{ASe}}{c} \tag{8.1}$$

式中　f_{ASe}——流量放大阀滑阀套管所受的弹簧力。

阀套管和流量阀的阀芯开始一起移向左端。流量从油口 CF 经过滑阀套管上的 4 个孔流入 C 腔中。当压力高于 A 腔的压力时，单向阀开启，压力传到内阀芯套管的左端。此时有：

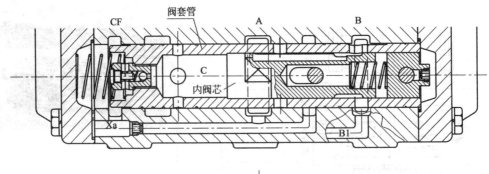

图 8.2 流量放大阀结构图及图形符号

$$p_C = p_B - \frac{f_{ASe}}{c} \tag{8.2}$$

当系统达到平衡，尽管内阀芯套管移动，但 B 和 A 之间的仍通过一个油孔保持相通。

这部分流量从转向器进入液压油缸，其余孔被内阀芯关闭。此时压力 p_C 起作用。有：

$$p_C > p_B + \frac{f_{ASi}}{d} \tag{8.3}$$

式中 f_{ASi}——流量放大阀阀芯所受的弹簧力。

③ 流量放大阀流量特性参数计算　在大型工程机械转向时，A 腔的压力由负荷决定，而 B 腔的压力通过转向器建立。开始转向时，B 处的压力接近油缸的压力，随着流量的增加，压力开始升高。若忽略弹簧产生的辅加压力，流量放大阀滑阀套管将达到一个新的压力平衡，即：

$$p_C = p_B \tag{8.4}$$

通过由转向器流入 B 腔的分配流量为 Q_B，油缸的压力为 p_A，有方程：

$$p_B = p_A + \frac{\rho Q_B^2}{2C_e A^2(x)} \tag{8.5}$$

$$Q'_A = 3C_e A(x) \sqrt{\frac{2(p_C - p_A)}{\rho}} \tag{8.6}$$

式中 $A(x)$——流量通过一个孔的时候的截面积；
　　　C_e——流量系数；
　　　ρ——流体的密度。

式(8.5)为方向控制阀的压力的方程，其主要由流量来决定。式(8.6)为通过其余 3 个孔的流量值的方程。若将内阀芯到转向器的孔稳定接通，可看做是一个补偿器。具有压力降的 3 个孔，具有放大流量的作用。由式(8.4)~式(8.6)，可以得到：

$$Q_B = C_e A(x) \sqrt{\frac{2(p_B - p_A)}{\rho}} \tag{8.7}$$

$$Q'_A = 3 C_e A(x) \sqrt{\frac{2(p_B - p_A)}{\rho}} \tag{8.8}$$

从而可以得到油口 A 和油口 B 的流量比值：

$$\frac{Q_A}{Q_B} = \frac{3}{1} = 3 \tag{8.9}$$

由上式可知，通过调节隔开 A 腔与 C 腔的内阀芯（图 8.2）套管上的孔的数量，可以调整流量放大阀的放大系数，以实现在特殊工况下，将泵的输出流量，根据大型工程机械转向系统大流量的需要通过转向优先阀和流量放大阀的调节，进入转向油缸。

(2) 车辆全液压制动系统

制动性能是车辆的重要性能之一，良好的制动性能是汽车安全行驶的重要保障。目前，国内车辆制动系统多采用气压、气顶液的结构形式。近年来，车辆也趋于采用全液压制动的方式，其主要优点是系统的制动压力高，产生的制动力矩大，制动灵敏，且更便于实现电子控制。

全液压制动系统一般是由供能装置，传动装置，控制装置和制动执行元件四部分组成。供能装置通过液压泵、充液阀向蓄能器供油，积蓄能量；传动装置将制动踏板控制的动力源传递给制动执行元件；控制装置将驾驶员踩踏板的控制信号传到控制阀上；制动执行元件是装在车轮上的制动器，它将传动装置传来的动力变成摩擦力矩。

图 8.3 是典型的车辆全液压制动系统的示意图。制动时，驾驶员踩下制动踏板，制动油液在蓄能器压力的作用下，进入制动油缸，产生制动效果。液压制动系统大多采用钳盘式或全盘式制动器。充液阀可以使蓄能器的内压保持在最低限度。当蓄能器的内压低于最低限度时，充液阀就会使泵向蓄能器充油，直至达到预定的压力上限。

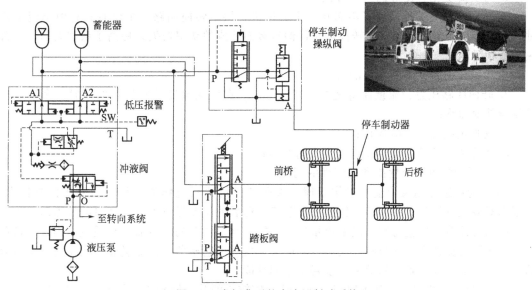

图 8.3 车辆典型的全液压制动系统

根据执行机构的工作过程，可以将液压制动过程分为两个阶段：活塞运动阶段和制动油压建立阶段。

活塞运动阶段：当踩下踏板阀时，油路接通，蓄能器中的油液进入制动油缸，推动活塞移动，迅速消除制动器的制动间隙；整个运动阶段由踩下制动踏板开始，到制动衬块接触制动盘为止。

制动油压建立阶段：制动衬块碰到制动盘瞬间，会导致轮缸中油液冲击，并引起瞬间的压力升高；轮缸中油压在瞬间的压力波动之后，会迅速而平稳地增加，直至油压逐渐稳定。

（3）车辆转向系统动态负荷传感系统

车辆的液压系统必须保证转向液压系统以及其他液压系统的需要，根据系统特点车辆液压转向系统可分为普通助力转向系统和负荷传感转向系统。

液压负荷传感系统在工程车辆的转向系统上用的比较多，对整机性能起着非常重要的作用，随着现代车辆转向性能要求的提高，全液压转向系统的结构和性能也有很大的改进和发展。

液压负荷传感系统分阀控定量系统和泵控变量系统。定量系统是由定量泵和负荷传感阀组成，对液压系统的流量进行控制；变量系统则是由变量泵和负荷传感阀组成，并利用系统压力与负载压力之间的压差控制泵的流量。

尽管负荷传感阀有多种结构形式，但其原理是相同的，属于等差减压阀。此减压阀两端作用一个基本恒定的压差，其低压端为负载压力，此压差为进入执行元件的某一换向阀口的进出口压力差，由于定压差，使通过的流量与阀口面积成正比，并且使泵的输出压力仅高于负载压力一个压差。

负荷传感转向系统根据所取的信号可分为静态负荷传感系统和动态负荷传感系统，静态信号型负荷传感转向器和静态信号型优先阀产品已经非常成熟。动态负荷传感系统是目前比较先进的转向系统，动态信号型负荷传感转向器和动态信号型优先阀技术水平较高。

转向系统负荷传感的特点如下。

a. 对负荷变化有良好的压力补偿；

b. 转向回路与其他回路互不影响，主流量优先供给转向回路，中位时只有微小流量通过转向器；从而消除了由于向转向油路供油过多而造成的功率损失，提高了系统效率，改善热平衡状况；

c. 中位压力特性不受排量的影响；

d. 转向回路压力、流量保持优先，转向可靠，在优先保证转向流量的同时，多余的流量供给其他油路；

e. 转向灵敏度高，响应快；

f. 寒冷条件下的启动性能有了极大的改善；

g. 有利于解决系统性能和稳定性的问题。

① 负荷传感控制泵的基本工作原理 液压负荷传感系统作为一种新型液压控制技术，可根据对泵流量作相应的调节，使换向阀节流点前后的压差保持不变，即泵的压力总是等于负荷压力与此节流压差之和，使泵流量始终与换向阀上调节的流量需求相适应。因此，负荷传感系统不受负载变化的影响，使调速刚度大为提高。它避免了恒流量和恒压系统中不应有的损失，从而提高了系统的效率，改善了控制性能。

② 负荷传感控制阀的基本原理 负荷传感阀控制的基本原理为伯努利流量方程。

$$Q = KA\sqrt{\Delta p} \tag{8.10}$$

式中 K——流量常数；

A——阀开口面积；

Δp——阀口前后压差。

因此通过控制 Δp 的值为常数，则流量 Q 只与阀的开口面积有关，而与负荷压力无关。

而 Δp 的值是通过压力补偿阀来实现的，其中压力补偿阀的弹簧决定了节流口处压力降 Δp 的值。

③ 负荷传感转向回路　图 8.4 所示是动态信号负荷传感转向回路，由一个定量泵、一个负荷传感转向器和一个优先阀（动态信号型）组成了动态负荷传感转向系统。其原理与静态负荷传感转向系统的不同之处在于 LS 所取的信号不同，所以系统更加敏感。

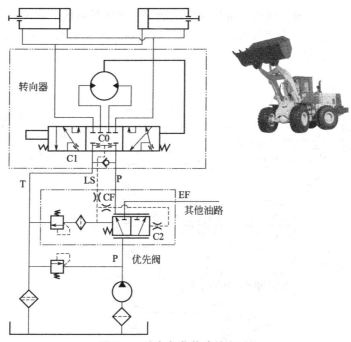

图 8.4　动态负荷传感转向系统

优先阀是一个定差减压元件，无论负载压力和油泵供油量如何变化，优先阀均能维持转向器内变节流口 C1 两端的压差基本不变，保证供给转向器的流量始终等于方向盘转速与转向器排量的乘积。

转向器处于中位时，如果发动机熄火，油泵不供油，优先阀的控制弹簧把阀芯推向右侧，接通油路 CF。发动机启动后，优先阀分配给油路 CF 的油液，流经转向器内的中位节流口 C0 产生压降。C0 两端的压力传到优先阀阀芯的两端，由此产生的液压力与弹簧力液动力平衡，使阀芯处于一个平衡位置。由于 C0 的液阻很大，只要流过很小的流量便可以产生足以推动优先阀阀芯左移的压差，进一步推动阀芯左移，开大阀口 EF，关小阀口 CF，所以流过油路 CF 的流量很小。

转动方向盘时，转向器的阀芯与阀套之间产生相对角位移，当角位移达到某值后，中位节流口 C0 完全关闭，油液流经转向器的变节流口 C1 产生压降，C1 两端的压力传到优先阀阀芯的两端，迫使阀芯寻找新的平衡位置。如果方向盘的转速提高，在变化的瞬间，流过转向器的流量小于方向盘转速与转向器排量的乘积，计量装置带动阀套的转速低于方向盘带动阀芯的转速，结果阀芯相对阀套的角位移增加，变节流口 C1 的开度增加。这时，只有流过更大的流量才能在 C1 两端产生转速变化前的压差，以便推动优先阀阀芯左移。因此，优先阀内接通油路 CF 的阀口开度将随方向盘转速的提高而增大。最终，优先阀向转向器的供油量将等于方向盘转速与转向器排量的乘积。转向油缸达到行程终点时，如果继续转动方向盘，油液无法流向转向油缸。这时负载压力迅速上升，变节流口 C1 两端的压差迅速减小。当转向油路压力超过转向安全阀的调定值时，该阀开启。压力油流经节流口 C2 产生压降，这个压降传到优先阀阀芯的两端，推动阀芯左移，迫使接通油路CF的阀口关小，接通油路EF的阀口开大，使转向油路的压力下降。熄火转向时，计量装置起油泵作用，输出的压力油推动转向油缸活塞，油缸回油腔排出的油液经转向器内的单向阀返回变节流口 C_1 的上游。

（4）车辆变速液压系统

变速液压系统一般由吸油滤网、液压泵、滤油器、变速操纵阀、前进、后退缓冲阀、变矩器进油压力阀、变矩器、变矩器出口压力阀、散热器、各挡离合器油缸、管路等元件组成，其组成见图8.5变速液压系统原理图。

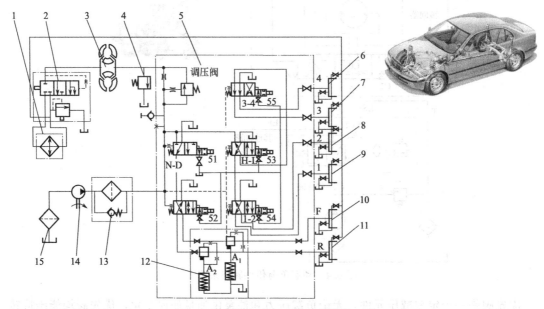

图8.5　车辆自动变速液压系统原理图

1—散热器；2—变矩器出口压力阀；3—变矩器；4—变矩器进油压力阀；5—变速操纵阀；6—4挡离合器油缸；7—3挡离合器油缸；8—2挡离合器油缸；9—1挡离合器油缸；10—后退离合器油缸；11—前进离合器油缸；12—前进、后退缓冲阀；13,15—滤油器；14—液压泵

液压泵从变速箱的油底壳（油箱），经过吸油滤网吸油，经滤油器进入变速操纵阀内的调压阀，当油压达到一定值时，调压阀打开，液力传动油经调压阀进入变矩器，经变矩器出口压力阀、散热器流向变速箱各挡离合器等应进行润滑冷却的部位。变矩器进油口压力阀控制变矩器内腔的液力传动油的压力不超过规定值，出油口压力阀的作用则保持变矩器内有一定的压力，避免变矩器内产生汽蚀现象；在冬季保护散热器，避免因寒冷低温的影响，液力传动油黏度增大将散热器损坏；并控制冷却润滑压力避免损坏变速箱。

变速箱的变速液压操纵控制部分主要由变速操纵阀、各挡离合器油缸和前进、后退缓冲阀组成。变速操纵阀由调压阀、空挡阀（N-D）、前进-后退阀（F-R）、高-低挡阀、1-2挡阀、3-4挡阀和前进-后退缓冲阀组成。

（5）装卸车液压系统

叉式装卸车即叉车，是装卸车辆中应用最广泛的一种，主要用于货件的装卸搬运，是一种既可作短距离水平运输，又可堆拆垛和装卸货的载货车辆，在配备其他取物装置以后，还能用于散货和多种规格货品的装卸作业。图8.6所示为某内燃平衡重式叉车的典型液压系统原理图。该系统由工作液压回路及转向液压回路组成。

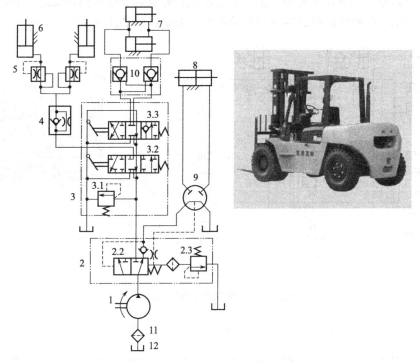

图 8.6 叉车液压系统原理图

1—齿轮泵；2—优先流量控制阀；3—多路换向阀；4—单向节流阀；5—节流限速阀；
6—起升液压缸；7—倾斜液压缸；8—转向液压缸；9—全液压转向器（带负载传感）；
10—液压锁；11—过滤器；12—油箱

齿轮泵 1 在内燃机带动下输出压力油，经优先流量控制阀 2 压力油优先进入转向液压回路，司机操纵与全液压转向器 9 相连接的方向盘使油液进入转向液压缸 8 推动叉车后轮转向。

优先流量控制阀 2 的功能是，与全液压转向器共同作用，保证进入转向液压系统的流量恒定且不受转向负载的影响（最大转向负载受阀 2.1 限定）；当加大油门使液压泵供油超过转向液压系统所需（设定）流量时，多余的流量进入工作液压回路；当全液压转向器停止转向时，阀 2.2 在控制压差的作用下处在左工位，液压泵供油全部进入工作液压回路。

推动多路换向阀 3 中起升阀 3.2 的控制手柄使其处于右工位，压力油进入起升缸 6 无杆腔，通过链条带动货叉及内门架上升。松开手柄则阀 3.2 油路闭锁（处于中位），货叉停止上升。当拉回手柄（使起升阀处于左工位）时，货叉及内门架下降。节流限速阀 5 为节流口可自动调节的单向节流阀（当负载增加时，其节流开口自动减少），它和单向节流阀 4 一起防止起升缸及货叉下降过快，并保证货叉下降速度不受负载变化的影响。

当操纵倾斜阀 3.3 的控制手柄时，压力油进入倾斜缸 7 使门架前倾或后倾。液压锁 10 的作用是当发动机熄火或液压泵发生故障时将叉架锁紧，使叉架不会倾翻。工作液压回路的最大工作压力由溢流阀 3.1 调定。

（6）扫路车液压系统

扫路车是一种环卫机械装备，主要用于城市室外路面清扫作业。扫路车靠三个可分别或同时旋转及伸缩的扫盘来完成路面的清扫工作。扫盘旋转由液压马达完成，扫盘伸缩由液压缸完成。

图 8.7 为扫路车的液压系统原理图。系统的执行器分别为驱动扫路车的三个旋转扫盘的三个液压马达 A~C 和驱动扫盘实现伸缩动作的三个双作用单杆液压缸 a~c。

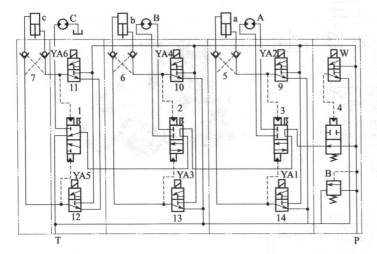

图 8.7 扫路车液压系统原理图

1—二位三通液控换向阀；2,3—二位四通液控换向阀；4—二位二通液控换向阀（卸荷阀）；5~7—液压锁；
8—溢流阀；9~14—二位三通电磁换向球阀；A~C—液压马达；a~c—液压缸

二位三通液控换向阀 1 与二位三通电磁导阀 11 和 12 构成二位三通电液动换向阀，用于控制马达 C 并通过液压锁 7 同时控制其升降缸 c；二位四通液控换向阀 2 与二位三通电磁导阀 10 和 13 构成二位四通电液动换向阀，用于控制马达 B 并通过液压锁 6 同时控制其升降缸 b；二位四通液控换向阀 3 与二位三通电磁导阀 9 和 14 构成二位四通电液动换向阀，用于控制马达 A 并通过液压锁 5 同时控制其升降缸 a。阀 2 和阀 3 为并联连接，马达 A~C 可以同时转动，也可以单独转动，以便提高车辆的工作效率。

二位二通液控换向主阀 4 与二位三通电磁换向球阀 W 构成电液动换向阀并起卸荷阀作用，用于控制液压泵的卸荷与升压。当电磁铁 W 通电使阀 W 切换至上位时，泵输出压力油，其压力由安全溢流阀 8 设定；当电磁铁 W 断电使阀 W 处于图示下位时，则泵输出的油液通过阀 4 排回油箱，液压泵卸载。

8.2 车辆液压系统设计

在决定采用液压传动方案后，要进行液压系统的设计计算。具体设计步骤如下：

（1）明确设计依据，进行工况分析

① 设计依据

a. 液压装置总体布局和加工工艺要求，明确哪些运动采用液压传动。
b. 液压装置的工作循环、载荷性质、调速范围、工作行程等。
c. 液压装置各部件动作顺序、转换和互锁等要求。

② 工况分析　对液压执行元件进行工况分析，就是进行动力分析（负载循环图）和运动分析（速度循环图），从而可以发现液压执行元件的负载、速度和功率随时间变化的规律。

a. 动力分析（以液压缸为例，液压马达可以参照这里的分析）。液压缸的负载分析：当液压缸作直线往复运动时，液压缸的负载为：

$$F = F_工 + F_摩 + F_惯 + F_重 + F_背$$

式中 $F_工$——工作负载,与液压装置工作性质有关,可经过计算或由手册查得;

$F_摩$——摩擦力;

$F_惯$——惯性负载,工作部件在启动和制动过程中产生,$F_惯 = \dfrac{F_重}{g} \times \dfrac{\Delta v}{\Delta t}$,其中 g 为重力加速度,Δv 为速度变化量,Δt 为启动或制动时间;

$F_重$——移动部件重力;

$F_背$——背压阻力,$F_背 = p_背 A$,其中 $p_背$ 为背压,进油节流调速取 $p_背 = 0.2 \sim 0.5$MPa,回油路上有背压阀时 $p_背 = 0.5 \sim 1.5$MPa,闭式回路 $p_背 = 0.8 \sim 1.0$MPa。

绘制负载循环图。此图表明了液压缸在动作循环内负载的变化规律;图中最大负载值是初选液压缸工作压力和确定液压缸结构尺寸的依据。

b. 运动分析。所谓运动分析,就是按工艺要求分析液压系统执行机构(液压缸或液压马达)以怎样的运动规律完成一个工作循环。要绘制速度与位移的循环图或速度与时间的循环图。它是计算执行机构惯性负载和流量的依据。

(2) 初步确定液压系统的参数

① 初选液压缸的工作压力 液压缸的工作压力的确定不仅要考虑负载的要求,还应考虑液压装置的要求和费用。液压缸的工作压力高,则泵、缸、阀和管道尺寸可小些,结构紧凑、轻巧,加速时惯性负载小,容易实现高速运动的要求。但工作压力高,对系统密封性能要求也高,容易产生振动和噪声。

② 选择液压缸直径

a. 按最大负载初定液压缸直径;此外,还要考虑往返行程的速比要求,活塞杆受拉或受压的情况以及背压力的数值。

b. 按液压缸最低运动速度验算其有效工作面积。有效工作面积决定于负载和速度两个因素。用负载和初选压力计算出来的有效工作面积,须按下式检验。

$$A \geqslant \dfrac{Q_{\min}}{v_{\min}}$$

式中 $v_{\min}$——液压缸的最低工进速度;

A——液压缸的有效工作面积;

$Q_{\min}$——液压缸最小的稳定流量。

节流调速系统中,$Q_{\min}$ 决定于调速阀或节流阀的最小稳定流量。容积调速系统中,液压缸的最小稳定流量决定于变量泵的最小稳定流量。

如有效工作面积 A 不能满足上式时,则需要加大液压缸直径。液压缸的直径和活塞杆直径需圆整化为规定的标准值,以便采用标准的密封件和标准工艺装备。

c. 计算液压缸所需流量。液压缸的最大流量:

$$Q_{\max} = A v_{\max}$$

其中 $v_{\max}$——液压缸的最大速度。

③ 编制液压缸工况图 图 8.8 为某液压系统液压缸的工况图。Q 为流量,p 为压力,N 为功率。通过工况图可找出最大压力点、最大流量点和最大功率点。经过分析后,可用于选择液压元件。工况图可用来验算各工作阶段所确定参数的合理性,如当功率图上各阶段功率相差太大时,可在工艺条件许可下,调整有些阶段的速度,以减小系统所需功率。工况图也可为合理选择系统主要回路、油源形式和油路循环形式等提供参考,如在一个循环内,流量变化很大,则适宜采用双泵供油或限压式变量泵的供油回路。

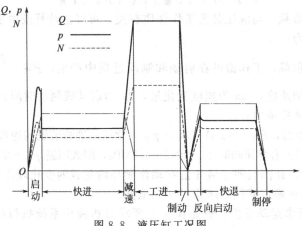

图 8.8 液压缸工况图

(3) 计算泵的工作参数

① 选择液压泵的最大工作压力 p_P。

$$p_P = p_1 + \sum \Delta p$$

式中 p_1——执行机构在稳定工作下最高工作压力；

$\sum \Delta p$——进油路上沿程和局部损失。

初算时，对管路简单的节流调速系统取 $\sum \Delta p = 0.2 \sim 0.5 \text{MPa}$；对复杂管路的进油路调速阀系统，取 $\sum \Delta p = 0.5 \sim 1.5 \text{MPa}$。

② 确定液压泵的最大流量 Q_P。

a. 单泵供给多个执行机构同时工作。

$$Q_P \geqslant k (\sum Q)_{max}$$

式中 k——考虑系统泄漏的修正系数，$k = 1.1 \sim 1.3$，大流量取大值，小流量取小值；

$(\sum Q)_{max}$——多个执行机构同时工作时系统所需的最大流量。

对于工作过程中采用节流调速的系统，在确定液压泵的流量时，还需要加溢流阀稳定工作所需的最小溢流量。

$$Q_P = k (\sum Q)_{max} + Q_{min}$$

b. 差动连接液压缸。

$$Q_P \geqslant k (A_1 - A_2) v_{max}$$

其中 A_1，A_2——液压缸无杆腔和有杆腔工作面积；

v_{max}——活塞最大移动速度。

c. 系统采用蓄能器储存压力时，液压泵的流量按系统在一个工作周期中的平均流量选择。

$$Q_P \geqslant k \sum_{i=1}^{n} \frac{V_i}{T}$$

式中 T——主机工作周期；

V_i——各执行机构在工作周期内的总耗油量；

n——执行机构个数。

③ 选择液压泵。考虑系统的动态超调压力，其值总是大于其稳态工作压力 p_P，一般需高 $25\% \sim 60\%$，用这个压力和 Q_P 值选择液压泵。

④ 计算液压泵功率。

a. 在工作循环中,当泵的压力和功率比较恒定时,驱动泵的原动机功率 N_P 为:

$$N_P = \frac{p_P Q_P}{\eta_P}$$

其中 p_P——液压泵的最高工作压力;
Q_P——液压泵的流量;
η_P——液压泵的总效率,见表 8.1。

表 8.1 液压泵效率

液压泵名称	齿轮泵	叶片泵	径向柱塞泵	轴向柱塞泵
总效率 η_P	0.65~0.8	0.75~0.9	0.8~0.92	0.85~0.95

b. 限压式变量叶片泵的驱动功率。通常,限压式变量叶片泵在工作时,流量很小,效率低,其驱动功率可用下式估算。

$$N_P = \frac{p_P Q_P}{\eta_P}$$

式中 Q_P,p_P——泵的实际流量和压力。

常用的限压式变量泵在 p_P 下的功率损耗见表 8.2。

表 8.2 限压式变量叶片泵

液压泵压力 $p_P/10^5$Pa	7	10	15	20	25	30	35	40	45	50	55	60	65	70
功率损耗 $\Delta N/10^3$W	0.14	0.15	0.17	0.21	0.24	0.30	0.35	0.40	0.44	0.48	0.55	0.58	0.77	0.79

c. 当工作循环过程中,液压泵的工作压力和流量变化大时,液压泵的驱动功率应按各工作阶段的功率进行计算,然后取均值 N_{av}。

$$N_{av} = \sqrt{\frac{N_1^2 t_1 + N_2^2 t_2 + \cdots + N_n^2 t_n}{t_1 + t_2 + \cdots + t_n}}$$

式中 $t_1, t_2, \cdots, t_n$——整个工作循环中各阶段对应时间;
$N_1, N_2, \cdots, N_n$——整个工作循环中各阶段所需功率。

一般规定电动机在短时间内可超载 25%,如果 N_n 超出超载允许范围,则只能按最大功率选取电动机。

(4) 拟定液压系统图

① 选择液压回路 首先要确定基本回路,这是决定主机动作和性能的基础。在基本回路确定的基础上再设置其他辅助回路,就可以组成完整的液压系统。

液压回路的选择,可从选择调速回路开始,调速方式一经确定,其他回路的形式就基本定下来了。

a. 确定调速回路、选择油源类型。节流调速回路适用于执行机构要求变速范围不大、负载变化较小和功率小的场合。调速阀调速回路适用于负载变化较大、速度稳定性较高的场合。当系统功率较大(5kW 以上)、调速范围宽、要求温升小而油箱不能加大时,则建议用容积调速回路。容积节流调速回路或双泵供油调速回路适用于系统功率虽然不大,但要求温升小、调速范围宽、工作平稳的场合。节流调速、容积节流调速通常采用开式油路,容积调速多数采用闭式油路。

b. 选择快速回路和速度换接回路。常用的快速回路有差动连接、双泵供油回路、增速液压缸式快速回路和蓄能器的快速回路等。选择快速回路,要考虑使低速工进时的能量损耗尽可能小,因而快速回路和调速回路有密切的关系。选择调速回路时,除了考虑油源形式和系统温升、效率等问题外，还应满足快速运动的要求。

选定调速与快速回路后，要选择在工作循环中实现速度换接的回路。它的选择要考虑两个方面的问题，一个是换接的位置精度和平稳性的要求，另一个是换接的控制方式。

② 组合液压回路，绘制系统工作原理图　根据选择的基本回路，加上辅助回路就可以绘制系统工作图，但要注意避免回路之间的干扰、液压冲击和保证系统安全可靠。同时使系统尽可能简单，合理分配测压点，以便于调试和寻找故障。

③ 选择控制阀　选择控制阀主要依据阀在系统工作的最大工作压力和通过阀的实际流量，其他还要考虑阀的动作方式和安装固定方式等。另外还需注意以下问题。

a. 尽可能选用标准定型产品。

b. 选择溢流阀时，按泵的最大流量选取，使泵的全部流量能回油箱，选择节流阀和调速阀时，要考虑其最小流量满足执行机构低速性能要求。

c. 选择控制阀的公称流量比管路系统实际通过的流量大一些。注意差动液压缸因面积形成不同回油量对控制阀的影响。

④ 选择辅助元件　油管尺寸一般可根据选定元件的连接口尺寸来确定。如需计算，则先按通过管路的最大流量和管内允许的流速选择油管内径，然后按工作压力确定油管的壁厚或外径。

a. 油管内径计算。

$$d = \sqrt{\frac{4Q}{\pi v}}$$

式中　Q——通过油管的最小流量；
　　　v——管内允许流速。

b. 油管壁厚计算。

$$\delta \geqslant \frac{pd}{2[\sigma]}$$

式中　p——管内最高工作压力；
　　　$[\sigma]$——油管材料许用应力，对于紫铜管，$[\sigma]=2.5$MPa，对于钢管，$[\sigma]=\sigma_b/n$，σ_b为抗拉强度，n为安全系数，当 $p>6.3$MPa 时，n 取 8，$p<16$MPa 时，n 取 6，$p\geqslant 16$MPa 时，n 取 4。

计算后，要选用标准规格油管。

（5）液压系统性能验算

① 系统压力损失的验算　验算系统压力损失前，要画出液压装置（即液压元件的配置）的结构草图和油管装配草图，然后计算系统的压力损失。

系统总压力损失 Δp 为：

$$\Delta p = \Sigma \Delta p_1 + \Sigma p_2$$

式中　$\Sigma \Delta p_1$——油液经过进油管和回油管路时的沿程损失之和；
　　　Σp_2——油液经过管路中的弯头、接头、控制阀和辅助元件时的局部损失之和。

目前，液压系统多采用集成式的液压装置，故一般只需考虑油液流经集成块和阀类的局部压力损失。某些液压元件，如换向阀、顺序阀和滤油器等的实际压力损失 Δp_2 与通过该元件的实际流量 Q 有关。

$$\Delta p_2 = \Delta p_n \left(\frac{Q}{Q_n}\right)^2$$

但节流阀、背压阀、调速阀等与实际流量 Q 无关。

另外，液压缸快速运动时的流量大，所以快进和工进时 Δp 应分别计算；液压缸活塞两边的工作面积不相等时，进油路和回油路的压力损失亦应分别计算。

如果计算所得的总压力损失和初步估算的压力损失相差太大时，则应对设计进行必要的修改。

② 系统温升的估算　系统工作时，有能量损失，这些能量损失转化为热量，使系统的油温升高。从而使油液黏度下降，泄漏增加，容积效率下降。油温过高会加速油液氧化变质，产生杂物，导致元件小孔和缝隙堵塞。所以，油温必须在允许范围内。

a. 系统发热。液压系统热主要是由于溢流阀的溢流损失和液压泵、缸等功率损失。管路系统的发热和散热大致平衡，计算时可略去。

- 液压泵和执行机构的发热功率 N_{h1}（W）。

$$N_{h1} = N_1(1-\eta)$$

其中　N_1——液压泵或执行机构的输入功率；
　　　η——液压泵或执行机构的总效率。

如果在整个工作循环中有功率变化，则按照各工作阶段的发热功率求出总的平均发热功率，即

$$N_{h1} = \frac{1}{T}\sum_{i=1}^{n} N_i(1-\eta_t)t_i$$

式中　T——工作循环的周期时间；
　　　t_i——某一工作阶段所需时间；
　　　N_i——t_i 所对应工作阶段中液压泵或执行机构的输入功率。

- 溢流阀的发热功率 N_{h2}（W）。

$$N_{h2} = Q_e p$$

式中　Q_e——通过溢流阀流回油箱流量，m^3/s；
　　　p——溢流阀调整压力，Pa。

系统的总发热功率为 N_h：

$$N_h = N_{h1} + N_{h2}$$

b. 系统的温升。系统主要通过油箱散热。油温升高到一定数值时发热功率等于其散热功率，系统达到热平衡：

$$N_h = C_T A \Delta T$$

式中　A——油箱散热面积，m^2；
　　　ΔT——系统温升，即达到热平衡时油温与环境温度之差，℃；
　　　C_T——油箱散热系数，$W/(m^2 \cdot ℃)$，通风很差时 $C_T = 8.14 \sim 9.30$，通风良好时 $C_T = 15.72 \sim 17.44$，风扇冷却时 $C_T = 23.3$，循环水强制冷却时 $C_T = 110.5 \sim 174.4$。

油箱三边（长、宽、高）比例为 1∶1∶1 到 1∶2∶3，油平面高度达 0.8 倍的油箱高度时，油箱散热面积 A（m^2）可近似为：

$$A = 0.065\sqrt[3]{V^2}$$

式中　V——油箱有效容积，L。

若计算的温升加上环境温度超过油箱最高允许值时，则要降温，如增加油箱散热面积、加冷却器或修改系统设计。

（6）绘制正式工作图

正式工作图包括液压系统工作原理图、管路装配图。对非标准液压元件则要画出装配图

和零件图。还需要编写一些技术文件，如设计任务书、计算书和使用维修说明书。

(7) 汽车起重机液压传动系统设计实例

① 构造和设计要点　8t 液压汽车起重机除行走部分外，其他重要组成部分有起升机构、变幅机构、回转机构、伸缩机及支腿机构。另外连接和驱动各机构的还有液压传动系统。

此机构应能完成重物的提升和下降，改变作业的高度和方位及作业半径等其本作业运动外，即其必须完成的动作外，在设计中还必须保证：

a. 在提升和下放改变方位负载时，应防止由于负载和落臂自重而导致失速降落；

b. 各方位都应有良好的微动性能，防止重物就位时发生冲击碰撞；

c. 支腿在起重和汽车起重机行进中，不得因重物负载而自行伸缩。

② 液压系统的设计　该汽车起重机液压系统原理如图 8.9 所示。该系统为开式双原定量双回路系统，由一台双联齿轮泵供油。

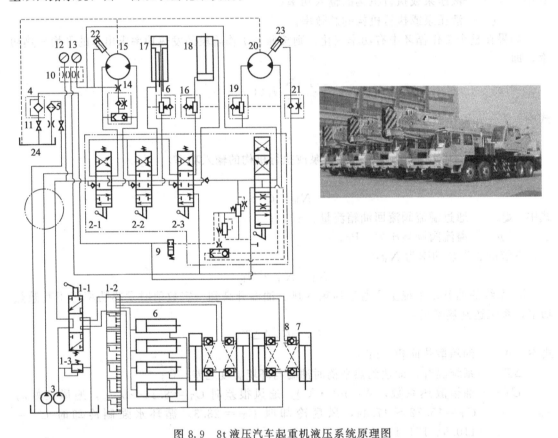

图 8.9　8t 液压汽车起重机液压系统原理图

1—下车操纵阀组；2—上车操纵阀组；3—双联齿轮泵；4—纸质滤油器；5—网式滤油器；6—水平油缸；7—垂直油缸；8—双向液压锁；9—电磁换向阀；10—压力表接头组；11—球阀；12—压力表；13—称量表；14—梭阀节流阀；15—回转马达；16,19—平衡阀；17—伸缩缸；18—变幅油缸；20—起升马达；21—单向阻尼阀；22—回转制动器；23—起升制动器；24—液压油箱

两泵的分组如下：A 泵→起升液压马达；B 泵→支腿→回转→伸缩→变幅→起升液压马达。

动作频繁的起升回路由 A 泵单独供油。为获得快速起升要求，A、B 两泵可合流向起升回路供油。支腿、回转、伸缩、变幅组成串联回路。

a. 支腿回路。该回路由 B 泵供油,通过操纵阀组 I 操纵控制。支腿由水平油缸和垂直油缸组成 H 型支腿机构。水平和垂直油缸均由换向阀 1-1 和转阀 1-2 共同操纵。4 个垂直油缸可同时伸缩。根据地面状况,车体调平需单独调整某一垂直支腿高度时,可将转阀 1-2 旋转到相应支腿工作位置,使该垂直支腿单独动作。各垂直油缸都有双向液压锁。可长时间保持垂直油缸活塞处于某一确定位置,不会因载荷和自重而改变。

b. 回转回路。回转回路由 B 泵供油,驱动回转马达 15 旋转。回转方向由上车操纵阀组 2 中的换向阀 2-1 操纵。

虽然回转机构的双向回转静载荷都不大,但其回转惯性载荷较大,在制动时易产生液压冲击。制动的平稳性由带梭阀的单向节流阀 14 保证。制动时由于节流阀的作用,使制动器缓慢关闭,避免了液压冲击。

c. 伸缩回路。该起重机有三节主臂。其中两节为活动臂,由两个双作用液压缸推动伸缩。如图 8.9 所示,伸缩回路中,由换向阀 2-2 改变工作位置来控制活动臂的伸缩。

当液压缸活塞下降时,由于载荷及自重的作用,会使活塞加速下降,当下腔压力因此下降时,致使平衡阀活塞向关闭的方向运动,增大回油阻力,减少下降速度。由平衡阀本身的阻尼作用,使阀芯动作平稳,因而控制液压缸活塞不会时而增大时而减小。

d. 变幅回路。虽然变幅液压缸的结构与伸缩液压缸的结构不同,但变幅回路与伸缩回路是相同的,使两个相同的液压回路实现两种不同的功能。

e. 起升回路。该起升回路有以下 3 种调速方式。
- A 泵供油或 A 泵 B 泵合流供油,实现有级调速;
- 改变发动机转速,从而改变液压泵的排油量;
- 通过改变换向阀 2-4 开口的大小进行节流调速。

这 3 种调速方法的协调应用,可实现无级调速。该回路中,各主要元件的作用是,电磁阀 9 通过限位开关接通,高压油换向,防止吊钩与吊臂头部相撞;平衡阀 19 限制重物下降适度或使重物在空中停留;单向阻尼阀 21 的作用是使制动器制动迅速,开启缓慢,致使下降的重物能够立即准确地停止在空中或使停留在空中重物再次提升时不出现瞬时下降的现象。

③ 主要液压元件的选择　8t 液压汽车起重机的液压元件较多,计算比较复杂,选择时应尽量选用标准元件,只有在特殊情况下,才考虑设计专用元件。下面仅以起升马达和液压泵为例。

a. 8t 液压汽车起重机的主要技术参数:最大起重量 8t;最高提升速度度 $V_{max}=15\text{m/min}$;起升减速传动比 $i=21.04$,效率 $\eta_{ch}=0.92$;起升卷筒上钢丝绳最外层直径 $D_{max}=361\text{mm}$;吊钩滑轮组倍率为 $m=6$,效率 $\eta_2=0.95$;钢丝绳导向滑轮效率 $\eta_a=0.96$;液压系统额定压力初定为 $\Delta P=18\text{MPa}=18\times10^6\text{N/m}^2$。

以上参数在下述计算中不另标出。

b. 起升马达的计算和选择。
- 作用于钢丝绳上的最大静拉力。

$$S_{max}=\frac{Q}{M\eta_2\eta_a}$$

式中　Q——起重量,N。

$$Q=8000\text{kg}=78400\text{N}$$

则

$$S_{max}=\frac{78400}{6\times0.95\times0.96}=14328\text{N}$$

- 起升马达所受最大转矩。

$$M_{max} = \frac{\varphi_2 S_{max} D_{max}}{2i\eta_{ch}}$$

式中 φ_2 ——动力系数，$\varphi_2 = 1 + 0.35v$；

v ——最高起升速度。

$$v = 15 \text{m/min} = 0.25 \text{m/s}$$

则 $\varphi_2 = 1 + 0.35 \times 0.25 = 1.088$

则 $$M_{max} = \frac{1.088 \times 14328 \times 0.361}{2 \times 21.04 \times 0.92} = 145.4 \text{N} \cdot \text{m}$$

- 液压马达的排量。

$$Q = \frac{6.28 M_{max}}{\Delta p \eta_m}$$

式中 η_m ——液压马达机械效率，通常取 $\eta_m = 0.92$。

则 $$Q = \frac{6.28 \times 145.4}{18 \times 10^6 \times 0.92} = 5.51 \times 10^5 \text{m}^3/\text{r} = 55.1 \text{cm}^3/\text{r}$$

- 液压马达转速。

$$n_{max} = \frac{Miv_{max}}{\pi D_{max}}$$

则 $$n_{max} = \frac{6 \times 21.04 \times 15}{3.1416 \times 0.361} = 1670 \text{r/min}$$

- 液压马达的选择。齿轮式和叶片式输出转矩较小，且不适于低速传动，因此，一般情况下均采用柱塞式液压马达。

柱塞式液压马达可分为径向柱塞式和轴向柱塞式两种。轴向柱塞式液压马达除具有转速范围宽、转矩大的优点外，还具有结构紧凑、径向尺寸小、转动惯量小等优点，故选用之。

根据对国产轴向柱塞式液压马达产品的性能比较，8t 液压汽车起重机选用了上海液压泵厂引进西德海卓玛蒂克公司技术生产的 $A_2 F6.1$ 系列斜轴式定量马达，型号为 $A_2 F56W6.1$，输入排量为 $56.1 \text{cm}^3/\text{r}$，最高转速为 2390r/min，最大输入流量为 131L/min，最大功率为 78kW，最大输出转矩为 $312 \text{N} \cdot \text{m}$。

c. 液压泵的计算和选择。

- 液压泵的工作压力。

$$p_{max} \geq p_1 + \sum \Delta p_1$$

式中 p_1 ——液压马达的最大工作压力；

$\sum \Delta p_1$ ——沿程压力损失和局部压力损失之和，一般取 5~15bar。

$$p_1 = \frac{6.28 M_{max}}{q_1 \eta_{ml}}$$

式中 M_{max} ——起升马达所受最大转矩，$M_{max} = 145.4 \text{N} \cdot \text{m}$；

q_1 ——起升马达排量，$q_1 = 56.1 \text{cm}^3/\text{r}$；

η_{ml} ——起升马达机械效率，$\eta_{ml} = 0.92$。

则 $p_1 = \frac{6.28 \times 145.4}{56.1 \times 0.92} = 17.7 \text{MPa}$，液压泵的最大工作压力 $p_{max} \geq 17.7 + 1.5 = 19.2 \text{MPa}$。

- 液压泵的流量。

$$Q_p = KQ_{max}$$

式中 K ——系统泄漏系数，其值为 1.1~1.3，现取 $K = 1.3$；

Q_{max}——液压马达所需最大流量，$Q_{max}=N_{max}q_1$；
N_{max}——液压马达最高转速。
$$N_{max}=1670 \text{r/min}$$
则
$$Q_{max}=1670 \times 56.1=93687 \text{cm}^3/\text{min}=93.7 \text{L/min}$$
则液压泵的流量 $Q_p=1.3 \times 93.7=122 \text{L/min}$

- 液压泵的选择。液压泵主要有齿轮泵、叶片泵和柱塞泵三种。对于汽车起重机，其液压系统负载大、功率大、精度要求不高，所以一般采用齿轮泵。根据系统的要求以及压力、流量的需要，8t 液压汽车起重机选择了 40/32 型双联齿轮泵，其最高工作压力为 25MPa，最高转速为 2500r/min，两泵的理论排量分别为 40cm³/r 和 32cm³/r。

第9章 车辆液压行走驱动系统

如同机械传动和液力机械传动方式一样,当发动机与液压泵、马达组成一个传动系统后,该系统的综合性能不仅受发动机、液压泵、液压马达各元件性能的影响,而且还要受到各部件性能参数之间是否合理匹配的制约。作为不同于传统传动方式的具有可控性的液压传动系统,其性能还特别受到控制方式的制约和影响。因此,液压传动系统必须很好地解决下列问题。

① 液压泵与马达性能参数的选择;
② 液压泵与发动机参数的控制;
③ 液压马达驱动方式的选择与控制。

9.1 液压行走驱动系统的设计

图 9.1 为工程车辆液压传动系统示意图,车辆驱动轮参数和发动机参数根据期望的车辆

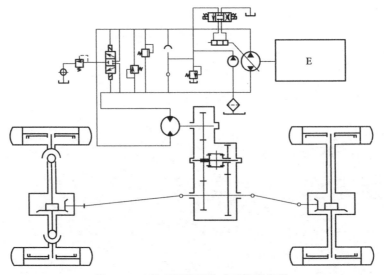

图 9.1 工程车辆液压传动系统示意图

性能参数速度、牵引力等参数，这些参数满足车辆动力性、经济性、作业生产率、作业质量以及其他指标要求，根据这些已知参数并结合液压元件匹配的目标要求可以对液压元件参数进行匹配计算。

液压传动元件匹配计算的目标要求，是在满足设计寿命要求下系统应有较高的性能价格比。通常较小排量规格的元件有较低的成本，寿命则取决于匹配的最高压力、持续压力和工作转速。降低使用压力和转速使寿命提高，但元件排量规格相应增大使成本增高。因此满足匹配目标的要求实际上是通过合理设置工作压力和转速来实现的。

根据图 9.1，实际匹配中常采用一种简便方法，即从同时使车辆要求的最大转矩和最高速度得到满足出发，使马达角功率与车辆角功率相吻合来选定马达的排量规格，并以此作为后续匹配计算的基础；减速器参数应与马达参数相匹配；然后根据马达规格计算泵规格，泵必须能够吸收要求的输入功率，且必须与泵的驱动齿轮箱相匹配，泵还必须能够提供马达在达到要求转速时所需的流量。

（1）角功率

角功率是一种极限状态的描述指标，它不是通常能够获得的功率，但是它有效地综合性地反映了对传动装置规格和速比的要求，即反映了传动装置的功率容量和变换能力。因此是设计过程中极为重要的参数。角功率 P_j 是最大驱动转矩与最高转速的乘积，图 9.2 表明了这一概念。一个实际机器的动力装置是由有限功率的动力源（发动机）与传动装置（液压传动装置等）组成的，传动装置的任务就是根据外负荷变化来调节动力源的有限功率中转矩与转速两者的比例，使驱动转矩与负荷转矩相平衡。对一个有限功率值，转矩大时则转速小，因此角功率是不可能实际实现的。但是，一个传动装置如果具备了机器要求的角功率能力，则在其转矩和转速两参数的调节变换过程中，总能找到一个满足机器要求的最大转矩点和另一个满足机器要求的最高转速点，并且这两个点均在传动装置所允许的工作范围内。

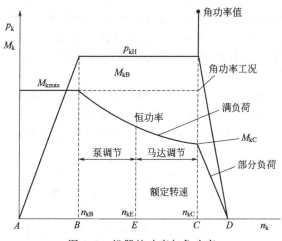

图 9.2　机器的功率与角功率

角功率公式如下。

$$P_{jj} = \frac{M_{kmax} n_{kmax}}{9549} = \frac{F_{kmax} U_{Tmax}}{3600} \tag{9.1}$$

式中　P_{jj}——机器角功率，kW；

　　　M_{kmax}——驱动轮最大转矩，即图 9.2 所示 M_{kB}，N·m；

n_{kmax}——驱动轮最高转速，即图 9.2 所示 n_{kC}，r/min；
F_{kmax}——驱动轮最大切线牵引力，N；
U_{Tmax}——驱动轮最大理论速度，km/h。

对于具有多挡位机械变速器的传动系统，必须根据每一挡位的工作范围（输出参数）来计算机器角功率。

（2）有效传动比及泵、马达变换比

根据机器的角功率来确定满足要求的液压传动装置的有效传动比 R_e，有效传动比是机器角功率与传动装置额定输出功率的比值，该比值类似于同等功率的机械传动装置的速比变换范围，表示了所要求的液压传动装置的变换比。

$$R_e = \frac{P_{jj}}{P_{kH}} = \frac{P_{jj}}{P_{eH}\eta_1\eta_b\eta_m\eta_2} = \frac{P_{jj}}{0.7 P_{eH}} = \frac{n_{kC}}{n_{kB}} = \frac{M_{kB}}{M_{kC}} \quad (9.2)$$

式中，P_{kH}、P_{eH} 分别为液压传动装置的额定输出和输入（发动机净功率输出）功率；M_{kB}、M_{kC}、n_{kB}、n_{kC} 分别为液压传动装置最大和最小变换输出参数（转矩和转速）（图 9.2）；η_1、η_2、η_b、η_m 分别为传动装置各环节效率估算值，η_1、η_2 取 0.95～0.97，η_b（泵效率）、η_m（马达效率）取 0.86～0.88，传动装置总效率约为 0.7。

图 9.2 的 B-C 区间为液压传动装置的变换区间，其输入功率恒定，为发动机额定功率，通过液压传动装置的无级调节来改变输出参数，使之与驱动负荷相适应。

当 $R_e < 2$ 时，选用定量马达，速度和转矩的调节由变量泵来实现；当 $R_e > 4$ 时，用变量马达，速度和转矩的调节由变量泵和变量马达共同完成；当 $2 < R_e < 4$ 时，根据各项指标来综合考虑选用定量马达或变量马达。对车辆传动，变量泵需要有零排量功能。

对变量泵和变量马达都有一个最佳变换比（即 q_{max}/q_{min}，最大排量/最小排量）的问题。对变量泵，发动机在额定工况时，输入功率和转速不变，不存在超速问题，通过排量和压力两参数乘积保持不变的恒转矩调节方式即可完成功率传递及变换要求；变换比过大，则在最小排量时有可能使压力过高影响传动效率和元件寿命，或者在最大排量时有可能使压力过低而不能充分发挥液压泵能力。对马达而言，通过改变排量，使其与压力的乘积即输出转矩与负荷平衡，即完成自己的调节作用，通过与泵的流量耦合完成恒功率传动；变换比过大，则最小排量时可能会使马达超速，或者最大排量时会使转速偏低而不能发挥工作能力。

$R_e < 2$ 时用定量马达，$2 < R_e < 4$ 时用定量马达或变量马达，$R_e > 4$ 时用变量马达，即意味着变量泵的最佳变换比 R_b 为 2 左右，最大不超过 4，即排量比 β_b 不小于 0.25，最好不小于 0.5；而变量马达的最佳变换比 R_m 大于 2，一般推荐为 2.5～3.5，以及排量比不小于 0.3。根据泵和马达的最佳排量比可以对传动装置的有效传动比即各自的调节范围进行分配：

$$R_e = \frac{q_{bmax} q_{mmax}}{q_{bmin} q_{mmax}} = R_b R_m = \frac{1}{\beta_b \beta_m} \quad (9.3)$$

式中，R_b、R_m 分别为泵与马达的变换比；β_b、β_m 分别为泵与马达的最小与最大排量比。

当 $R_e \geq 9$ 时，应在变量泵、变量马达基础上增加机械变速装置。

（3）马达选型计算

由机器角功率计算要求的马达的角功率：

$$P_{mj} = \frac{p_{jj}}{\eta_2 Z} \quad (9.4)$$

式中 P_{mj}——要求的马达角功率；
Z——马达数量；

η_2——马达与驱动轮间减速器传动效率，$\eta_2=0.95\sim0.97$。

式(9.4)确定了能够满足机器工作要求的最小规格的马达，对于具有变速器的多挡位传动装置，按不同挡位计算的角功率可能不同，应将其中最大的角功率作为马达选型的依据。

马达排量规格由式(9.5)计算：

$$P_{mj} \leqslant \frac{0.95 p_m q_{mmax} n_{mmax}}{60000} \tag{9.5}$$

式中　0.95——机械效率；

　　　p_m——液压系统最高匹配压力，由溢流阀限定；

　　　q_{mmax}——马达最大排量；

　　　n_{mmax}——马达最高匹配转速（对变量马达为最小排量时的最高匹配转速表示为 n_{mm}^{xs}）。

一个系列的不同排量马达最高标定压力 p_m 相同。n_{mm}^{xs} 与马达的排量 q_{mmax} 和排量比 β_m 有关，但最终由 q_{mmax} 确定。因此，通过多次试选不同 q_{mmax} 的马达可以由式(9.5)确定最小排量规格的马达。为达此目的，在每一次试选 q_{mmax} 后都应取该马达的最小排量下的最高标定转速作为式(9.5)中的目标值进行计算，但考虑到发动机高速空转或车辆制动都会使马达转速增加等因素，为使在后续的马达极限转速校核时一次达到要求，减小反复计算的麻烦，建议取马达小排量下的最高标定转速 n_{mH}^x 作为式中 n_{mm}^{xs} 的目标值进行计算。

分析式(9.5)可以发现，马达实际发挥的角功率由 $P_m q_{mmax} n_{mmax}$ 乘积决定。当马达参数匹配计算完成后 P_m 和 q_{mmax} 确定，因泵排量非连续可选，选定的泵排量往往偏离匹配计算的理论值，对于不同排量的泵，如为变量马达系统，可以通过调节马达最小排量 q_{mmin}，使 $n_{mm}^{xs}=n_{eH} q_{bmax} \eta_{bv} \eta_{mV}/q_{mmin}$ 做相应变化来改变马达实际发挥的角功率，因此变量马达传动装置的角功率仅由马达来决定，即使泵的选定排量与理论要求值有偏差，也无须重新进行马达排量选择。对于定量马达，传动装置的角功率由 $P_m q_{mmax} n_{mmax}=P_m n_{eH} q_{bmax} \eta_{bv} \eta_{mV}$ 决定，即由泵的转速和排量决定。尽管马达的角功率必须能够满足最大负荷和转速的要求，但泵也必须有足够的能力使马达在要求的匹配转速下运转。因此在泵的选型完成之后，应对定量马达系统重新进行选型计算。

(4) 终端减速装置选型

马达选定之后，应计算要求的终端机械减速装置速比。减速（变速）装置应同时满足最大输出转矩、速比和最大输入转速的要求。

① 根据满足最大输出转矩要求来确定需要的速比 i_2，此时液压系统为最高压力 P_m，马达为最大排量 q_{mmax}，马达机械效率取 0.95，则

$$i_2 \geqslant \frac{M_{kmax} \times 2\pi}{0.95 q_{mmax} P_m \eta_2} \tag{9.6}$$

式中，M_{kmax} 为行走装置最大输出转矩。

实际设计时，速比应尽量按等于符号选取，否则会使车辆速度降低，若保持车辆速度不变有可能使马达超速。无论对定量还是变量马达系统，如果无法在式(9.6)的条件下获得合适的减速装置，则只有靠增大马达的排量 q_{mmax} 使式(9.6)得到满足。

② 根据减速装置速比 i_2，对马达大排量和最小使用排量对应的匹配转速进行计算并校核（由后向前），按下式进行。

$$n_{mm}^s = i_2 n_{kE} \leqslant n_{mm} \tag{9.7}$$

$$n_{mm}^{xs} = i_2 n_{kC} \leqslant n_{mm}^x \tag{9.8}$$

式中　n_{mm}^s，n_{mm}^{xs}——马达最大和最小排量时要求的最高匹配转速；

　　　n_{mm}，n_{mm}^x——马达最大和最小排量时最高标定转速。

③ 减速装置的最高输入转速、最大输出转矩和持续输出转矩均不得超过许可值。机械减速装置允许的持续转矩为最大转矩的 1/3～1/2，最高不超过 75%，最大负荷转矩发生在液压系统最高压力 P_m 与马达为最大排量 V_{mmax} 时对应的工况下，由于额定匹配压力为工作机械"满铲平均压力"机器整个工作循环中的平均负荷要低于"满铲平均负荷"，因而减速装置的负荷持续转矩小于额定匹配转矩，不会超过负荷最大转矩的 70%，因此，按最大转矩条件校核之后，持续转矩可以不必校核。减速装置的最高允许输入转速可以作为最高持续输入转速使用。

(5) 输入变速装置

发动机与液压泵的连接常用两种方式，即发动机直接驱动和通过输入变速装置（常称为分动箱）间接驱动，两种方式各有优点。直接驱动常用于单泵或 2～3 个同轴驱动的串联泵，结构简单，一般说来成本略低。其缺点为串联泵中的某泵发生故障会影响其他泵工作，使整机丧失功能。从成本方面讲，由于泵与发动机同速运转，发动机额定转速往往低于泵额定转速而使泵的转速能力得不到充分发挥，通过选用较大排量的泵来达到功率匹配会使机器成本增加；加之串联泵之间的过渡连接件有相当的成本，综合起来讲直接驱动方式的成本并非一定低于分动箱驱动成本。分动箱驱动方式各泵互不干扰，结构合理，可通过齿轮传动速比的调节来选择性能与成本综合指标最高的泵，目前专业化配套的分动箱与发动机和泵之间接口均已标准化，无需任何自制零件，质量好、工作可靠、使用方便。当选用增速齿轮传动时，可以用泵排量减小的成本对分动箱增加的成本进行补偿。

发动机、分动箱、液压泵之间的转速匹配关系为

$$n_{bH}^s = n_{eH} i_1 \tag{9.9}$$

式中 n_{bb}——泵额定匹配转速；
n_{eH}——发动机额定转速；
i_1——分动箱转速比。

(6) 泵参数计算

泵参数计算的条件为满足最大流量的要求，取泵、马达容积效率均为 0.95，则：

$$q_{bmax} \geq \frac{q_{mmax} n_{mm}^s Z}{0.95^2 n_{bH}^s} \tag{9.10}$$

泵排量确定后其对应的额定转速 n_{bH} 已知，用式(9.11)校核泵转速：

$$n_{bH}^s \leq n_{bH} \tag{9.11}$$

同时应根据泵的供油量重新校核马达的实际转速（由前向后），因为以上选定的泵排量通常大于要求排量，马达实际转速会比要求转速略高。

对于定量马达，按式(9.12)来确定马达的实际转速，并与其最高标定转速比较，式(9.12) 的计算条件为下坡行驶液压系统制动工况。

$$n_{min}^s = \frac{(1.27\sim1.32)q_{bmax} i_1 n_{eH}}{q_{mmax} Z} \tag{9.12}$$

$$n_{mm}^s \leq n_{mm} \tag{9.13}$$

对于变量马达，应同时确保最大排量和最小排量两种工况下的使用转速均不超过其标定值。

① 确定最大排量工况是否满足要求，按式(9.12)、式(9.13) 校核。
② 计算马达最大排量：

$$q_{mmax} = \frac{0.95^2 q_{bmax} n_{eH} i_1}{n_{mm}^{xs} Z} \tag{9.14}$$

③ 计算与上述排量对应的马达最小排量比：

$$\beta_{\text{mmin}} = \frac{q_{\text{mmin}}}{q_{\text{mmax}}} \tag{9.15}$$

除了特殊需要取 q_{mmin} 为零外（q_{mmin} 已无驱动能力，这种情况一般用于多个马达同时驱动一个变速装置，有利于平稳换挡），一般从传动效率考虑应按式(9.16)进行校核。

$$\beta_{\text{mmin}} \geqslant 0.3 \tag{9.16}$$

④ 确定最小排量时的实际工作转速（按行驶制动工况计算）：

$$n_{\text{mm}}^{xs} = \frac{(1.27 \sim 1.32) q_{\text{bmax}} i_1 n_{\text{eH}}}{q_{\text{mmin}} Z} \tag{9.17}$$

⑤ 确定在最小排量 q_{mmin} 时马达最高转速标定值。马达供应商一般给出马达在小排量下的最高标定转速 n_{mm}^x 和全排量下最高标定转速 n_{mm}，但未给出 n_{mm}^x 对应的马达排量比 $\beta_m' = q_{\text{mmin}}/q_{\text{mmax}}$，如图 9.3 所示，当最小排量比 $\beta_{\text{mmin}} = q_{\text{mmin}}/q_{\text{mmax}} < \beta_m'$ 时，其相应的最高标定转速仍为 n_{mm}^x 不再增加，当 β_{mmin} 大于 β_m' 时其对应的最高标定转速需重新计算确定。

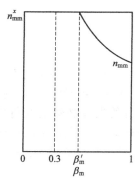

图 9.3　$n_{\min}$ 与 β_m 关系

$$\begin{cases} \beta_m' = \left(\dfrac{n_{\text{mm}}}{n_{\text{mm}}^x}\right)^2 \cdots\cdots 斜盘马达 \\ \beta_m' = \dfrac{n_{\text{mm}}}{n_{\text{mm}}^x} \cdots\cdots 斜轴马达 \end{cases} \tag{9.18}$$

a. $0.3 \leqslant \beta_{\text{mmin}} \leqslant \beta_m'$ 时按式(9.19) 校核：

$$n_{\text{mm}}^{xs} \leqslant n_{\text{mm}}^x \tag{9.19}$$

b. $\beta_{\text{mmin}} > \beta_m'$ 时：

$$\begin{aligned} n_{\text{mm}}^{x'} &= n_{\text{mm}} \left(\frac{q_{\text{mmax}}}{q_{\text{mmin}}}\right)^{\frac{1}{2}} \cdots\cdots 斜盘马达 \\ n_{\text{mm}}^{x'} &= n_{\text{mm}} \left(\frac{q_{\text{mmax}}}{q_{\text{mmin}}}\right) \cdots\cdots 斜轴马达 \end{aligned} \tag{9.20}$$

按式(9.21) 校核：

$$n_{\text{mm}}^{xs} \leqslant n_{\text{mm}}^x \tag{9.21}$$

9.2　液压驱动车辆的动力特性

车辆动力特性是指发动机在油门全开时，车辆各挡工况下的单位牵引力与车速的关系特性。利用动力特性可评比车辆的动力性，可研究车辆的行驶特性，例如确定车辆的最大速度，各挡行驶时的上坡能力和加速能力等。有时利用牵引力与车速关系曲线（牵引特性）来分析、评价牵引力车辆的动力性和行驶特性。

各种行驶条件下均能利用发动机最大功率的动力特性，称为理想的动力特性，这时单位牵引力 D 与车速 v 的乘积应等于常数（见图 9.4，其中虚线为双曲线）。改善和提高车辆动力特性的措施是采用外特性接近于双曲线规律的动力装置。

（1）工程车辆牵引性能指标与牵引参数的关系

工程车辆牵引性能方面的指标主要有动力性（牵引功率 N_T）、经济性（油耗率 G_T）、作业生产率（小时土方量 Q），实现车辆最佳牵引性能指标的方法是进行牵引参数的合理匹配——静态方法与过程控制——动态方法，并且参数静态点匹配是实现参数过程控制的必要条件。

车辆牵引系统由发动机、传动系、行走机构、工作装置 4 个环节组成，车辆通过行走机

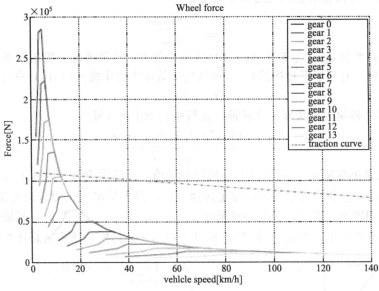

图 9.4 车辆特性曲线

构实现内部驱动功率与外部工作阻力的平衡与转换。与具有固定传动比的能量传递机构不同的是，行走机构为滑动传递机构，其特征由滑转曲线所描述（图 9.5）。其特征为车辆牵引力的发挥必然引起行驶速度的降低，牵引力 F 越大，滑转率 δ 越大，速度损失越大。改善车辆滑转特性的方法只能是改善牵引元件结构或改变附着重量 G_φ。

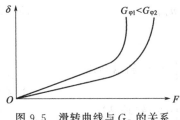

图 9.5 滑转曲线与 G_φ 的关系

发动机输出功率 N_e 通过传动系调节后，成为行走机构的输入驱动功率 N_k，然后经行走机构转换为车辆输出功率即牵引功率 N_T。N_T 由牵引力 F 与行驶速度 v 两部分组成，$N_T = Fv$。牵引作业工况要求 N_T 以低速大牵引力的方式发挥，运输工况则相反。驱动功率 N_k 通过行走机构转化为车辆牵引功率 N_T 时，有以下两种损失。

① 滚动阻力 F_f 损失，F_f 与 G_φ 成正比。
② 滑转速度 V_σ 损失，V_σ 与 σ 成正比。

因此，车辆附着重量 G_φ 对牵引功率有着两种相反的作用：在低速大牵引力工况下，滑转损失严重，成为制约牵引功率发挥的主要因素，希望通过增大附着重量来减少滑转；在高速小牵引力运输工况，滚动阻力相对较大，损失严重，希望通过减少附着重量来减少滚动阻力，显然附着重量的减少必将引起牵引工况滑转的增大。

对同时具有牵引和运输工况的循环式作业机械，在车辆的驱动功率 N_k 保持为常值不变的情况下，行走机构只有选择使整个工作循环中滚动损失和滑转损失之和最小的参数才能保证机器生产率最高。这就意味着，首先要参数匹配合理，选择合适的 G_φ 值来保证滚动损失和滑转损失之和最小；其次要进行过程控制，使输入行走机构的驱动功率 N_k 尽量为最大值。

对车辆发动机性能研究的目的在于有效发挥发动机的动力性和经济性，对传动系进行调节控制研究的目的在于高效率拓展传动系的调节范围。因此，对发动机与传动系进行综合研究的目的最终是为行走机构提供一个在大的调节范围内具有较大值的驱动功率，即提高动力性与经济性，这是提高机器作业生产率的必要条件，生产率的充分条件将由 G_φ 值的合理匹配来实现。

为了提高行走机构的驱动功率 N_k，以充分利用发动机额定功率，使传动装置工作在高效区内。首先要保证车辆在突然超载时，牵引元件发生滑转，而不使发动机熄火。即利用滑转进行过载保护，并为司机提供一个准确操纵工作装置来降低负荷的信号，减轻司机盲目频繁操作的强度，同时使发动机平均输出功率即行走机构平均驱动功率 N_k 最大。参数匹配为，发动机最大转矩对应的牵引力 F_{max} 大于地面打滑附着力 F_φ（图 9.6）。

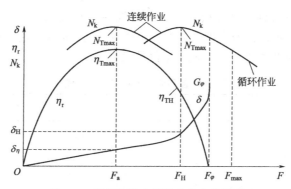

图 9.6 牵引参数在滑转曲线上的匹配

为发挥发动机的最大功率（静态匹配时表现为额定功率），应与行走机构最大生产率工况相对应。对连续作业机械，行走机构的最大生产率工况与最高牵引工作效率 η_{Tmax} 即最大牵引功率 N_{Tmax} 工况一致，相应的滑转率为 δ_η，但是循环作业机械，最大牵引功率工况（$\delta=\delta_\eta$）与最大生产率工况（$\delta=\delta_H$）相脱离（$\delta_H > \delta_\eta$），并且辅助工序在整个作业循环中所占比例越大，δ_H 偏离 δ_η 的程度越大，当车辆为纯运输车辆时，这一偏离达到极限。

按照上述理论，车辆作业时，行走机构在滑转曲线上不断变换工作点，牵引效率 η_T 不断变化，驱动功率 N_k 也由于负荷的不断变化而变化，因而其牵引功率 $N_T = \delta_T N_k$ 随负荷变化更快地变化。当负荷达到额定负荷 $\overline{F}_x$ 并发生超载（超出 $\overline{F}_x$ 的 10%～15%）时，车辆全滑转进行超载保持。

（2）工程车辆液压驱动系统的效率分析

车辆液压驱动系统的效率主要是指调速比范围与最大转矩，最大、最小转速等动力性指标，以及表示能量利用程度的传动效率。液压驱动工程车辆最重要的就是液压元件的容积效率及机械效率。这除了由于这些效率影响到系统功率的合理配置、散热、动力性、经济性能指标外，对具有严格的作业质量指标要求的机器，容积效率将影响到液压系统的速度输出和速度稳定性，机械效率则影响到带载启动的能力，这些最终都将影响到机器的作业质量。但液压元件厂家基本上不提供完整的所有使用区间的效率曲线。因此有必要通过室内元件试验台展开这方面的内容。本节仅根据现有资料进行相关理论分析。

液压泵和液压马达的结构形式多样，且有定量和变量之分，找出这些元件精确的效率理论表达式是困难的。经过长期大量的试验研究，形成了各种形式不同的液压元件效率的半经验表达式，本节将其中有代表性的且便于使用的有关半经验表达式进行分析，具体的定量的液压系统参数匹配与控制设计，还需要建立在对具体元件效率进行试验研究的基础上。

① 定量泵效率。

$$\eta_v = 1 - C_s \frac{\Delta p}{\mu n} \tag{9.22}$$

$$\eta_m = \frac{1}{1+C_f+C_V\dfrac{\mu n}{\Delta p}} \qquad (9.23)$$

$$\eta = \eta_V \eta_m = \frac{1-C_s\dfrac{\Delta p}{\mu n}}{1+C_f+C_V\dfrac{\mu n}{\Delta p}} \qquad (9.24)$$

式中，η_V、η_m、η 分别为泵容积效率、机械效率和总效率；C_s、C_V、C_f 分别是层流泄漏系数、层流摩擦系数、机械摩擦系数；μ 为动力黏度；n 为转速，r/s；Δp 为压差。

多种泵的无因次损失系数 C_s、C_V、C_f 值见表9.1。

表9.1　各种泵的 C_s、C_V、C_f 值

分类	C_s	C_V	C_f
齿轮泵（固定侧板式）	$(3.2\sim6.4)\times10^{-9}$	$(1.25\sim6.3)\times10^5$	$0.01\sim0.12$
齿轮泵（浮动侧板式）	$(3.2\sim6.4)\times10^{-9}$	$(1.9\sim3.8)\times10^5$	$0.03\sim0.06$
叶片泵	$(4.8\sim6.9)\times10^{-9}$	$(2.5\sim12.5)\times10^5$	$0.02\sim0.3$
轴向柱塞泵	$(0.8\sim3.2)\times10^{-9}$	$(1.25\sim12.5)\times10^5$	0.01
径向柱塞泵		$(1.25\sim5)\times10^5$	$0.01\sim0.08$

由式(9.24)求出 $\eta_{\max}$ 对应的无因次量 $\left[\dfrac{\Delta p}{\mu n}\right]_m$ 为：

$$\left[\frac{\Delta p}{\mu n}\right]_m = \frac{1}{C_s\left(1+\sqrt{1+\dfrac{1+C_f}{C_s C_V}}\right)} \qquad (9.25)$$

由于 $C_s C_V \ll 1$，因而有：

$$\left[\frac{\Delta p}{\mu n}\right]_m \approx \sqrt{\frac{C_V}{C_s(1+C_f)}} \qquad (9.26)$$

$$\eta_{\max} = \frac{1}{1+C_f+2\sqrt{C_s C_V(1+C_f)}} \qquad (9.27)$$

对轴向柱塞泵标准值为 $C_s=0.8\times10^{-9}$，$C_V=0.2\times10^6$，$C_f=0.01$，按此绘制的效率曲线如图9.7所示。

液压泵的工作效率与 $\Delta p/\mu n$ 有关，即与使用压力、转速和油液黏度（取决于工作温度和油液牌号）有关；也与结构参数有关，运动副间隙小时则 C_s 小，C_V、C_f 大。因而可以根据上述各式估算在各种使用条件下的效率以及分析为取得较高效率而必须控制的工作条件，为液压传动装置的控制设计提供依据。

② 定量马达效率。

$$\eta_V = \frac{1}{1+C_s\dfrac{\Delta p}{\mu n}} \qquad (9.28)$$

$$\eta_m = 1-C_f-C_V\dfrac{\mu n}{\Delta p} \qquad (9.29)$$

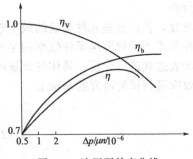

图9.7　液压泵效率曲线

$$\eta = \frac{1 - C_f - C_V \dfrac{\mu n}{\Delta p}}{1 + C_s \dfrac{\Delta p}{\mu n}} \tag{9.30}$$

同样，当 $C_s C_V \ll 1$ 时：

$$\left[\frac{\Delta p}{\mu n}\right]_m = \frac{1}{C_s} \frac{1}{\sqrt{\dfrac{1-C_f}{C_s C_V}} - 1} \approx \frac{C_V}{C_s(1 - C_f)} \tag{9.31}$$

$$\eta_{\max} = 1 - C_f - 2\sqrt{C_s C_V (1 - C_f)} \tag{9.32}$$

与液压泵不在低转速下工作不同的是，车辆驱动马达经常在启动与低速下工作，低速工况下 C_s、C_f、C_V 变化较大，使马达的效率大大降低，影响到启动转矩的发挥与低速稳定性。

③ 轴向柱塞变量泵与马达。根据多数试验研究得知，随着排量 q 的减小，泵容积效率 η_V 和机械效率 η_m 一般都降低很快，其乘积总效率 η 也显著降低。关于这方面的理论分析虽然很多，但由于泵的效率问题很复杂，结构问题和流体力学的问题交织在一起，影响因素很多，所以至今还没有一个圆满的效率表达式，一般都是由试验的方法对具体的泵在不同使用条件下实测取得。同样，前述的定量泵效率理论表达式，只适用于估算和分析在各种使用条件下效率的变化趋势及影响因素，准确的效率值必须通过试验取得。尽管如此，这些理论分析式同样有着重要意义，可以通过对效率影响因素的分析，寻找最佳的使用条件，并将这种分析结果用于泵的参数匹配和使用过程的控制中。

下面简单地说明变量泵效率的理论表达式，用以考察排量 q 值的变化对效率的影响，并在后续的控制系统设计和控制目标确定中加以应用。通过众多学者研究，变量泵的容积效率 η_V 和机械效率 η_m 可以表达为如下形式。

$$\eta_V = 1 - C_s \frac{\Delta p}{\mu n} \times \frac{1}{\beta} \tag{9.33}$$

$$\eta_t = \frac{1}{1 + C_V \dfrac{\mu n}{\Delta p} \times \dfrac{1}{\beta} + C_f \dfrac{1}{\beta} + \dfrac{2\pi T_c}{\Delta p V_{\max}} \times \dfrac{1}{\beta}} \tag{9.34}$$

式中　C_s——层流泄漏系数；

Δp——进出口压力差，Pa；

μ——油液动力黏度，Pa·s；

n——泵转速，r/min；

β——排量比，$V/V_{\max}$；

C_V——层流阻力系数；

C_f——机械阻力系数；

T_c——与进出口压差和转速无关的一定的转矩损失，N·m；

$V_{\max}$——泵全排量，m³/r。

上述各表达式中，容积损失主要为从运动副间隙里泄漏了流量，由 C_s 项表示。作为机械损失，与定量泵表达式相比，细分为三方面因素，一部分为油液黏性产生的摩擦损失，与 n 和 μ 成正比，由 C_V 项表示；一部分为与高低压移动界面前后的压差 Δp 成正比的摩擦损失，由 C_f 项表示；一部分为与工作压力和转速无关的定量的转矩损失，由 T_c 项表示。

表达式中，把间隙内油液的流动看作为层流，并假设为牛顿流体，忽略了运转中间隙的变化以及油液压缩性的影响，但实际情况要复杂得多。

液压驱动系统的变量泵（第一位下标 P），变量马达（第一位下标 m）的效率经验公式为：

$$\eta_{PV} = 1 - 0.05 \left(\frac{n_{\max}}{n}\right)^{0.2} (1.36\Delta p)^{0.65} \left(\frac{1}{\beta}\right)^{0.2} \tag{9.35}$$

$$\eta_{Pm} = 1 - 0.05 \left(\frac{n}{n_{\max}}\right)^{0.2} \left(\frac{0.735}{\Delta p}\right)^{0.65} \left(\frac{1}{\beta}\right)^{0.65} \tag{9.36}$$

$$\eta_{mV} = 1/(0.081\Delta p/\beta) \tag{9.37}$$

$$\eta_{mm} = 1 - 0.05 \left(\frac{n}{n_{\max}}\right)^{0.05} \left(\frac{0.735}{\Delta p}\right)^{(0.52+0.34\frac{n}{n_{\max}}\beta)} \left(\frac{1}{\beta}\right)^{0.75} \tag{9.38}$$

比较式(9.33)~式(9.38),尽管形式不同,但均表明,对液压泵、马达传动效率影响显著的使用参数主要为压力、转速和排量比,在进行液压传动系统的特性预测时,为了简单方便,一般均将效率取常值计算。然而在以功率传递和变换为主要目的的车辆液压传动中,如果不考虑使用参数对效率的影响,则往往会使系统在某些参数变化区间因效率偏低而失去意义。为了顾及控制计算的方便以及传动的需要,可行的方法是选择一个许可的高效率区间,在此区间工作参数变化对效率的影响在控制计算中不予考虑,对系统性能的预测以及控制计算均取平均意义上的效率值。

(3) 变量液压泵与马达试验效率特性分析

① 轴向柱塞变量泵分析 柱塞式液压泵特性曲线如图9.8~图9.10所示,分析该特性曲线,影响效率的因素有转速、压力和排量比,综合考虑这些因素得出下列结论。

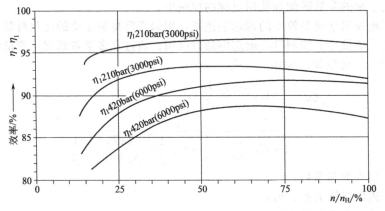

图9.8 全排量时泵的容积效率和总效率与转速的关系

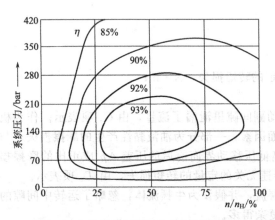

图9.9 全排量时泵的总效率与转速的关系

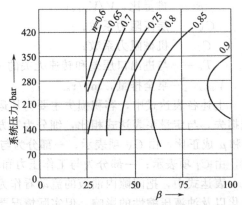

图9.10 在$2/3n_H$时不同排量的总效率

a. 压力对效率的影响不明显，在很宽的压力范围内均具有高效率，因此进行泵工作压力配置时主要从工作寿命（可靠性）和功率利用率（成本）角度考虑，并尽量使泵在高效率的压力范围内工作。工程车辆的负荷额定压力 P'_H 取 $0.6p_m$ 左右，负荷最高压力为 $0.8p_m$ 左右，负荷最低压力为 $0.2p_m$ 以上，即压力变化比小于 4（变量马达可以通过排量变化将负荷压力控制在很小的变化范围内，用定量马达时负荷压力无法调整，其最大有效传动比 $i_y=4$，这表明负荷转矩亦即负荷压力的变化比最大允许为 4，这一压力变化比最终通过泵的恒转矩变量控制来实现，即泵全排量时为低压，最小排量时为高压，其转矩不变。压力变化比小于 4 即表明泵的排量比 $\beta_b \geqslant 0.25$)，使经常性负荷处于中高压范围内，使少数高负荷接近最高压力，并且全部工作压力均处于高效压力区，这样同时符合工作寿命和功率利用率的要求，因此这一压力匹配原则是比较适宜的。

b. $0.5n_H \sim n_{bH}$ 的中高转速区是泵的高效转速区，$0.25n_H$ 时总效率低于 $0.5n_H$ 时 2~5 个百分点，当转速低于 $0.25n_H$ 以后，随转速降低效率急下。因此泵的正常工作转速应取 $0.5n_{bH} \sim n_{bH}$ 的中高转速域，泵的排量启动转速应不低于 $0.25n_H$。在讨论泵与发动机自动控制的参数匹配时取泵的排量启动转速 $n_0 = (1 \sim 1.3)n_{min}$，工程车辆柴油机的怠转速 n_{min} 约为 $(0.25 \sim 0.35)n_H$，参数配置后一般有 $n_0 > 0.3n_H$，假定泵的额定转速 n_H 与发动机额定转速 n_{eH} 相匹配，这就使泵的排量启动转速也处于较高效率处，从而保证液压传动装置有较大的启动转矩，车辆有较大的起步牵引力。柴油机在正常牵引作业时的转速域为 $n_{Mmax} \sim n_H$，为 $(0.65 \sim 1)n_H$，这一转速域为泵的高效区间。因此使 n_H 与 n_{eH} 匹配并取 $n_0 = (1 \sim 1.3)n_{min}$ 就可以保证在柴油机全部的工作转速范围内泵都为高效转速，显然这样的转速匹配是比较合理的。

c. 液压泵总效率随排量比 β_b 增大而增大，因此泵的变量范围最好控制在 $\beta_b = 0.5 \sim 1$ 范围内（相当于泵的变换比 $i_b = 2$），以使泵的总效率高于 75%；排量比 β_b 为 $0.25 \sim 0.5$ 的范围（总效率为 $0.6 \sim 0.75$）仅用于车辆要求的特殊的低速工作（相当于泵的变换比 i_b 为 2~4）；而 β_b 在 0.25 以下的区域仅作为起步、加速的过渡过程而不用于正常作业。在设计发动机与液压泵的自动控制装置时应该根据上述原则进行参数匹配，如要求机器有较低的工作速度应该采用使发动机为中低转速、泵为大排量的工作模式以节约燃料并提高传动效率，而不应该采用发动机高转速、泵小排量的方式。

② 变量马达分析 图 9.11 所示为斜盘式马达在全排量时的特性曲线，低转速时由于流量小，泄漏比例大，容积效率低，又由于接近静摩擦，阻力大，总效率降低。在中速（$50\%n_H$）和中压（$50\%p_m$）区域效率最高。在转速比 n/n_H 为 $0.15 \sim 1$ 的范围内几乎在全部压力区域均保持 0.85 以上的高效率。因此，与斜盘式变量泵相同，应使经常性负荷处于中压区，使少数高负荷接近最高压力；除启动工况外不

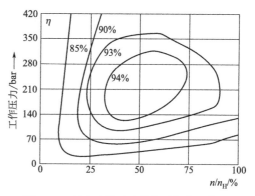

图 9.11 斜盘式马达全排量时的输出特性

应使马达转速比小于 0.15。斜盘式变量马达排量变化对效率的影响也与斜盘泵相同，最小排量比大于 0.3 可以保证在全部压力范围内总效率高于 $0.70 \sim 0.75$。

斜轴马达特性曲线如图 9.12 和图 9.13 所示，在中速中压区效率最高，几乎在所有的压力和转速范围内都有较高效率。与斜盘马达显著的差别为在启动工况（0 转速）有较高的效率，这主要由于斜轴马达无斜盘马达那样的滑靴密封面，容积效率高，在低速时尤为明显。

这一特性使斜轴马达有更低的稳定工作转速，一般在 50r/min 时可稳定工作，相当于额定转速的 2%～3%，加之静态启动转矩大，因此对频频换向行走、启动加速的行走机械尤为适宜。

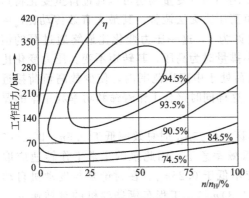

图 9.12　斜轴马达全排量时的输出特性

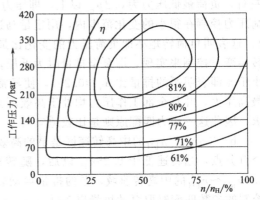

图 9.13　斜轴马达 $\beta_m=0.3$ 时的输出特性

减小排量马达效率降低，特别是小排量低转速区效率偏低，工作能力变弱，因此对马达进行排量控制时应该使其工况为，负荷增大时马达为大排量低转速，负荷减小时为小排量高转速，应避免使其在小排量低转速下工作（通过马达排量与负荷匹配及发动机转速与泵转速匹配解决）。

第 10 章
液压系统建模简介

CHAPTER 10

电液系统的压力、速度等总会存在一定程度的动态波动,如果不加以控制,就会导致振荡加大,以至很快损坏系统元件,所以要在系统稳态特性分析基础上再加上其固有的动态特性,才能完整地描述一个系统。

图 10.1 为液压马达速度控制系统的动态特性。通过对系统动态建模可正确地设计系统各有关参数,使系统性能最佳。

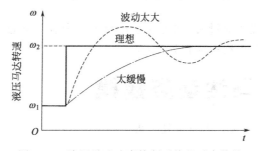

图 10.1 液压马达速度控制系统的动态特性

如图 10.2 所示将阀控马达系统(开环)分为几个动态部分。如果在阀上出现驱动信号,由于滑阀质量等因素影响,滑阀不可能瞬时移动;滑阀通过管路与液压马达相连接,则连接管路对系统振动的影响必须小于由于液压油压力波传播的影响,即

$$l < \frac{c}{2f} \tag{10.1}$$

式中 l——连接管路长度;

f——压力波的传播频率;

c——声音在液压油中传播速度,$c = \sqrt{\dfrac{\beta_e}{\rho}}$,$\beta_e$ 为液压油有效容积弹性模量,ρ 为液压油密度。

除了管路影响外,还要计入油的压缩性和质量影响,从而导出相应的动态项。如果液压

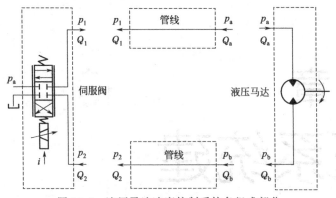

图 10.2　液压马达速度控制系统各组成部分

马达与一个惯量很大的负载（如飞轮或绞车）相连，那么就产生一个附加的动态元件，要求附加一个压力差才能使负载动起来，即在克服静态负载力矩的压力差上还要再加一个附加的压力差。图 10.3 用相应的方块图表示图 10.2 阀控马达伺服系统的动态项，在每个方块图上标出输入和输出，输入应为输出加上其稳态损失和附加动态项。

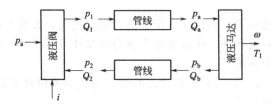

图 10.3　阀控马达系统各部分的输入和输出

输入流量 Q_a 应等于输出流量 Q_b 加上稳态流量损失和有关动态项。输入压力 p_a 也应等于输出压力 p_b 加上稳态压力损失和有关动态项。

10.1　液压马达动态建模

液压马达稳态特性可由流量方程描述，即

$$Q_a = q_m \omega_m + \frac{p_a - p_b}{R_i} + \frac{p_a}{R_e}$$

$$Q_b = q_m \omega_m + \frac{p_a - p_b}{R_i} - \frac{p_a}{R_e} \tag{10.2}$$

式中，p_a 为马达进口压力；p_b 为马达出口压力；$\dfrac{1}{R_i} = k_0 + \dfrac{Q_m \omega_m}{p_c}$；$\dfrac{1}{R_e} = k_e + \dfrac{Q_m \omega_m}{\beta}$；系数 k_0、k_e 和 p_c 为液压泵/马达转速的函数。

由于液压马达进出油口一侧的容积很小，这些方程可作为动态模型使用，不过要对每一个流量方程加上额外的压缩性项，而进出油口容积通常加到阀和马达的连接管路上去。力矩方程可以加以修改使其包括负载力矩 T_1 和负载惯量 J_m：

$$q_m(p_a - p_b) = T_1 + B_v \omega + B_f(\omega, p_a, p_b) + J_m \frac{d\omega}{dt} \tag{10.3}$$

式中非线性摩擦项 $B_f(\omega, p_a, p_b)$ 需通过实验确定。上式两边各除以 D_m，得：

$$p_a - p_b = P_1 + \frac{B_v}{q_m^2}(q_m\omega) + \frac{B_f(\omega, p_a, p_b)}{q_m} + \frac{J_m}{q_m^2}\frac{d(q_m\omega)}{dt}$$
$$= P_1 + R_v(q_m\omega) + \frac{B_f(\omega, p_a, p_b)}{q_m} + L_m\frac{d(q_m\omega)}{dt} \tag{10.4}$$

式中，系数 $P_1 = \frac{T_1}{q_m}$；$R_v = \frac{B_v}{q_m^2}$，模拟液阻表面黏性摩擦；$L_m = \frac{J_m}{q_m^2}$，负载感抗。

10.2 液压阀动态建模

(1) 溢流阀

图 10.4 中，图 (a) 为溢流阀结构，图 (b) 为实验装置，图 (c) 为溢流状态。调压弹簧 b 和阻尼元件装在溢流阀阀芯 c 的上部，当阀芯处于某一位置，维持系统一定压力时，多余的液流从阀芯中 d 口排出。阻尼座 g 上有阻尼孔 a，阻尼座下有弹簧垫 e，弱弹簧 f 将 e 顶向阻尼座。当弹簧和阻尼元件向上运动，就打开阻尼座上阻尼小孔，液流从小孔通过，产生压力降，对运动产生阻力很小；当阻尼元件向下运动，弹簧就关闭液流通道，液流被挡在阻尼元件和阀芯顶部，从而被压缩。阻尼元件和阀体间存在一个很小的径向间隙（一般为 0.12mm），这个间隙允许被压缩的液流流入，结果产生了一个与运动方向相反的阻尼力。这种溢流阀的优点是当负载流量变化时可迅速打开，并可有效地维持系统压力，使压力波动最小。

图 10.4(b) 所示的液流连续性方程为

$$Q_P = Q_0 + Q_v + c\frac{dp}{dc} \tag{10.5}$$

式中 c——液流容抗，$c = \frac{V_h}{\beta}$；
V_h——液流体积。

$$Q_v = a_s\frac{dx}{dc} + Q_{exit} \tag{10.6}$$

式中 a_s——阀芯截面积。

由于滑阀的两个输出通口相连接，所以有

$$Q_0 = k_f i\sqrt{p} \tag{10.7}$$

i 为电流，流量系数 k_f 由实验测定，溢流阀的流量特性也由实验确定。建模结果为：

$$Q_{exit} = 1.75 G_q a_{rad}\left(\frac{h}{d}\right)^{1.5}\sqrt{\frac{2p}{\rho}} \tag{10.8}$$
$$h = x - x_0$$

式中 Q_{exit}——通过溢流阀流量；
a_{rad}——溢流阀最大开口面积；
h——溢流口开度；
d——输出口径；
x_0——阀芯上移到刚好打开溢流口距离。

将式(10.5)和式(10.8)联立，可得

$$Q_{exit} = k_f i\sqrt{p} + a_s\frac{dx}{dt} + 1.7 C_q a_{rad}\left(\frac{h}{d}\right)^{1.5}\sqrt{\frac{2p}{\rho}} + c\frac{dp}{dc} \tag{10.9}$$

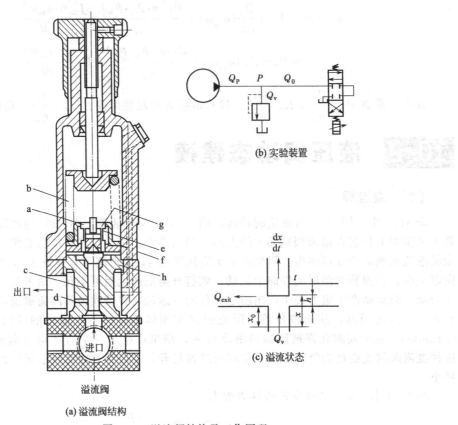

图 10.4 溢流阀结构及工作原理

进一步可以分析溢流阀阀芯的动量方程。阀芯向上运动主要是克服调压弹簧刚度、阻尼力和移动部件惯性力,以及稳态液动力。动量方程即为

$$pa_s = kx + B^* \frac{dx}{dt} + m \frac{d^2x}{dt^2} + F_r \tag{10.10}$$

式中 k——调压弹簧刚度;
B^*——非线性阻尼系数;
m——移动部件质量;
F_r——稳态液动力。

B^* 符号与运动方向有关(阀芯向上移动时为正),阻尼口和阀芯顶部间液流压缩可略去不计。液动力 F_r 由式(10.11)求出:

$$F_r = 3.4 \cos 69° C a_{rad} \left(\frac{h}{d}\right)^{1.5} p \tag{10.11}$$

溢流阀的响应可用以下几种方法确定。
① 小信号频率响应。
② 模拟计算机仿真。
③ 数字计算机仿真。

(2) 电磁换向阀

电磁换向阀中滑阀的移动由电磁线圈产生的电磁力控制。电磁线圈可分为用于一般电磁换向阀的二次电磁线圈和用于比例阀中的比例电磁线圈两种;二次电磁线圈产生的电磁力与

输入电流的平方成正比；而比例电磁线圈产生的电磁力则与输入电流成正比。在电磁线圈上加上电压，由于电磁线圈的阻抗和感抗产生动态变化的电流，当电磁线圈位移较小时，其感抗基本上保持为常数，有以下方程。

$$i + \tau \frac{\mathrm{d}i}{\mathrm{d}t} = \frac{V}{k} \tag{10.12}$$

式中　L——线圈感抗；

　　　R——线圈阻抗；

　　　τ——线圈时间常数 $\tau = \dfrac{L}{k}$；

　　　V——施加在线圈上的电压。

图 10.5 所示为电磁换向阀的结构。滑阀与比例电磁线圈或二次电磁线圈连接，电磁线圈不通电时，滑阀在左右两个弹簧作用下对中；电磁线圈通电后，假设作用在滑阀上的电磁力与惯性力和弹簧力平衡，则有比例电磁线圈电磁力

$$F = B_\mathrm{p} i = kx + m \frac{\mathrm{d}^2 x}{\mathrm{d}t^2} \tag{10.13}$$

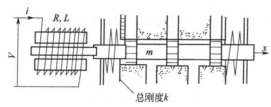

图 10.5　电磁换向阀

将式(10.12)、式(10.13)联立求解比例电磁线圈突然通电和断电时的瞬态响应。断电时，滑阀的无因次位置 $\bar{x} = 1$。可以明显地看出，通电时比例电磁线圈的响应比二次线圈快，断电时则相反（假设滑阀上最大作用力相同）。

如果滑阀的库仑摩擦较大不能略去，需对瞬态响应加以修正。比例电磁线圈方程(10.13)可改成：

$$F = B_\mathrm{p} i = kx + m \frac{\mathrm{d}^2 x}{\mathrm{d}t^2} + F_\mathrm{c} \mathrm{sign} \frac{\mathrm{d}x}{\mathrm{d}t} \tag{10.14}$$

式中，F_c 为库仑摩擦力，其正负号与滑阀移动方向有关。

10.3　液压系统动态建模

（1）阀控缸／马达液压系统

阀控缸/马达液压系统的流量特性为非线性微分方程。由于滑阀的非线性以及阀控/马达存在的动态影响，所以微分方程的求解不可能得到将所有的参数都包括的结果。假设滑阀为对称型正开口阀，在驱动电流 i_u 作用下，滑阀刚好打开。可得：

$$\begin{aligned} Q_1 &= Z_2 k_\mathrm{f}(i_\mathrm{u}+i)\sqrt{|p_\mathrm{s}-p_1|}\,\mathrm{sign}(p_\mathrm{s}-p_1) - Z_1 k_\mathrm{f}(i_\mathrm{u}-i)\sqrt{|p_1-p_\mathrm{e}|}\,\mathrm{sign}(p_1-p_\mathrm{e}) \\ Q_2 &= Z_2 k_\mathrm{f}(i_\mathrm{u}+i)\sqrt{|p_2-p_1|}\,\mathrm{sign}(p_2-p_1) - Z_1 k_\mathrm{f}(i_\mathrm{u}-i)\sqrt{|p_\mathrm{s}-p_2|}\,\mathrm{sign}(p_\mathrm{s}-p_2) \end{aligned} \tag{10.15}$$

当 $i > 0$，$Z_2 = 1$ 时，有 $Z_1 = 0$，$i \geqslant i_\mathrm{u}$；$Z_1 = 1$，$i < i_\mathrm{u}$

$i < 0$，$Z_1 = 1$ 时，有 $Z_2 = 0$，$i \leqslant -i_\mathrm{u}$；$Z_2 = 1$，$i > -i_\mathrm{u}$

这里，假定滑阀背压 p_e 很小，i_u 为使滑阀移动正开口量的驱动电流，滑阀运动与驱动电流的关系可通过 i 的符号来确定。

图 10.6 所示为滑阀控液压为伺服阀控液压缸/马达的连接。设管路动态变化和流量、压力损失可略去不计。即有 $Q_1=Q_a$，$Q_b=Q_2$ 和 $p_1=p_a$，$p_b=p_2$，应用液流连续性原理，有：

外伸   回程

$$Q_a - 0 = \frac{dV_a}{dt} + \frac{V_a}{\beta_e} \times \frac{dp_a}{dt} \qquad Q_b - 0 = \frac{dV_b}{dt} + \frac{V_b}{\beta_e} \times \frac{dp_a}{dt}$$

$$0 - Q_b = \frac{dV_b}{dt} + \frac{V_b}{\beta_e} \times \frac{dp_b}{dt} \qquad 0 - Q_a = \frac{dV_a}{dt} + \frac{V_a}{\beta_e} \times \frac{dp_a}{dt} \tag{10.16}$$

简化后可得：

$$Q_a - 0 = \frac{dV_a}{dt} + \frac{V_a}{\beta_e} \times \frac{dp_a}{dt} \qquad Q_b - 0 = \frac{dV_b}{dt} + \frac{V_b}{\beta_e} \times \frac{dp_a}{dt}$$

$$0 - Q_b = \frac{dV_b}{dt} - \frac{V_b}{\beta_e} \times \frac{dp_b}{dt} \qquad 0 - Q_a = \frac{dV_a}{dt} - \frac{V_a}{\beta_e} \times \frac{dp_a}{dt} \tag{10.17}$$

如果将活塞外伸定为正，那么，上述公式可用方程式表达，即：

$$Q_a = \frac{dV_a}{dt} + \frac{V_a}{\beta_e} \times \frac{dp_a}{dt}$$

$$Q_b = \frac{dV_b}{dt} - \frac{V_b}{\beta_e} \times \frac{dp_b}{dt} \tag{10.18}$$

对执行元件，可得到一组方程如下。

液压缸   液压马达

$$Q_1 = Q_a = \frac{dV_a}{dt} + \frac{V_a}{\beta_e} \times \frac{dp_a}{dt} \qquad Q_1 = Q_a = q_m\omega + \frac{p_a - p_b}{R_i} + \frac{p_a}{R_e}$$

$$Q_b = Q_2 = \frac{dV_b}{dt} - \frac{V_b}{\beta_e} \times \frac{dp_b}{dt} \qquad Q_b = Q_2 = q_m\omega + \frac{p_a - p_b}{R_i} + \frac{p_a}{R_e} \tag{10.19}$$

$$p_a A_1 - p_b A_2 = F_1 - m\frac{du}{dt} \qquad q_m(p_a - p_b) = T_1 + B_v\omega + B_f(\omega, p_a, p_b) + J_m\frac{d\omega}{dt}$$

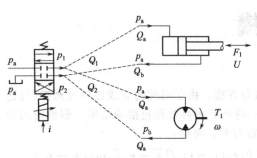

图 10.6 滑阀控液压缸/马达连接

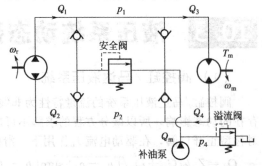

图 10.7 变量泵控定量液压马达

（2）变量泵控定量液压马达系统

图 10.7 所示为变量泵控定量液压马达系统。设该系统为线性流量损失特性，将油的压

缩性计入液压马达进出油腔容积 V 里，那么其液流连续性方程可写成：

$$Q_1 - Q_a = \frac{V}{\beta_e} \times \frac{dp_1}{dt}$$
$$Q_b + Q_m - Q_2 = \frac{V}{\beta_e} \times \frac{dp_2}{dt} \tag{10.20}$$

可得：

$$q_p \omega_p = q_m \omega_m + \frac{2(p_1 - p_2)}{R_i} + \frac{2p_1}{R_e} + \frac{V}{\beta_e} \times \frac{dp_1}{dt}$$
$$q_p \omega_p = q_m \omega_m + \frac{2(p_1 - p_2)}{R_i} - \frac{2p_2}{R_e} - \frac{V}{\beta_e} \times \frac{dp_2}{dt} + Q_m \tag{10.21}$$

式中，ω_p 为液压泵转轴角速度；ω_m 马达转轴角速度。

假设补充油液泵 Q_m 恒定，与溢流阀设定压力 p_b 无关，用来补偿回路流量泄漏，并设 $p_2 = p_b$，有：

$$Q_m = \frac{2(p_1 - p_2)}{R_e} = \frac{4p_b}{R_e} + \frac{2(p_1 - p_2)}{R_e} \tag{10.22}$$

考虑液压马达和负载惯量引起的动态影响，并将非线性摩擦部分集中计入到负载转矩，液压马达的转矩方程有：

$$q_m(p_1 - p_2) = T_m + B_v \omega_m + J_m \frac{d\omega_m}{dt} \tag{10.23}$$

如果负载惯量为 $0.05 \text{kg} \cdot \text{m}^2$，通过计算机仿真，变量泵控定量液压马达系统在突然加载转矩下的动态响应如图 10.8 所示。

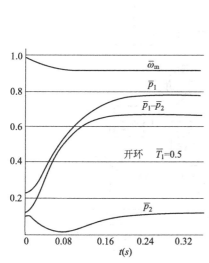

图 10.8 变量泵控定量液压马达在
突然加载转矩下的动态响应

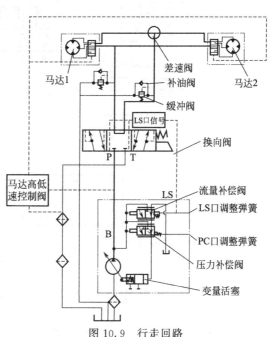

图 10.9 行走回路

补液泵压力为 1MPa，突然加载转矩等效于液压马达上加以 5MPa 压力差而产生的转速降。采用 Matlab/Simulink 对其行走机构的液压系统进行仿真，分析系统动态特性和相关的影响因素。全向侧面叉车行走机构采用四轮式结构，其中同侧两轮由双级变量马达驱动，具有纵向、横向和高低速行驶功能，其回路如图 10.9 所示。

按照系统的原理图，从 SimHydraulic 工具包中选取相应的仿真模块和子系统，并进行参数设置，最终所得模型如图 10.10 所示。各模块的功能如下。

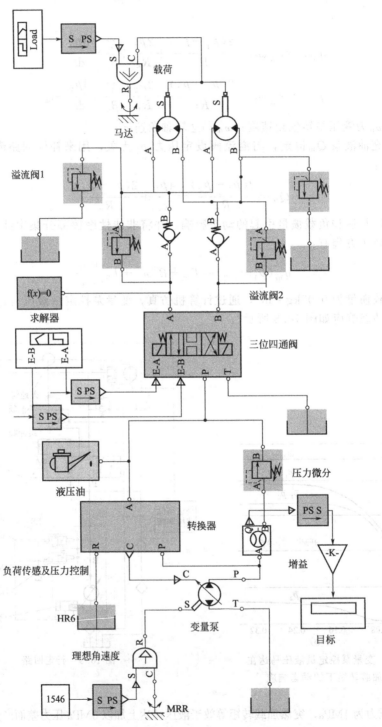

图 10.10 行走回路仿真模型

Ideal Angular Velocity Source：理想角速度源，仿真电机转速，因为采用直流并励牵引电机，可认为是恒速的。

Pressurediff：定差减压阀，用来仿真泵出口到负载之间的压差（1.8MPa）。

Pressure Relief Valve1：定差减压阀，仿真马达回油背压（0.5MPa）。

Pressure Relief Valve2：定差减压阀，限制马达回路的最高工作压力（16MPa）。

Load：理想转矩源，仿真轮胎不同路况下的阻力矩。

第 11 章 液力变矩器

液力变矩器是车辆自动变速器的核心组成部分之一,其作用是利用液体循环流动过程中动能的变化传递动力。为了便于理解液力变矩器的结构和工作原理,首先分析介绍液力偶合器。

液力变矩器是利用液体循环流动过程中动能的变化传递动力的,为了便于理解液力变矩器的结构和工作原理,必须首先介绍液力偶合器。

11.1 液力偶合器

(1) 液力偶合器的组成

在液力传动的发展初期,将液力偶合器应用在汽车上。液力偶合器安装在汽车发动机与机械变速器之间,即主离合器的位置上。其主要零件如图 11.1(a) 所示,结构简图如图 11.1(b) 所示。

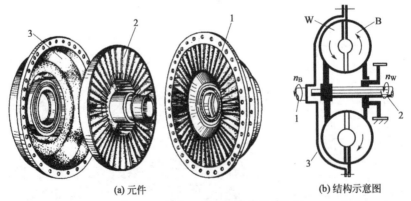

(a) 元件　　　　　　　　　　　(b) 结构示意图

图 11.1　液力偶合器元件与结构示意图
1—泵轮;2—涡轮;3—外壳

液力偶合器是一种液力传动装置,若忽略机械损失,输出力矩与输入力矩相等。液力偶合器主要由外壳 3、泵轮 1、涡轮 2 三个部分组成,壳体与输入轴相连;泵轮与壳体刚性连接在一起,随输入轴一同旋转,是液力偶合器的主动部分;涡轮和输出轴连接在一起,是液力偶合器的从动部分。泵轮和涡轮是两个具有相同内外径的叶轮（统称为工作轮），相对安装且互不接触，为能量转换和动力传输的基本组件，其形状如图11.1所示，叶轮内部有许多径向片，在各叶片之间充满工作油液，两轮装合后相对端面之间有3～4mm的间隙，它们的内腔共同构成圆形或椭圆形的环状空腔，其轴线断面一般为圆形，此环状空腔称为循环圆，该剖面是位于通过包含泵轮、涡轮轴所作的截面，也称轴截面。

（2）液力偶合器工作原理

液力偶合器内充满了工作油，当输入轴旋转时，带动液力偶合器的壳体和泵轮一同转动，泵轮叶片内的工作油在泵轮的带动下一同旋转；液体绕泵轮轴线作圆周运动，同时又在离心力作用下从叶片的内缘向外流动，此时外缘的压力较高，而内缘的压力较低，其压力差取决于泵轮的半径和转速，这时涡轮暂时仍处于静止状态，其外缘与中心的压力相同，涡轮外缘的压力低于泵轮外缘的压力，而涡轮中心的压力则高于泵轮的中心压力，由于两个工作轮封闭在一个壳体内，所以这时被甩到外缘的工作油，就冲到涡轮的外缘，使涡轮在工作油冲击力的作用下旋转；冲向涡轮叶片的工作油沿涡轮叶片向内缘流动，又返回到泵轮的内缘，被泵轮再次甩向外缘，工作油就这样从泵轮流向涡轮，又从涡轮返回到泵轮而形成一轮循环；在循环过程中，输入轴供给泵轮旋转力矩，泵轮使原来静止的工作油获得动能，冲击涡轮时，将工作油的一部分动能传递给涡轮，使涡轮带动从动轴旋转，因此涡轮承担着将工作油大部分动能转换成机械能的任务。

在液力偶合器泵轮和涡轮叶片内循环流动的工作油，从泵轮叶片内缘流向外缘的过程中，泵轮对其做功，其速度和动能逐渐增大；而在从涡轮叶片外缘流向内缘的过程中，工作油对涡轮做功，其速度和动能逐渐减小。因此液力偶合器的传动原理是：输入轴输入的动能通过泵轮传给工作油，工作油在循环流动的过程中又将动能传给涡轮输出，由于在液力偶合器内只有泵轮和涡轮两个工作轮，工作油在循环流动的过程中，除了与泵轮和涡轮之间的作用力之外，没有受到其他任何附加的外力，根据作用力与反作用力相等的原理，工作油作用在涡轮上的力矩应等于泵轮作用在工作油上的力矩，即输入轴传给泵轮的力矩与涡轮上输出的扭力矩相等，这就是液力偶合器的传动原理。

泵轮内的工作油，除了沿循环圆作环流外，还要绕泵轮轴线作圆周运动，故工作油的流动方式（绝对运动）是以上两者的合成，运动方向是斜对着涡轮冲击涡轮的叶片，然后顺着涡轮的叶片再流回泵轮，此时，液压油的路线是一个螺旋环。涡轮旋转后，由于涡轮内的离心力对液体环流的阻碍作用，因而工作油的绝对运动方向也要有所改变，此时，螺旋线拉长如图11.2所示，涡轮的转速越高，液压油的螺旋形路线拉得越长，当涡轮和泵轮转速相同时，两个工作轮的离心力相等，工作油沿环圆的流动停止，工作油随工作轮绕轴线作圆周运动，这时的液力偶合器便不再有传递动力的作用。

因此，为了使液压油能够传递动力，必须使液压油在泵轮和涡轮之间造成环流运动。为了能形成环流运动，两个工作轮之间必须存在转速差，转速差越大，工作轮之间的压力差越

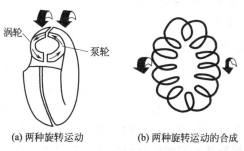

(a) 两种旋转运动　　(b) 两种旋转运动的合成

图11.2　液力偶合器内液压油运动方式

大，工作油所传递的力矩也越大，当然工作油所能传递给涡轮的扭力矩最大只能等于泵轮从输入轴获得的力矩。

由液力偶合器的工作原理可知，液体在循环流动过程中，没有受到任何其他附加外力，故输入轴作用于泵轮上的力矩与涡轮所获得并传给从动轴的力矩相等，即液力偶合器只传递力矩，而不改变力矩的大小，这是目前液力偶合器在汽车上不再应用的原因。从以上可以得知以下两点。

① 工作油在液力偶合器中同时具有两种旋转运动　其一，是随同工作轮一起，作绕工作轮轴的圆周运动（牵连运动）；其二，是经泵轮到涡轮，又从涡轮返回泵轮，反复循环，工作油沿工作腔循环圆作环流运动-轴面循环圆运动（相对运动），如图 11.2(a) 所示。故工作油的绝对运动是两种旋转运动的合成，运动方向是斜对着涡轮冲击涡轮叶片（工作油质点的绝对运动），这样工作油质点的流线是一条首尾相接的环形螺旋线，如图 11.2(b) 所示。

② 工作油沿循环圆作环流运动是液力偶合器能够正常传递动力的必要条件　为了能形成沿循环圆的环流运动，泵轮和涡轮之间必须存在转速差，转速差越大，泵轮外缘处与涡轮外缘处能量差亦越大，工作油传递的动力也越大。若泵轮与涡轮两者转速相等，泵轮处与涡轮外缘处的能量差消失，循环圆内工作油的循环流即停止，液力偶合器就不再有传递动力的作用。

11.2　液力变矩器结构与工作原理

（1）液力变矩器的构造

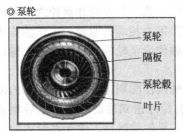
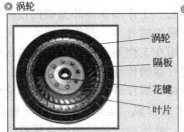
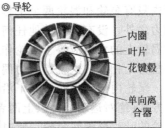

图 11.3　液力变矩器叶轮图

液力变矩器（图 11.3）的作用如下。
① 使发动机产生的转矩成倍增长。
② 起到自动离合器的作用，传送（或不传送）发动机转矩至变速箱。
③ 缓冲发动机及传动的扭转振动。
④ 起到飞轮的作用，使发动机转动平稳。
⑤ 驱动液压控制系统的油泵。

（2）液力变矩器工作原理

和偶合器一样，液力变矩器正常工作时，贮于环形内腔中的工作油，除有绕液力变矩器轴的圆周运动以外，还有在循环圆中的循环流动；与偶合器的不同是，由于多了一个固定不动的导轮，在液体循环流动的过程中，导轮给涡轮一个反作用力矩，从而使涡轮输出力矩不同于泵轮输入力矩，因而具有"变矩"的功能。液力变矩器不仅传递力矩，且能在泵轮力矩不变的情况下，随着涡轮的转速不同而改变涡轮输出的力矩。发动机运转时带动液力变矩器的壳体和泵轮一同旋转,泵轮内的工作油在离心力的作用下,由泵轮叶片外缘冲向涡轮,并沿涡轮叶片流向导轮,再经导轮叶片流回泵轮叶片内缘,形成循环的工作油。导轮的作用是改变涡轮上的输出力矩,由于从涡轮叶片下缘流向定叶轮的工作油仍有相当大的冲击力,只要将泵轮、涡轮和导轮的叶片设计成一定的形状和角度,就可以利用上述冲击力来提高涡轮的输出力矩。

① 液力变矩器的组成 由泵轮（主动轮）、涡轮（被动轮）和导轮三个工作轮组成,如图 11.4 所示。它们是转换能量、传递动力和变矩必不可少的基本组件。

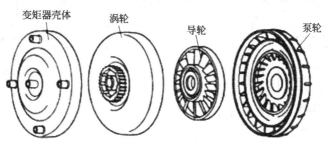

图 11.4 液力变矩器的主要工作组件

泵轮：使发动机的机械能转换为液体能量。
涡轮：将液体能量转换为涡轮轴上的机械能。
导轮：通过改变工作油的方向而起变矩作用。

② 液力变矩器的运动 与液力偶合器一样,液力变矩器中液体同时绕工作轮轴线做旋转运动和沿循环圆的轴面做循环旋转运动,轴面循环按先经泵轮,后经涡轮和导轮,最后又回到泵轮的顺序,进行反复循环,如图 11.5 所示。变矩器工作原理如图 11.6 所示。

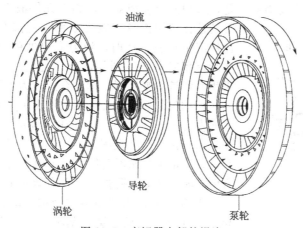

图 11.5 变矩器内部的涡流

③ 液力变矩器的效率随涡轮的转速而变化

a. 当涡轮转速为零时,增矩值最大,涡轮输出力矩 M_T 等于泵轮输入力矩 M_B 与导轮反作用力矩 M_D 之和,即

$$M_B + M_T + M_D = 0 \tag{11.1}$$

b. 当涡轮转速由零逐渐增大时,增矩值随之逐渐减少。

c. 当涡轮转速达到某一值时,涡轮出口处工作油直接冲向定叶轮出口处,工作油不改变流向,此时液力变矩器转化为液力偶合器,涡轮输出力矩等于泵轮输入力矩。

d. 当涡轮转速进一步增大时,涡轮出口处工作油冲击定叶轮叶片背面,此时液力变矩

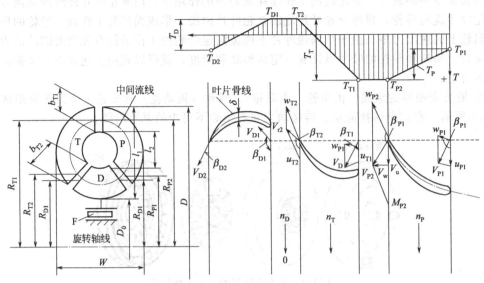

图 11.6 变矩器工作原理图

器涡轮输出力矩小于泵轮输入力矩,其值等于泵轮输入力矩与导轮力矩之差。

e. 当涡轮转速与泵轮转速相同时,液力变矩器失去传递动力的功能。

(3) 综合式液力变矩器

目前液力变矩器的结构形式很多,这一方面反映了它在结构方面的进步与发展,另一方面也反映了不同车辆在使用液力变换器时,对它不同的性能要求。

上面所介绍的液力变矩器,是普通型液力变矩器(单相三元件液力变矩器),它只在中等转速比范围内具有较高效率,但汽车经常需要在高传动比情况下行驶,此时,液力变矩器的效率反而下降,这在实际使用时是很不利的,为了避免这一缺陷,汽车上通常采用两相液力变矩器,即综合式液力变矩器。

目前使用在自动变速器的汽车上的液力变矩器都是综合式液力变矩器(图 11.7),它和上述液力变矩器的不同之处在于它的导轮不是完全固定不动的,而是通过单向(超越)离合器,固定于变速器壳体上。单向离合器使导轮可以顺时针方向旋转(从输入端看),但不能朝逆时针方向旋转。

① 综合式液力变矩器的结构 综合式液力变矩器与单相三元件液力变矩器结构基本相似,它仍由泵轮、涡轮和导轮三工作轮组成,两者之间的区别是导轮与导轮轴不再是刚性连接为一体,而是在导轮与导轮轴之间装有单向离合器。图 11.8 所示是滚柱式单向离合器的结构,外座圈与导轮连为一体,内座圈与导轮轴刚性连接,若工作油冲击导轮叶片正面,使外座圈按顺时针方向转动,滚柱将卡死在内、外圈之间的楔形槽内,形成楔紧状态,使内外圈接合;由于导轮轴是固定不动的,故导轮锁定而固定不动;若工作油冲击导轮叶片的背面,使外座圈按逆时针方向转动,滚柱便有向楔形槽宽阔部分移动的趋势,使它与内、外圈表面接触的压力很小,不能楔紧而处于分离状态,于是外圈(或导轮)可以朝逆时针方向自由地转动,由此可见,单向离合器对导轮有单向锁定作用。

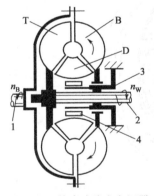

图 11.7 综合式液力变矩器
1—输入轴;2—输出轴;3—导轮轴;
4—单向离合器;B—泵轮;
T—涡轮;D—定叶轮

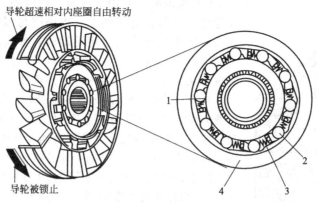

图 11.8　滚柱式单向离合器
1—内座圈；2—滚柱；3—弹簧；4—外座圈

a. 典型三元件综合液力变矩器结构。典型轿车用三元件综合式液力变矩器如图 11.9 所示，它由泵轮、涡轮和导轮组成。

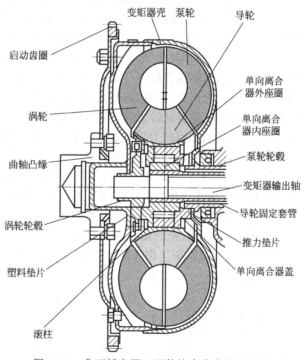

图 11.9　典型轿车用三元件综合式液力变矩器

液力变矩器壳体由前后两半焊接而成，壳体前端连接着装有启动齿圈的飞轮，并用螺钉固定在曲轴后端凸缘上，为了在维修拆装后保持液力变换器与曲轴原有的相对位置，以免破坏动平衡，螺钉在圆周上的分布是不均匀的，只有其位置正确，才能装上。

泵轮焊在泵轮壳上，涡轮叶片与涡轮壳体铆接，以花键与液力变矩器输出轴相连，泵轮及涡轮的叶片和壳体均为钢板冲压件，叶片和内环采用点焊连接，与外壳采用铜焊连接，导轮用铝合金铸造，并与单向离合器的外座圈固定连接。

液力变矩器单向离合器的作用是只允许导轮单向旋转，不允许其逆转。其构造可用

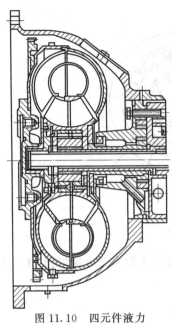

图 11.9 来说明，它由外座圈、内座圈、滚柱及弹簧组成，导轮用铆钉铆在外座圈上，内座圈与固定套管用半月花键连接，因而内座圈是固定不动的，外座圈的内表面有若干个偏心的圆弧面，滚柱经常被弹簧压向外座圈之间滚道比较狭窄的一端，从而将内外两座圈楔紧。

b. 四元件综合式液力变矩器结构。某些启动变矩系数大的液力变矩器，若采用上述三组件综合式液力变矩器，则在由最高效率的工作情况到偶合器开始工作的区段上效率显著下降，为避免这个缺点，可将导轮分割成两个，分别装在各自的自由轮上，而形成四元件综合式液力变矩器（图 11.10）。

② 综合式液力变矩器工作原理

a. 三元件综合式液力变矩器工作原理。单相三元件液力变矩器中的导轮由于单向离合器的作用，只能沿一个方向转动。

当涡轮转速较低、与泵轮转速差较大时，从涡轮出口处流出的工作油冲击定叶轮叶片正面，迫使导轮顺时针方向旋转，由于滚柱楔紧在滚道的窄端，导轮便和自由轮的外座圈一起被卡紧在内座圈上而固定不动，此时单向离合器处于接合状态，导轮锁定不动，此状态仍与单相液力变矩器相同，

图 11.10 四元件液力变矩器结构示意图

液力变矩器起增大力矩的作用；当涡轮转速升高到一定值时，涡轮出口处工作油冲击导轮叶片的背面，即工作油对导轮的冲击力反向，此时单向离合器处于分离状态，于是导轮自由地相对于内座圈与涡轮同向转动，这时液力变矩器就转入偶合器的工况工作，可以朝涡轮转向相同的方向自由转动，在此状态导轮对工作油作用的力矩等于 0，可以把导轮与涡轮合成一个整体来看待，故涡轮力矩基本上与泵轮力矩相等，液力变矩器转化为液力偶合器工作状态。

由上述分析可知，综合式液力变矩器通过单向离合器的作用有两种工作情况，即液力变矩器工况和偶合器工况。液力变矩器可能有的工况数称为液力变矩器的相数，在前面所述的液力变矩器只有"变矩"工况，故称为单相三元件液力变矩器；综合式液力变矩器具有"变矩"和"偶合"两种工作情况，故称为两相三元件液力变矩器。

b. 四元件综合式液力变矩器工作原理。图 11.11 为四元件综合式液力变矩器的简图。

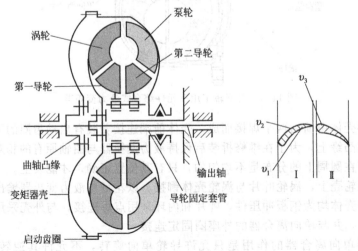

图 11.11 四元件综合式液力变矩器

当涡轮转速较低时，涡轮出口处工作油冲击在两导轮叶片的凹面上，方向如图11.11所示，此时两导轮的单向离合器锁住，导轮固定，如同液力变矩器工况工作；当涡轮转速增加到一定程度，工作油对第一导轮的冲击力反向，第一导轮便因单向离合器松脱而与涡轮同向旋转，此时只有第二导轮仍起变矩作用；当涡轮转速继续升高到接近泵轮转速时，第二导轮也受到工作油的反向冲击力而与涡轮及第一导轮同向转动，于是液力变矩器全部转入偶合器工况。

（4）带锁止离合器的综合式液力变矩器

液力变矩器是用工作油来传动力的，由于液力变矩器的涡轮与泵轮之间存在转速差，且工作油的内部摩擦亦会造成一定的能量损失，因此传动效率较低。传动效率低是液力变矩器的一个主要缺点，因此，采用液力变矩器的汽车在正常行驶时的燃料经济性较差。为了充分利用发动机功率，提高汽车在高传动比工况下的传动效率，减少燃油消耗，提高汽车燃油经济性，需要进一步提高液力变矩器的效率，特别是提高高转速比时的效率。为此，在综合式液力变矩器的内部增设一锁止离合器，即带锁止离合器的综合式液力变矩器，简称锁止综合式液力变矩器。

① 带锁止离合器的综合式液力变矩器的构造　现代轿车自动变速器采用带锁止离合器的综合式液力变矩器，其结构如图11.12所示。它是在综合式液力变矩器的基础上增加一个由工作油操纵的锁止离合器，锁止离合器通常采用湿式、片式摩擦离合器；锁止离合器的主

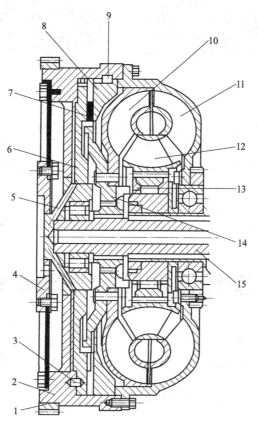

图11.12　带锁止离合器的综合式液力变矩器结构图
1—启动齿圈；2—锁止离合器操纵油缸；3—导向销；4—曲轴凸缘盘；5—油道；6—压盘；
7—离合器从动盘；8—传力盘；9—键；10—涡轮；11—泵轮；12—定叶轮；
13—自由轮机构；14—涡轮轮壳；15—输出轴

动部分即为液力变矩器泵轮壳体,与输入轴相连,被动部分是一个可做轴向移动的压盘,它通过花键套与涡轮输出轴相连,压盘背面(图11.12中右侧)的工作油与液力变换器泵轮、涡轮中的工作油相通,保持一定的油压(该压力称为液力变矩器压力);压盘左侧(压盘与液力变换器泵轮壳体之间)的工作油通过液力变矩器输出轴中间的控制油道与控制阀总成上的锁止控制阀相通,锁止控制阀由自动变速器电脑通过锁止电磁阀来控制,锁止离合器的接合和分离即由此专门的控制机构来控制。

② 带锁止离合器的综合式液力变矩器工作原理　当锁止离合器处于分离状态时,与综合式液力变矩器一样,仍具有变矩和偶合两种工作情况;当锁止离合器处于接合状态时,此时发动机功率经输入轴、液力变矩器壳体和锁止离合器直接传至涡轮输出轴,液力变矩器不起作用,这种工况称为锁止工况。在此工况时,泵轮与涡轮被连接为一体,失去液力传递动力的功能,所有动力皆由锁止离合器传递,如图11.13所示。

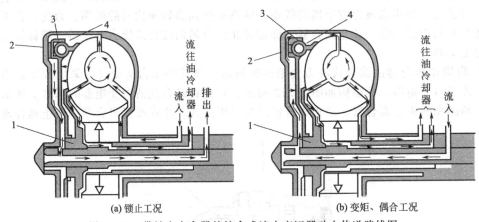

图 11.13　带锁定离合器的综合式液力变矩器动力传递路线图

当汽车起步或在上坡路面上行驶时,锁止离合器分离,使液力变矩器起作用,以充分发挥工作油传动自动适应行驶阻力剧烈变化的优点;当汽车在良好道路上行驶时,接合锁止离合器,使液力变矩器的输入轴和输出轴成为刚性连接,即转为直接机械传动,此时提高了汽车的行驶速度和燃料经济性。

当锁止离合器接合时,单向离合器脱开,导轮在工作油中自由旋转,若取消单向离合器,则当泵轮与涡轮锁成一体旋转时,导轮将仍处于固定状态,导致工作损失加大,效率下降。

11.3　液力变矩器的补偿冷却系统

液力变矩器的传动效率总是低于100%,即在传递动力的过程中总有一定的能量损失,这些损失的能量绝大部分都被液力变矩器中的工作油以内部摩擦的形式转化为热量,并使液力变矩器中的工作油的油温升高。为了防止工作油温度过高,必须将受热后的工作油送至冷却器进行冷却,同时不断地向液力变矩器输入冷却后的工作油。该系统可与自动变速器控制系统分开而自成一体,也有与自动变速器控制系统合而为一的,对于小功率车辆多与自动变速器的控制系统合为一体。

液力变矩器的补偿及冷却系统主要由油泵、控制阀、滤油器、冷却器等组成。

液力变矩器中的工作油是由油泵提供的,从油泵输出的工作油有一部分经过液力变矩器轴套与导轮固定套之间的间隙进入液力变矩器内,受热后的工作油经过导轮固定套与液力变矩器输出轴之间的间隙或中空的液力变矩器输出轴流出液力变矩器，经油管进入安装在发动机水箱附近或水箱内的工作油冷却器，经冷却后流回自动变速器的油底壳（图 11.14）。

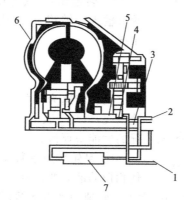

图 11.14　变矩器补偿及冷却系统
1—进油；2—回油；3—输出轴；4—导轮固定套；5—液力变矩器轴套；6—液力变矩器泵轮壳；7—冷却器

液力变矩器的各工作轮在一个密闭腔内工作，腔内充满工作油，它既是工作介质，又是各部件的润滑油和冷却剂，当液力变矩器工作时，泵轮高速转动，循环圆内工作油质点在沿工作轮叶片流动时受离心惯性力的作用，叶片上各点处工作油压力均不相同；在泵轮叶片出口处压力最大，而在泵轮进口处的叶片背面压力最低；在工作油加压过程中，若该处压力下降到低于该温度下工作油的饱和蒸气压时，液体便开始气化蒸发，析出气泡，这一现象称为汽蚀现象；当液体中的气泡随工作油运动到压力较高的区域时，气泡在周围工作油的冲击下迅速破裂，又凝结成液态，使体积骤然缩小，出现真空；于是周围的工作油质点即以极高的速度填补这些空间；在此瞬间，工作油质点相互强烈碰击，产生噪声，同时形成很高的局部压力、温度，致使叶片表面的金属颗粒被击破剥落，因此，汽蚀现象将影响液力变矩器正常工作，使其效率下降，并伴有噪声，故工作腔内必须保持足够的压力。

在液力变矩器中，为了避免汽蚀及高温而造成的不良后果，需要采用补偿冷却系统，将工作油以一定的压力输送到液力变矩器中，使其循环圆内保持一定的补偿压力，其值视液力变矩器而异，通常在 0.25～0.7MPa 范围内，而且随工作情况不同而变化。补偿冷却系统的另一个作用是不断地将工作油从液力变矩器中引出，送到冷却器或变速器的油底壳进行冷却。

由油泵输出具有一定压力的补偿油通过固定套管与泵轮壳之间的环状空腔，从导轮与泵轮之间的缝隙进入，由涡轮与导轮之间流出，经固定套管与液力变矩器输出轴之间的环状空腔通往冷却器，使工作油得到冷却。由于补偿压力的存在，工作轮上受到的轴向力较大，因此，在导轮端部装有有色金属推力垫片，在涡轮与壳体之间装有耐磨的塑料垫片。

工作油泵通常安装在液力变矩器的后部，由变矩器泵轮的轴套驱动，在发动机运转时，不论汽车是否行驶，油泵都在运转，为自动变速器中的液力变矩器、换挡执行机构、液压控制阀等部分提供所需的一定压力的工作油，以确保其正常工作。常见的自动变速器油泵有 4 种类型：内啮合齿轮泵、摆线转子泵、叶片泵及变量泵。

11.4　液力变矩器的特性

液力变矩器的特性可用特性参数或特性曲线来评定，如图 11.15 所示。

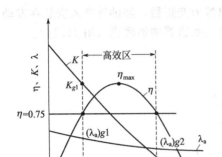

图 11.15 液力变矩器的特性曲线

（1）特性参数

① 转速比 i　转速比为涡轮（输出）转速 n_T 与泵轮（输入）转速 n_B 之比，用它来表示液力变矩器的工况。

$$i = \frac{n_T}{n_B} \tag{11.2}$$

涡轮转速为零的工况，即 $i=0$ 的工况，称为零速工况，以 i_0 表示。液力变矩器的启动性能以零速工况的性能来评价。

② 泵轮转矩系数 λ_B　根据相似理论，一系列几何相似的液力变矩器在相似工况（转速比 i 相同）下所传递的力矩的值，与液体重度的一次方、转速的平方和循环圆直径的五次方成正比。

$$M_B = \gamma \lambda_B n_B^2 D^5 \text{（kgf·m）} \tag{11.3}$$

$$\lambda_B = \frac{M_B}{\gamma n_B^2 D^5} [\min^2/(\text{m}\cdot\text{r}^2)] \tag{11.4}$$

式中　M_B——泵轮力矩，N·m；
　　　λ_B——泵轮容量系数；
　　　D——循环圆直径，mm。

对于几何相似的液力变矩器，在相同的工况下，λ_B 值相等（实际上由于尺寸、转速的差别略有不同）。λ_B 值一般由试验确定，它标志着液力元件传递力矩的能力。

③ 变矩系数 K　变矩系数 K 为涡轮力矩（载荷转矩）M_T 与泵轮力矩（输入转矩）M_B 之比。它表示液力元件改变输入力矩的能力。

$$K = -\frac{M_T}{M_B} \tag{11.5}$$

由于载荷转矩与输入转矩方向相反，故在式(11.5)右边加负号，以使 K 为正值。

对于液力偶合器 $K=1$；对于液力变矩器，在转速比低于偶合器工况时 $K>1$。

④ 效率　效率（总效率）η 为输出功率与输入功率之比，即

$$\eta = \frac{N_T}{N_B} = -\frac{M_T n_T}{M_B n_B} = \eta i \tag{11.6}$$

液力元件的功率损失为各种机械损失（轴承、密封、圆盘摩擦等损失）及液力损失（液力摩擦损失，流道的转弯、扩散、收缩等局部损失及来流方向与叶片头部骨线方向不一致时的冲击损失）。液力损失占的比重较大，在偏离计算工况时尤甚。

除上述诸特性参数外，由于液力变矩器的特殊性，还用到下列特性参数。

⑤ 最高效率 $\eta_{\max}$　液力变矩器的效率在计算工况附近具有最高值，此效率以 $\eta_{\max}$ 表示。它在一定程度上反映了液力变矩器经济性的优劣。

⑥ 高效范围 G_η　高效区是指效率高于某一规定值的工作范围。用高效范围 G_η 来评价此范围的宽窄。

$$G_\eta = \frac{i_{g2}}{i_{g1}} \tag{11.7}$$

例如，$G_{0.75} = 2.2$ 表示效率高于 0.75 的工作范围为 2.2。高效范围也是评价液力变矩器的经济性指标之一。

⑦ 透穿数 T

$$T = \frac{\lambda_{B0}}{\lambda_{Bi}} \tag{11.8}$$

式中 λ_{B0} ——零速工况的 λ_B 值；

λ_{Bi} ——视不同使用部门而采用偶合器工况的 λ_{Bh} 或最高效率工况的 $\lambda_{B\eta}$ 值。

透穿数标志着载荷转矩的变化对泵轮力矩的影响程度。若 λ_B 不随工况而变化，称之为具有不可透穿性（图 11.16）。实际上 λ_B 不可能绝对不变动，一般当 $T=0.9\sim1.1$ 时称为具有不透穿性；λ_B 随 i 的增大而减小，且 $T>1.1$，则称具有正透穿性；λ_B 随 i 的增大而增大，且 $T<0.9$，则称具有负透穿性。

此外，某些液力变矩器具有混合透穿性。即 λ_B 在 i 低时具有负（正）透穿性，当 i 等于某一数值时，λ_B 具有极值 λ_{Bm}，i 大于此值后又具有正（负）透穿性。混合透穿性可用式(11.9)和式(11.10)分段表示。

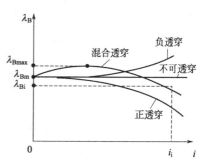

图 11.16 液力变矩器的透穿性

$$T_1 = \frac{\lambda_{B0}}{\lambda_{Bm}} \tag{11.9}$$

$$T_2 = \frac{\lambda_{B0}}{\lambda_{Bi}} \tag{11.10}$$

式中，λ_{Bm} 为 λ_{Bmax} 或 λ_{Bmin}。

（2）特性曲线

从特性曲线可以全面了解液力变矩器在各种不同工况时的性能。经常用到的有外特性曲线和原始特性曲线，有时还用到全特性曲线。

① 液力变矩器的外特性曲线　外特性曲线表示液力元件的转矩、效率与输出转速的关系，一般由试验得出。通常是在试验时，保持 n_B 为定值，测定 $M_T = f(n_T)$ 及 $M_B = f(n_T)$，然后用式(11.6)计算得 $\eta = f(n_T)$。最后绘成曲线，如图 11.17 所示。

试验时若转速稍有偏离，可按在满足相似条件下将力矩换算成同一转速下的数值：

$$M_B = M_{BS}\left(\frac{n_B}{n_{BS}}\right)^2 \tag{11.11}$$

$$M_T = M_{Ts}\left(\frac{n_B}{n_{Bs}}\right)^2 \tag{11.12}$$

式中，M_{BS}、M_{Ts} 为转速在 n_{BS} 时测得的泵轮、涡轮力矩值；M_B、M_T 为换算到转速在 n_B 的相应力矩值。

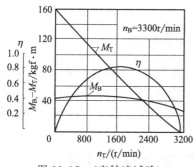

图 11.17 （定转速试验）液力变矩器的外特性曲线

液力变矩器的外特性曲线，通常还用另一种表示方法，即在试验时保持 M_B 为定值，测定 $M_T = f(n_T)$ 及 $n_B = f(n_T)$，然后用式(11.6)计算的 $\eta = f(n_T)$，最后绘成曲线如图 11.18 所示。

② 原始特性曲线　原始特性曲线是以 $\lambda_B = f(i)$、$\eta = f(i)$、$K = f(i)$ 的形式来表示的特性曲线，它是在外特性曲线基础上，用式(11.3)~式(11.6)计算而绘制的，如图 11.19 所示。

上述外特性与原始特性是一般牵引工况下的特性曲线，位于直角坐标的第一象限内。在

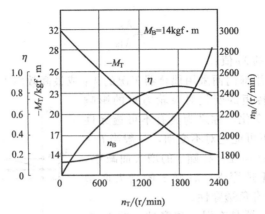

图 11.18 （定力矩试验）液力变矩器的外特性曲线

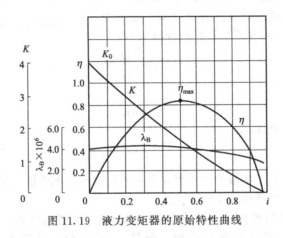

图 11.19 液力变矩器的原始特性曲线

某些工作机上由于载荷的特点工作区域超出第一象限，此时的特性曲线称为全特性曲线。全特性曲线表示的是反传工况、制动工况的特性。

11.5 液力变矩器与整车的匹配

机器动力性能和经济性能的好坏，很大程度上决定于液力变矩器与发动机共同工作的性能。只有做到两者间的合理匹配，才能使液力变矩器、机械传动部分和操纵部分相互协调，将发动机的特性优良地转换为工作机的特性。因此，在选用液力变矩器时，匹配是个重要问题。

11.5.1 液力变矩器与发动机的共同工作和动力性能计算

（1）液力变矩器与发动机的共同工作

液力变矩器和发动机的共同工作是指两者连接在一起后共同工作的范围和输出特性。共同工作范围是由液力变矩器输入特性曲线与发动机实用外特性曲线所形成的工作范围。在该范围内每一点都表示在一定的转速比 i 时，液力变矩器与发动机共同工作的转矩和转速。共同工作范围的确定通常有两种方法，一是作图法，二是计算法。作图法可按下列步骤进行，计算法可根据作图法的步骤编写程序由计算机求解，这里仅介绍图解法。

① 共同工作范围的确定

a. 作发动机的实用外特性曲线。实用外特性是指发动机输入到液力变矩器泵轮轴上的转矩和功率外特性，可按下式进行换算。

$$M_d = M_{dn} - \sum M_f$$
$$N_d = N_{dn} - \sum N_f$$

式中 M_d，N_d——发动机实际输入到液力变矩器泵轮轴上的转矩和功率；

M_{dn}，N_{dn}——发动机的标定转矩和功率；

$\sum M_f$，$\sum N_f$——消耗在液力变矩器泵轮轴前的转矩和功率，如发动机附件、整机辅助机构和工作机消耗的转矩和功率。

制造厂给出的内燃机外特性是台架试验特性，但是台架试验时所带附件和使用时往往不同。附件消耗的转矩 M_f 对于工程机械、重型汽车、石油钻机和内燃机车，在缺乏资料的情况下，可大致按式(11.13)扣除：

$$M_f = \frac{716.2 \times (6\% \sim 10\%) N_{dn} n_{df}^2}{n_{df}^3} \quad (\text{kgf} \cdot \text{m}) \tag{11.13}$$

式中 N_{dn}——内燃机的标定功率，它根据机器的使用要求有不同的选择，如汽车以 15min 功率为标定功率；

n_{dn}——内燃机的标定转速，r/min；

n_{df}——内燃机附件的转速，r/min。

整机辅助机构包括液力传动装置的补偿及动力换挡泵，车辆的转向泵，自卸汽车的举升泵等。

转向泵和举升泵只扣除空转损耗功率补偿及动力换挡泵按实际消耗扣除。

如工程机械中装载机的工作装置用泵，功率消耗很大，一般占柴油机标定功率的30%～50%。对于这类机器，应对整机作大量试验，方能确定合理的扣除量。

柴油机的实用外特性曲线如图 11.20(b) 所示。

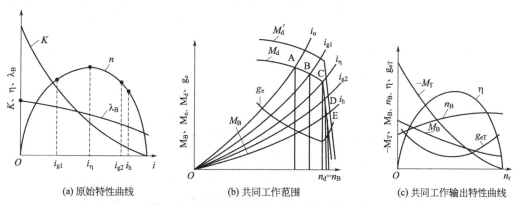

(a) 原始特性曲线　　(b) 共同工作范围　　(c) 共同工作输出特性曲线

图 11.20 液力变矩器与柴油机的共同工作

b. 作液力变矩器的输入特性曲线。液力变矩器的输入特性是指不同转速比 i 时，泵轮轴的转矩 M_B 与其转速 n_B 之间的关系 $M_B = f(n_B)$。对于确定的转速比 i，λ_B 为常数。因此在任一转速比下，由公式 $M_B = \gamma \lambda_B n_B^2 D^5$ 可知，$M_B = f(n_B)$ 的关系曲线是一条通过坐标原点的抛物线［图 11.20(b) 中的 M_B］。

c. 绘制共同工作范围。

• 给出不同的转速比，在原始特性上查得相应的转矩系数 M_B。在实际计算中，一般给定下列工况转速比：i_o、i_{g1}、i_η、i_{g2}、i_h；对混合透穿的液力变矩器，还应给出最大转矩

系数工况的转速比 $i_{\lambda Bmax}$；对综合式液力变矩器还应给出偶合器工况区最高效率的转速比 $i_{h\eta}$。

- 以不同的泵轮转速 n_B 计算泵轮转矩。

$$M_B = \gamma \lambda_B n_B^2 D^5$$

d. 在发动机实用外特性图上，以相同的比例作各工况的特性曲线 $M_B = f(n_B)$，它与发动机实用外特性曲线的交点即共同工作点，如图 11.20(b) 中所示的 A、B、C、D 和 E 点。曲线 $OABCDEO$ 所包含的范围即共同工作范围。

若发动机是内燃机，在共同工作范围图上还应作出该内燃机的油耗曲线（给出全负荷的油耗曲线），如图 11.20(b) 中的 g_e 曲线，以评价共同工作的经济性。

② 共同工作的输出特性 共同工作的输出特性是指液力变矩器与发动机共同工作时，液力变矩器涡轮轴的转矩 M_T 与其转速 n_T 间的关系 $M_T = f(n_T)$。作输出特性的目的是为了对整机进行动力性能计算。

绘制共同工作的输出特性曲线的方法如下。

a. 在共同工作范围图上，根据共同工作点，查出所选转速比下液力变矩器和发动机共同工作的转矩 M_B 和转速 n_B。如发动机为内燃机还应查处相应的比油耗 g_e。

b. 在液力变矩器特性曲线上，查出对应于所选转速比的变矩系数 K 和效率 η，如图 11.21 所示。

c. 按表 11.1 计算各项。

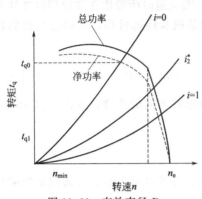

图 11.21 有效直径 D 对共同工作性能的影响

表 11.1 工作输出特性计算表

项目 速比 i	K	η	n_B /(r/min)	M_B /N·m	g_e/[g/ (kW·h)]	计算值		
						$n_T = in_B$ /(r/min)	$M_T = K \cdot M_B$ /N·m	$g_{eT} = g_e/\eta$ /[g/(kW·h)]
0								
$i_{\lambda Bmax}$								
i_{g1}								
i_η								
i_{g2}								
i_h								
...								

d. 在 M_T-n_T 坐标图上作 $M_T = f(n_T)$ 曲线。同时根据表 11.1 还做出 $M_B = f(n_B)$、$\eta = f(n_T)$ 和共同工作比油耗 $g_e = f(n_T)$ 关系曲线，如图 11.20(c) 所示。

③ 有效直径 D 对共同工作范围的影响 从工程机械的使用工况出发，液力变矩器有效直径 D 的确定应满足变矩器能在最高效率 η^* 工况下传递发动机的最大有效功率 P_e 的要求，这种与最高效率 η^* 相对应的使用工况 i^*，称为最佳工况。液力变矩器有效直径 D 过大或者过小，都会使发动机的功率不能充分被利用，并偏离最佳工况而降低效率。由式(11.13)可知：

$$D = \sqrt[3]{\frac{T_B}{\lambda_B \rho g n_B^2}} \tag{11.14}$$

根据变矩器的结构特点，泵轮转矩 t_B 等于发动机转矩 t_q，泵轮转速 n_B 等于发动机转速 n_E；按照相似理论，可以获得最佳工况 i^* 对应的 λ_B^*，这样便可以确定变矩器的有效直径 D。

$$D = \frac{1}{\sqrt[5]{\lambda_B^* \rho g}} \sqrt[5]{\frac{t_{qeN}}{(n_{eN})^2}} \tag{11.15}$$

式中　t_{qeN}——与发动机最大有效功率 P 相对应的有效转矩；
　　　n_{eN}——发动机最大有效功率的转速。

图 11.20(b) 为柴油机与液力变矩器的共同工作区域，所以就柴油机而言，通过对 D 的选择可以改变柴油机与液力变矩器的共同工作区域，增大 D 可以使得共同工作区域向低转速区移动，这样对 $i=0$ 的失速工况而言，可以获得的最大转矩就会增大，如图 11.21 所示。动力系统克服最大工作阻力的能力得到加强，可以提高整车的短期超载能力。

④ 液力变矩器与发动机共同工作范围的分析　液力变矩器 $\lambda_B = f(i)$ 曲线的变化规律不同，输入特性不同，与发动机共同工作范围也不相同。液力变矩器的透穿性对共同工作范围的影响见图 11.22。

由图 11.21 可知，在循环圆有效直径一定时，$\lambda_B = f(i)$ 曲线就决定了输入特性的形状和分布规律。由于共同工作范围就是输入特性中相应于 λ_{Bmax} 和 λ_{Bmin} 两条曲线间所包括的发动机的工作范围，所以在共同工作的输出特性图上（图 11.22）可以看到，正透穿性液力变矩器可获得更宽的高效范围和大的启动转矩；不透穿的液力变矩器可以获得最大的输出功率；负透穿液力变矩器的上述指标均差；混合透穿液力变矩器取决于 λ_{B0} 和 λ_{Bmax} 所占转速比范围的大小和负透穿数的大小；可调式液力变矩器则可通过改变叶片的开度来得到载荷要求的输出特性。

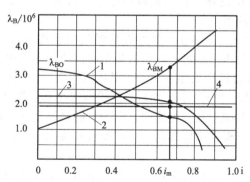

图 11.22　具有各种透穿性能的液力变矩器

总之，正确地选择 $\lambda_B = f(i)$ 特性，对满足工作机器对转矩、功率、速度和经济性能的要求是非常重要的。

(2) 动力性能计算

装有液力传动和装有机械传动的工作机的动力性能计算相似，只是前者在计算中将发动机外特性换成了共同工作输出特性。例如，装液力传动的车辆的理论牵引力 P 和速度可由式(11.16) 和式(11.17) 确定。

$$P = \frac{M_T i_b i_z i_1 \eta_b \eta_z \eta_1}{r_g} \quad (\text{kgf}) \tag{11.16}$$

$$V = 0.377 \frac{n_t r_g}{i_b i_z i_1} \quad (\text{km/h}) \tag{11.17}$$

式中 i_b, η_b——液力传动变速器某挡输入轴与输出轴的转速比和效率；
i_z, η_z——中间传动输入轴与输出轴的转速比和效率；
i_1, η_1——终传动输入轴与输出轴的转速比和效率；
r_g——车轮滚动半径，m。

图 11.23 所示是装有四挡液力机械变速器的空港牵引车的牵引特性。

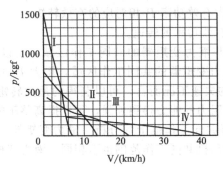

图 11.23 牵引车的牵引特性
Ⅰ～Ⅳ为第 1～4 各挡的特性曲线

11.5.2 液力变矩器与发动机匹配

(1) 液力变矩器与发动机的匹配原则

为使工作机具有良好的动力性能和经济性能，理想的匹配应满足以下几个方面。

① 液力变矩器零速工况的输入特性曲线通过发动机的最大实用转矩点，以使工作机在载荷最大时获得最大输出转矩。

② 液力变矩器最高效率工况的输入特性曲线通过发动机最大实用功率的转矩点，同时高效范围在发动机最大实用功率点附近，以提高发动机的功率利用率。

③ 经济性能好，如电动机应始终在额定工况运转，内燃机应在比油耗最低的区域运转。

④ 满足工作机使用中的特殊要求，如轿车要求噪声小和舒适性好。

实际上，同时满足以上四点是不可能的，因为它们之间互相矛盾和相互制约，所以液力变矩器与发动机的匹配，应根据工作机器的具体要求和特点，综合各方面的情况，分清主次进行研究分析。

液力变矩器与发动机匹配方案的确定，一般是给出几个方案同时进行动力性能计算，通过对动力性能和经济性能的全面分析比较，最后选取一种最好的方案。

目前，确定液力变矩器与内燃机最合理的匹配应从机器最高生产率和最佳经济性来考虑。在工作范围内，平均输出功率最大和平均燃料消耗最小是最合理的匹配，用功率输出系数 φ_N 和燃料消耗系数 φ_{ge} 来评价。

$$\varphi_N = \frac{N_{TP}}{N_{dn}} \tag{11.18}$$

$$\varphi_{ge} = \frac{g_{eTP}}{g_{en}} \tag{11.19}$$

式中 N_{TP}——涡轮轴平均输出功率，kW；
N_{dn}——内燃机标定功率，kW；
g_{eTP}——共同工作的平均比油耗；
g_{en}——内燃机标定工况的比油耗。

N_{dn} 和 g_{en} 可在内燃机外特性图上查得。N_{TP} 和 g_{eTP} 与涡轮转速 n_T 有关，亦即与载荷的变化情况有关。

$$N_{TP} = \int_{n_{Tmin}}^{n_{Tmax}} f(n_T) N_T(n_T) dn_T \tag{11.20}$$

$$g_{eTP} = \int_{n_{Tmin}}^{n_{Tmax}} f(n_T) g_{eT}(n_T) dn_T \tag{11.21}$$

式中　n_{Tmax}，n_{Tmin}——涡轮转速的最大值和最小值；

　　　$N_T(n_T)$——共同工作输出特性上，涡轮轴输出功率 N_T 与转速 n_T 的函数关系；

　　　$g_{eT}(n_T)$——共同工作输出特性上，比油耗 g_{eT} 与转速 n_T 的函数关系；

　　　$f(\eta_T)$——机器在使用过程中，转速的分布规律，当按均匀分布时，根据概率论 $f(n_T) = \dfrac{1}{n_{Tmax} - n_{Tmin}}$，常态分布时 $f(n_T) = \dfrac{1}{\sigma\sqrt{2\pi}} e^{-\frac{n_T - n_{TP}}{2\sigma^2}}$，$\sigma$ 为均方根偏差，n_{TP} 为 n_T 的平均值。

N_{TP} 和 $g_{eT}(n_T)$ 可以从共同工作的输出特性上求得，$f(n_T)$ 与负荷特性和使用情况有关。如果测得机器的载荷谱，经过分析统计，求得 $f(n_T)$ 即可求得 φ_N 和 φ_{ge}。φ_N 和 φ_{ge} 也往往相互矛盾，只能选择既保证动力性能又兼顾经济性能的折中方案。

（2）实现匹配方案的方法

① 发动机和液力变矩器都已给定　由式 $M_B = \gamma \lambda_B n_B^2 D^5$ 可知，改变 λ_B 都可使输入特性的位置移动。

a. 改变 n_B。在发动机和液力变矩器中间加一增速或减速装置。液力变矩器经中间装置吸收的发动机的力矩 M_d 为：

$$M_d = \frac{\lambda_B}{i_z^3 \eta} \gamma n_d^2 D^5 \tag{11.22}$$

式中　n_d——发动机的转速，r/min。

如图 11.24 所示，中间装置是增速器，即 $i_z < 1$ 时，共同工作范围左移；中间装置是减速器，即 $i_z > 1$ 时，共同工作范围右移。

b. 改变 λ_B。选用具有不同 λ_B 的变矩器，可改变共同工作范围。如采取设计叶片形状、泵轮叶片可旋转、导轮叶片可旋转、双导轮或双涡轮等措施，不仅改变 λ_B 同时也会改变其他性能参数如 K_0、J、η 等。λ_B 增大时共同工作范围向低转速区移动。

② 发动机给定和液力变矩器形式的确定　由式 $M_B = \gamma \lambda_B n_B^2 D^5$ 可知，增大 D，共同工作范围左移；减小 D，共同工作范围右移，见图 11.25。

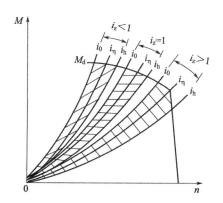

图 11.24　中间装置转速比对共同工作范围的影响

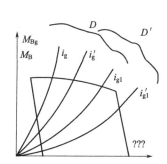

图 11.25　循环圆有效直径对共同工作范围的影响

(3) 液力传动变速器排挡数和转速比的确定原则

在单液力元件的液力传动装置中,液力变矩器后边一般都装有一个多挡机械变速器。这种液力传动装置也称为液力机械变速器。为了使机器具有良好的动力性能和经济性能,不但需要液力变矩器和动力发动机匹配,而且还必须正确地确定机械变速器的排挡数和转速比。

确定液力变速器排挡数和转速比的原则除和机械传动中机械变速器一样外,还要保证各挡下液力变矩器长期运转在高效范围内。

液力传动变速器各挡转速比通常按公比为 q 的几何级数考虑。理论上:

$$q = \frac{i_{bn}}{i_{b(n+1)}} = \frac{K_{g1} M_{Bg1}}{K_{g2} M_{Bg2}} = \frac{i_{g1} n_{Bg1}}{i_{g2} n_{Bg2}} \tag{11.23}$$

式中 i_{bn},$i_{b(n+1)}$——第 n 挡和第 $n+1$ 挡的转速比;

M_{Bg1},n_{Bg1}——液力变矩器在 i_{g1} 工况下与内燃机共同工作的转矩和转速;

M_{Bg2},n_{Bg2}——液力变矩器在 i_{g2} 工况下与内燃机共同工作的转矩和转速。

在要求的牵引力范围内的最少挡数 n 为:

$$n = \lg \frac{p_{max}}{p_{min}} / \lg q \tag{11.24}$$

式中 p_{max}——Ⅰ挡在液力变矩器 i_{g1} 工况下的牵引力;

p_{min}——最高挡在液力变矩器 i_{g2} 工况下的牵引力。

由式(11.23)和式(11.24)可见,液力机械变速器的挡数和各挡速比公比 q 的确定,和内燃机特性、液力变矩器特性及液力变矩器与内燃机的匹配有关。反之,液力传动变速器的速比划分也影响着各挡实际的应用的工作范围。挡数和转速比选取不当,共同工作的输出特性就得不到发挥。

液力机械变速器的排挡数与速比的确定和液力变矩器与内燃机的匹配是互相影响的,它们的计算往往需交叉反复进行。

第 12 章 液力变矩器性能参数设计

车辆液力变矩器是通过工作轮叶片的相互作用，引起机械能与液体能的相互转换来传递动力，通过液体动量矩的变化来改变转矩的传动元件，具有无级连续改变速度与转矩的能力，对外部负载有良好的自动调节和适应性能，能使车辆平稳起步，加速迅速、均匀、柔和，用液体来传递动力进一步降低了尖峰载荷和扭转振动，延长了动力传动系统的使用寿命，提高了乘坐舒适性和车辆平均行驶速度以及安全性和通过性。

12.1 液力变矩器性能参数设计方法

根据原始资料、设计要求和达到目标的不同，设计方法可分为三种。

（1）相似设计法

以某种性能比较理想的液力变矩器作为设计基型，循环圆形状、工作轮布置、叶形等均依其为据，用相似理论确定几何参数。此法亦称为基型设计法，其性能提高受所选基型限制，因而应用中有局限性。

（2）经验设计法

以统计资料中所归纳出的规律、图表为基础，运用自身的设计经验进行综合分析，从而确定变矩器的结构与参数。此法对已有变矩器进行改进设计方便，而对全新设计的性能预测的精度不高；由于主要依据数据与图表，所以不适于优化设计优选参数，亦不便于用计算机进行分析研究。

（3）理论设计法

依据的理论有一元理论、二元理论和三元理论。但因变矩器循环圆中流道内的流动远较一般叶片机械的流动复杂，所以多元流动及附面层理论研究虽取得一定进展，距应用到设计上还有距离。

12.1.1 相似设计法

液力变矩器设计在此主要指变矩器循环圆设计、叶片设计以及一些关键部件的设计。

相似设计法的理论基础是相似原理。根据传递功率的不同，按相似原理计算出液力变矩器的有效直径，根据样机进行放大或缩小。

要使放大或缩小后的液力变矩器与样机变矩器具有相同的性能，必须保证两液力变矩器中的液体流态和受力情况相似，即符号力学相似原则。

根据相似理论，对于任何一组动力相似的液力变矩器，其原始特性相同，故可以利用相似理论进行两个方面的工作。

(1) 检测预订性能

对于大型的新设计的液力变矩器，可以利用模型试验来检测其预定的性能。由于大尺寸大功率的液力传动装置进行全负荷试验比较困难，因此可以采用基准型样品的试验来确定其预定性能。

(2) 放大和缩小尺寸

选取一个比较成熟的性能优良的液力变矩器样机，用相似理论来放大和缩小尺寸，制造出符合使用要求的新变矩器。这是目前液力变矩器设计和研制中常用的方法。

具体步骤如下。

① 根据车辆或机械对液力变矩器提出的使用要求，利用样机的原始特性，确定新液力变矩器的有效直径 D_S。

② 根据 D_S 与样机的有效直径 D_M，求出几何相似的线形比例常数 $C = \dfrac{D_M}{D_S}$。

③ 将样机液力变矩器的工作轮过流部分的几何尺寸，按照比值 $D_S/D_M = C$ 进行放大或缩小，并使叶片系统的叶片角保持不变。

这样就可以设计出与样机性能基本相同的新液力变矩器。但必须指出，由于这样的设计过程在新机和样机之间还不能达到完全相似，因此对应点上的各种作用力都成比例的动力学相似原则不可能得到完全满足。因此，通常是根据具体的流动性质，找出影响流动规律的主要作用力，使这些主要作用力符合力学相似原则，而次要的作用力则忽略不计。

在液力元件的流场中，考虑的主要作用力为惯性力和黏性力。如果在两个流场中两种流动的雷诺数相同，说明在这两种流动中惯性力和黏性力所占的比例相同，即这两个流场符合动力相似原则。虽然新机和样机之间的性能存在一定的差别，但根据实践经验，根据相似理论制造出的新变矩器，其泵轮转速在不低于样机的40%的条件下，其性能与样机的偏差仅在2%～3%的范围内。

12.1.2 传统设计方法主要步骤

实际的设计过程中三种方法是综合应用的，主要分为两个环节，一是基于束流理论的参数设计，二是在试制产品试验结果的基础上根据经验规律进行改进。要达到最终设计目标，试验改进环节往往占了很大的比重。为使问题简化，本章以介绍一元理论为主，但这也需要确定各种修正值和损失系数的近似性，故需反复设计、试验与修正后才能完成。其主要步骤如下。

(1) 循环圆设计

首先，根据制造和掌握设计资料的情况来选择循环圆形状，循环圆按其外环形状主要分为圆形、扁形、蛋形等，在单级三元件液力变矩器中应用较多的是由三段圆弧构成的近似圆形。其次，根据车辆动力性能以及安装尺寸的要求，计算并确定变矩器的有效直径。然后，确定循环圆的基本尺寸并绘出内环形状，其主要原则是保证循环流动的过流面积处处相等。

近年来,随着自动变速箱多挡化的趋势,变矩器循环圆逐渐向扁平化发展。

(2) 叶片角度设计

叶片角度设计的主要依据是经验数据和束流理论。一般程序是首先根据经验规律确定某一角度,如根据启动转矩比确定泵轮出口角,然后按照设计工况下冲击损失最小的条件利用速度三角形确定其他叶片角度。束流理论用于对变矩器外特性进行预测并由此修正角度,在传统设计方法中,束流理论是最主要的理论基础,但是束流理论除了预测精度低的缺点之外,还存在一个重大缺陷便是无法考虑叶片形状的影响。

(3) 叶型设计

传统的叶型设计很大程度上依赖于设计者的经验,尽管有等动量矩分配这一理论,但在某些情况下,等动量矩分配法生成的叶型严重扭曲,明显不合理,因此设计者还需要根据经验进行修正。此外,双扭线设计法和畸形三角形法在叶型设计中也有应用,但这些设计方法均不能直接生成空间三维模型。

根据设计图纸加工试制产品,进行外特性试验。

(4) 改进设计

将试制产品的性能与设计目标对比,并根据经验规律对变矩器各参数进行改进。改进设计后再次加工试制产品进行试验,如此重复"设计—试制—试验—改进"过程,直至符合设计目标。

传统设计方法中,试验和改进环节消耗了大量的成本和时间,几乎占据了整个设计开发过程的 80% 以上。由此可见,传统设计方法不仅费时、费力、费财,而且由于众多环节需要经验确定,使得设计具有很大的不确定性。

12.1.3 理论设计方法类型

从赶超世界先进水平,独立设计创新型高性能液力变矩器的角度看,掌握第三种设计方法即理论设计法更为重要。这种方法分为两大类型。

(1) 相对参数法

它是根据计算工况设计法的改进,因该方法对非计算工况性能不能预测,故而也不能控制。这实际上是一点设计法,显然不能令人满意,已很少采用。故仅对其建立液力变矩器性能(k_0、η^*、T^* 等,对综合变矩器还有 i_M 与 η_{max})与主要结构参数之间(如工作轮半径、叶片角等)的计算过程做简单介绍。

相对参数法是考虑到计算工况、启动工况以及偶合器工况的要求,综合权衡下列各点性能后确定结构参数。

① 计算工况的最高效率 η^* 和速比 i^*。

② 计算工况的泵轮转矩系数 λ_B^*。

③ 启动工况的启动变矩系数 k_0 和转矩系数 λ_{B0}。

④ 对单级综合式变矩器,要附加考核转入偶合器工况的速比 i_M 和偶合器工况的最高效率 η_{max}。

⑤ 高效范围尽可能大,一般 $d_p = i_{p2}/i_{p1} > 2$。对综合式液力变矩器,$i_{p2} = 0.95 \sim 0.97$,故希望 i_{p2} 较低。

(2) 优化设计法

相对参数法从控制一点的设计发展到多点设计,这是很大的进步。但是理论公式冗长、繁杂，且结构参数、性能相互影响与制约，加之分析比较时人的主观因素影响也较大，故难于找到最佳组合，其结果只是相对选优。优化设计法则不然，只要细化所建立的精确数学模型，选择的目标函数正确，约束条件合理，便可方便而迅速地获得保证最好性能的最佳几何参数的组合。

上述两种方法都把确定工作轮几何参数和变矩器特性计算有机地联系起来，避免了有些方法将两阶段截然分开，如特性不符又要返回修改几何参数的不必要的反复。

12.2 循环圆设计

12.2.1 液力变矩器循环圆定义

过液力变矩器轴心线作截面，在截面上与液体相接的界线形成的形状，称为循环圆。

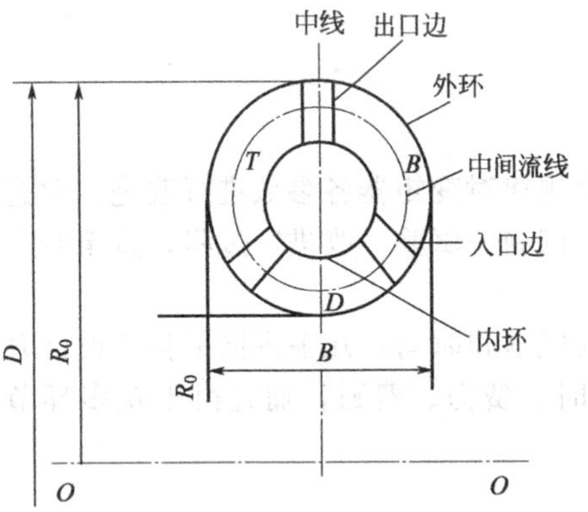

由于对轴线对称，一般仅画出轴线上的一半，见图 12.1。

循环圆实际是工作液体，在各工作轮内循环流动时流道的轴面形状，工作液体循环流动是一个封闭的轨迹，因而起名为循环圆。

循环圆是由外环、内环、工作轮的入口边和出口边组成的。外环是循环流体的外围，内环是循环流体的内圈，入口边和出口边是各工作轮内叶片的入口边和出口边的轴面投影。此外，在循环圆上，还表示出中间流线（或称设计流线）。中间流线在液力变矩器内是无形存在的，设计时要用到。中间流线可以根据外环与中间流线的过流面积，和中间流线与内环的过流面积相等的原则求出。

图 12.1 液力变矩器循环圆

循环圆的最大直径，称为液力变矩器的有效直径 D。它是液力变矩器的特性尺寸。最大半径为 R_a，循环圆外环的最小直径为 d_0，最小半径为 R_0。循环圆宽度为 B。各工作轮叶片入口和出口在中间流线上的半径为 R_{n1}、R_{n2}。

12.2.2 循环圆形状设计

液力变矩器循环圆形状的设计，一般分两步进行，第一步设计出内环、外环和中间流线的形状，第二步确定各工作轮的位置及入口半径和出口半径。

在进行液力变矩器设计时，一般根据结构要求，提出循环圆最大直径 D 和最小直径 d_0，其形状有圆形（包括扁圆形）、半蛋形、蛋形、长方形等。在运输车辆、工程车辆上，应用得最普遍的是圆形。

液力变矩器循环圆的设计，常常根据样机进行仿形设计，或根据经验来设计，即没有一定之规。这里将通过对现有液力变矩器的循环圆形状（主要是圆形）进行分析，以得到一定的规律。

12.2.3 工作轮在循环圆中的排列位置

由于在循环圆中的排列位置的不同，变矩器有下列几种形式的工作轮。

（1）径流式

这种工作轮从轴面图（即沿变矩器旋转轴心线的截面）看，液流沿着叶片半径方向流动。若液流从小半径向大半径方向流动，称为离心式工作轮；反之，称为向心式工作轮。径流式工作轮均为单曲叶片。

（2）轴流式

这种工作轮从轴面图看，液流在叶片流道内轴向流动。

（3）混流式

这种工作轮从轴面图看，液流在工作轮流道内既有轴向流动又有径向流动，它的叶片均为扭曲叶片。

圆形循环圆变矩器在多数情况下，采用混流式工作轮；长方形循环圆变矩器除了泵轮之外，其余工作轮多采用径流式或轴流式工作轮。

工作轮在循环圆中的位置的改变，对变矩器性能有一定的影响。如图 12.2 所示，单级变矩器是按泵轮→涡轮→导轮的顺序排列。双级变矩器是按泵轮→第Ⅰ级涡轮→第Ⅰ导轮→第Ⅱ级涡轮→第Ⅱ导轮的顺序，如图 12.3 所示。目前常用的汽车和工程机械用变矩器大多数按照泵轮→涡轮→导轮的顺序排列。

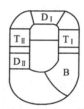

图 12.2　单级变矩器工作轮位置　　　　图 12.3　双变矩器工作轮位置

12.2.4　循环圆尺寸的确定

（1）变矩器有效直径确定

设扣除发动机各辅助设备所消耗功率后由发动机传给变矩器泵轮轴的功率为 P_e，发动机轴与变矩器泵轮轴直接相连，则有 $n_e=n_B$，传给变矩器泵轮轴的转矩为：

$$T_B=\frac{P_B}{\omega_B}=T_e=\frac{P_e}{\omega_e}=\frac{30P_e}{\pi n_e} \tag{12.1}$$

而变矩器泵轮的转矩为：

$$T_B=\lambda_B \rho g n_B^2 D^5 \tag{12.2}$$

由此可得变矩器的有效直径 D 为：

$$D=\frac{1}{\sqrt[5]{\lambda_B \rho g}}\sqrt[5]{\frac{T_e}{n_e^2}} \tag{12.3}$$

或

$$D=\frac{1}{\sqrt[5]{\lambda_B \rho g}}\sqrt[5]{x_e} \tag{12.4}$$

如图 12.4 所示，循环圆形状的相对参数有以下几种。

① 直径比 m　直径比 $m=D_0/D$，D_0 为循环圆内径，D 为有效直径。对一般失速变矩比 K_0 要求不高的变矩器，$m=1/3$；而对失速变矩比 K_0 要求高的变矩器，m 的取值范围为 0.4~0.45。m 的选取要考虑变矩器结构布置等因素，因 m 太小对单向离合器及多层轴套的布置带来困难。当 m 选定后，循环圆内径也就确定下来了，这时要确定过流断面积，即

确定循环圆的形状。统计资料表明，圆形循环圆最佳过流面积约为变矩器有效直径总面积的 23%。

② 循环圆形状系数 a　循环圆形状系数 $a=L_1/L_2$，L_1 为循环圆内环的径向长度，L_2 为循环圆外环的径向长度。a 减少显然会使流道过流断面的面积增大，循环圆内的流量也就相应地增大，从而使泵轮转矩系数增大。一般 a 的取值范围为 $a=0.43 \sim 0.55$。

③ 循环圆宽度比 b　循环圆宽度比 $b=B'/D$，B' 为循环圆的轴向宽度，D 为有效直径。一般 b 的取值范围为 $b=0.2 \sim 0.4$。

（2）确定循环圆形状尺寸

现以有效直径为 305mm 的参考变矩器为例进行讨论。如图 12.5 所示，为了缩短轴向尺寸，半径为 51mm 的外环具有 3.18mm 的径向中心距。

已知外环后，开始确定内环、设计流线。确定内环、设计流线的原则是使液流速度沿流道均匀变化。为此假定在同一过流断面上各点的轴面流速 v_m 相等，各相邻流线所形成的过流面积相等。根据最佳过流面积为循环圆面积的 23% 的原则，对于有效直径为 305mm 的变矩器，其最佳过流面积为 0.016774m^2。

设定一些元线，参照图 12.5，在任意元线上的过流面积 F 可按下列正截头圆锥体旋转面公式计算。

$$F=\frac{\pi}{\cos\theta}(r_s^2-r_c^2) \tag{12.5}$$

式中　θ——元线相对垂线的夹角，所有元线均垂直于设计流线；
　　　r_s——任一元线与外环交点上的半径；
　　　r_c——同一元线与内环交点上的半径；
　　　r——同一元线与设计流线交点上的半径。

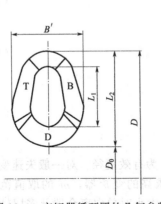

图 12.4　变矩器循环圆的几何参数

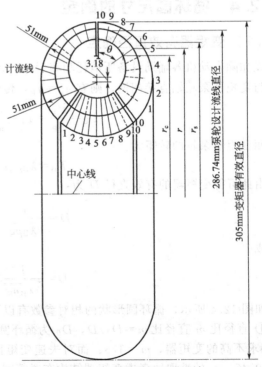

图 12.5　变矩器循环圆设计

首先，选定一些任意的元线，并算出内环和设计流线的初步轮廓。半径 r_s 和角 θ 可从图中量出，而 r_c 和 r 则可相应地按下式计算。

$$r_c = \left(r_s^2 - \frac{F\cos\theta}{\pi} \right)^{\frac{1}{2}} \tag{12.6}$$

$$r = \left(r_s^2 - \frac{F\cos\theta}{2\pi} \right)^{\frac{1}{2}} \tag{12.7}$$

算得的半径与相应元线的交点的轨迹就是内环。依照这一过程，可选出一些更接近于垂直设计流线的新的元线，并重复上述计算，直到内环变成由外环与设计过流面积所确定的光滑曲线为止。

为了确定最后一条元线的位置，必须先确定导轮的进口边和出口边。经验表明，导轮叶片的轴向长度一般以取循环圆直径 d（如图 12.5 所示）的一半为最佳。对于参考变矩器，在导轮轴面内，可设计流线之弦长约为 51mm。为了最大限度地利用循环圆，在相邻叶轮的叶片之间可采用最小间隙。而且，在根据涡流理论设计叶片时，为了减低涡旋的影响，也需要采用最小间隙。实践中，通常的间隙为 2~2.5mm。

在确定叶片的进口边和出口边后，可对每个叶轮将设计流线分成十等分，并作出相应的元线，使每条元线都严格地垂直于设计流线。

圆型循环圆和扁圆型循环圆还可采用三圆弧循环圆设计方法。

12.3 叶片设计

叶片设计是在得到液力变矩器的合理几何参数和确定了循环圆后进行的，它遵循的原则如下。

① 应使流道过流面积平缓地变化，以减小液流损失，提高变矩器效率。
② 满足加工的工艺性、制模的可行性，以提高生产率和降低成本。

可见叶型设计的好坏直接影响到液力变矩器性能。过去绘制叶型的传统方法——保角变换法是以手工作图为基础的，很大程度靠人的经验，其手续繁琐，费时费力，精度也低。现在用双纽线叶型设计方法，较少依赖人的经验，基本上可以一次绘制就获得成功，故本章重点介绍此法。

（1）双纽线特性

如图 12.6 所示，其双纽线方程为：

$$x^2 + y^2 = a^2 \frac{x^2 - y^2}{x^2 + y^2} \tag{12.8}$$

式中　a——常数。

双纽线对 x、y 轴及原点对称，故只需研究第一象限。曲线在原点的斜率为 1，极值 B 点的斜率为 0，A 点斜率为 ∞，双纽线曲率半径为：

$$R = \frac{a^2}{3\sqrt{x^2 + y^2}} \tag{12.9}$$

数值计算方法可以证明，双纽线切线的斜率的变化率是按一定规律渐变的，其绝对值的最大值一般小于畸形三角法采用抛物线构成的叶型的斜率的变化率。

由式(12.8)可得：

$$F(x,y) = (x^2 + y^2)^2 - a^2(x^2 - y^2) = 0 \tag{12.10}$$

则切线斜率为：

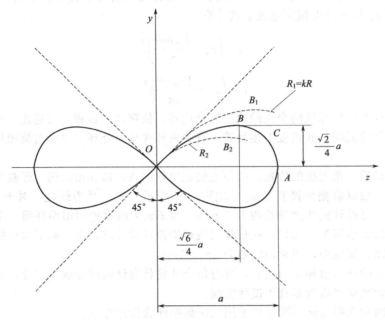

图 12.6 双纽线

$$y'_x = -F'_z/F'_y = \frac{a^2 x - 2x^3 - 2xy^2}{xy^2 + 4y^3 + 2a^2 y} \tag{12.11}$$

切线与 x 轴夹角为：

$$\beta = \arctan y'_x \tag{12.12}$$

切线斜率的变化率为：

$$y''_{xx} = -F'_z/F'_y = \frac{a^2 x - 2x^3 - 2xy^2}{xy^2 + 4y^3 + 2a^2 y} \tag{12.13}$$

为了形象地看出双纽线叶型切线斜率与抛物线叶型切线斜率变化率的不同，取一实际涡轮叶片参数进行了计算，结果见图 12.7。可见双纽线叶型比抛物线叶型得到的流道更平滑，从而大大减小液流的冲击，这对提高变矩器效率有益。

根据图 12.6 中特点可知，从 O 点到 B 点，曲线斜率的变化角度为 $45°$，斜率半径 R 由 ∞ 变至 $\frac{\sqrt{2}}{3}a$。通常将 OC 这一段曲线定为绘制向心涡轮叶型的基础，对于弯度较小（转角小

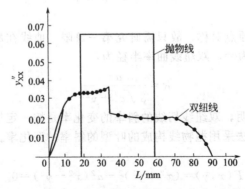

图 12.7 双纽线与抛物线的切线斜率变化率 y''_{xx} 的比较

于 45°) 的轴流式平面叶型，仅需利用 OC 段进行适当的作图处理，便可直接绘出叶型。由于斜率和曲率都按一定规律连续地渐变，所以，就能使工作液体按一定规律逐渐转向，这将减少能量损失，从而达到提高效率的目的。

（2）叶片加厚的数学模型

冲压叶片无此问题，加厚是针对铸造叶片而言。叶片骨架与加厚示意图如图 12.8 所示。通常按叶片光滑过渡和流通面积变化平缓的原则，应用统计法得到的规律来确定，为了普遍适用，表达式以无因次表示。

泵轮：
$$\bar{\delta}_B = a_1 + a_2 \bar{l} + a_3 \bar{l}^2 + a_4 \bar{l}^3 \tag{12.14}$$

式中 $\bar{\delta}_B$——叶片中间流线由进口至 l 某点处的厚度，$\bar{\delta} = \delta/l_n$；

$\bar{l}$——流线展开长度，$\bar{l} = l/l_n$；

a_1, a_2, a_3, a_4——拟合系数，其参数值为 $a_1 = 0.00577$，$a_2 = 0.19153$，$a_3 = -0.23513$，$a_4 = 0.05393$。

导轮特点是叶片短，主要为了便于制造，即

$$\bar{\delta}_D = \bar{l}/(c_1 + c_2 \bar{l} + c_3 \bar{l}^{-2}) \tag{12.15}$$

式中 $\bar{\delta}_D$——导轮叶片中间流线的厚度；

c_1, c_2, c_3——拟合系数，$c_1 = 0.329$，$c_2 = 3.232$，$c_3 = 25.859$。

向心涡轮叶片的尺寸较大，因此必须采用两段双纽线构成骨线，叶片进口后的前半段用图 12.9 中由 O 向 B 方向的曲线，而对叶片出口前的后半部分，则取由 B 向 O 方向的曲线，其条件是两段双纽线衔接处相切，并分别与进、出口角的斜线相切。前后两段双纽线的 a 值一段不相等，进口段 a_1 常取小于出口段 a_2。如果需要调整进、出口边的相对位置，可调整 a_1、a_2 值，从而获得叶型的骨线。

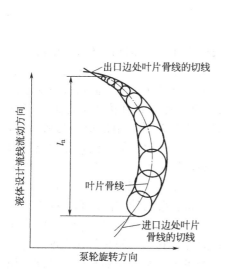

图 12.8 叶片骨线与加厚示意图

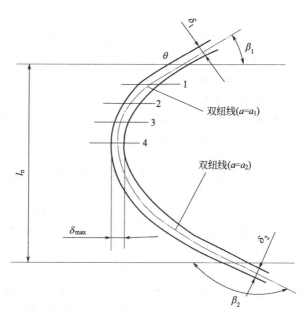

图 12.9 双纽线叶片展开图形

因叶片背面处于压力低、流速高的状态，易产生脱流或涡流，故应保证背弧为曲率平缓变化的连续曲线，背弧曲线采用骨线双纽线纵坐标 y 值赋予适当的系数 k ($k > 1$)，即 $y =$

k_1，可用下式粗算 k。

$$y_{B1} - y_B \approx \delta_{max}/2 \tag{12.16}$$

式中　δ_{max}——叶片最大厚度。

由于 $y_{B1} = k_1 y_B$，而 $y_B = (\sqrt{2}/4)a$，则可求得 $k = 1 + \sqrt{2}\delta_{max}/2$。

由图 12.9 可知，进、出口的两条曲线 y_{a1}、y_{a2} 分别与进、出口以 δ_1、δ_2 为直径的圆相切，并使 y_{a1}、y_{a2} 在衔接处相切，构成一条光滑的连续曲线，这就形成了曲线的背弧。同理，工作面曲线也采用骨线双纽线坐标 y 值乘以适当系数 $k_2(k_2<1)$，$y_2 = k_2 y$，使 $y_B - y_{B2} \approx \delta_{max}/2$，得 $k_2 = 1 - \dfrac{\sqrt{2}\delta_{max}}{2}$，即可形成叶片工作面的弧线，这就完成了叶片加厚。此法减少了对统计数据和经验数据的依赖，只要适当选取 k 值，即可一次绘形得到平滑的流道，且易于提高叶片精度。

12.4　液力变矩器的优化设计

12.4.1　目标函数与设计变量

应根据液力变矩器与外部相匹配的技术要求、车辆的使用特点及变矩器的工艺条件来决定目标函数和设计变量。可以将一个或多个性能指标作为目标函数，现有下述几种（因本节所计算的为内特性即液力特性，故在特性参数的下标加"y"，以示与外特性区别）。

① 计算工况 i^* 对应的效率 η_y^*。
② 高效区宽度 d_p。
③ 高效区内效率曲线 η_{iy} 与高效效率 η_{py} 包围的面积 s：

$$s = \int_{i_{1p}}^{i_{2p}} (\eta_{iy} - \eta_{py}) d i$$

式中，η_{py} 对汽车取 0.80，对工程车辆取 0.75。

④ 计算工况 i^* 对应的能容系数 λ_{By}^*。
⑤ 启动变矩系数 k_{0y}。

上述五种均为单目标函数，第四种优化可获得相同使用条件下最紧凑的液力变矩器，小尺寸有利于汽车的总体布置，前置前驱动的轿车就很需要这种变矩器。第五种优化是着眼于改善车辆的动力性，尤其是起步、加速、爬坡等性能，其出发点往往是为了简化机械变速器结构与自动换挡控制系统。采用较多的还是第一、第二与第三种，其直接效果是提高经济性，由于经济性的提高，同时也改善了动力性。第一种是寻求最高效率值的最佳几何参数，对于经常工作于计算工况的车辆是合适的，如轿车。第二种拓宽高效区的办法，显然也是为了提高燃料经济性，不过它适用于使用工况比较分散的车辆，如越野车、货车。前苏联用优化高效区可增大液力变矩器平均效率的 18%，装于货车的试验表明，可节油 8%～12%。但这往往以降低最高效效率为代价，故其效率均呈"扁平"形状。第三种方法是第二种方法的改进，它不盲目追求拓宽高效区，而着重增加效率曲线 $\eta_y = f(i)$ 在高效区 $i_{p1} \sim i_{p2}$ 内的面积，即意味着高效区内平均效率增大，车辆经济性提高；此外，它不限制高效区宽度，也不限制计算工况效率，可改善计算工况及其附近的效率，它兼备第一种方法的长处，其结果使效率曲线在高效区出现"饱满"形状。

运输车辆在行驶中，由于外界负荷变化复杂，速比分配规律 $f(i)$ 或 $f(\eta_T)$ 极不规则，所以优化的结果仅仅只是变矩器本身，并不能保证车辆获得最佳性能。因此，具体问题必须具体分析，本节所进行优化的结果，最后还要经过发动机与液力变矩器共同工作匹配的检验，才能判定其是否为最佳几何参数。

上述单目标函数并不是过去的一点设计法，对其他工况的要求，处理方法有两种，一是也列为目标因数，使问题变为多目标函数，这也能达到优化，只不过更复杂而已；另一种是将应保证的次要性能参数，如 K_{0y}、λ_{By}^* 及透穿性系数 T_y 等定为约束条件，应保证的主要性能列为目标函数。这两种途径均可得到优化结果，但因后者简单而广泛应用，故推荐用方法 1 或 3 为目标函数。显然，问题的关键是建立效率曲线 η_i 的数学模型。

影响效率的几何参数是很多的，但最常用的是叶片进、出口角与半径，则设计变量 X 为：

$$X = \begin{pmatrix} \beta_{B1} \\ \beta_{B2} \\ \vdots \\ \beta_{D2} \\ \vdots \\ r_{B1} \\ r_{B2} \\ \vdots \\ r_{D2} \end{pmatrix} = \begin{pmatrix} X_1 \\ X_2 \\ \vdots \\ \\ \\ \\ \\ \\ X_n \end{pmatrix} = [X_1 \, X_2 \cdots X_n]^T \tag{12.18}$$

12.4.2 约束条件

目标函数取决于设计变量，但实际问题中，变量的取值范围是有限制的，这就是约束条件。在本命题中有显约束和隐约束两种。

（1）显约束

显约束是对设计变量的直接限制。

① 叶片角 β_n　工作轮的进、出口六个角度受铸造或制造工艺上的限制：

$$20° \leqslant \beta_n \leqslant 160° \tag{12.19}$$

② 导轮出口相对半径 r_{D2}　由相对参数法所列公式计算与试验表明，r_{D2} 增大将引起 K_{oy} 增大，而透穿性系数 T 和相对流量 q_0/q^* 减小，最高效率 η_y^* 实际上不变，这对液力变矩器特性和其变化规律实际上影响并不大。考虑到结构的限制，r_{D2} 不能很大，应为：

$$0.45 \leqslant r_{D2} \leqslant 0.75 \tag{12.20}$$

③ 涡轮出口相对半径 r_{T2}　r_{T2} 增大引起的 K_{oy} 增大与 T 和 q_0/q^* 减小的影响与 r_{D2} 相同，但它还使 η_y^* 下降，所以尽管 r_{T2} 值可在很宽的范围内变化，对向心涡轮来说，考虑到结构上的对称性，仍取：

$$0.45 \leqslant r_{T2} \leqslant 0.75 \tag{12.21}$$

（2）隐约束

隐约束是对设计变量的间接限制。

① K_{oy}　为保证汽车能克服较大坡度并加速迅速，应满足对启动变矩比 K_o 的要求，即 K_o 应大于设计值。对 K_{oy} 的限制，即为对设计变量的间接限制。

② λ_{By}^*　它对变矩器的负荷特性与其他性能均有影响。λ_{By}^* 增大将使液力变矩器能容量增大，T 和 q_0/q^* 增大，但也引起 η_y^* 和 K_{oy} 减小，故对 λ_{By}^* 的限制要适当。当有设计要求值时，应使 λ_B^* 大于给定值，如无具体数值，应遵循下式：

$$0.06 \leqslant \lambda_{By}^* \leqslant 0.4 \tag{12.22}$$

③ T_y^* 或 T 它是隐约束，故应满足设计中提出的 T_y 或 T 值要求；如无特殊限制，对向心式涡轮，其范围为：

$$1.15 \leqslant T \leqslant 2.3 \tag{12.23}$$

④ i^* 它是变矩器的重要计算参数，对其内、外特性均有很大影响。在相同的计算工况流量系数 q^* 条件下，当 $i^* > 0.4$ 时，随 i^* 增大，η_y^*、T_y 和 q_0/q^* 均增大，但引起 K_{oy} 下降，故 i^* 的增大应有限度。反之，当 $i^* < 0.4$ 时，液流流道形状恶化，液力损失增加，使液力变矩器所有性能都变坏。因此，对于向心式涡轮变矩器，其限制为：

$$0.4 \leqslant i^* \leqslant 0.9 \tag{12.24}$$

综上可见，正确的约束条件可对于多目标函数优化中的次要目标函数给予其适当的最优化值估计，将其转化为约束处理，从而将多目标函数优化，变成单目标函数处理，得出整个设计可以接受的相对最优解；而且由约束条件规定的可行域，大大缩小了对变量盲目搜索的范围，以最快的运算速度获得最优解。

12.5 液力变矩器流场的理论方法简介

变矩器三维模型的案例。建模的步骤如下。

按照环量分配法的原理，编写 MATLAB 计算程序，计算各流线三维坐标值。

把三维坐标值导入 Unigraphics NX2 软件，利用样条曲线 spline 来生成流线。

叶片的生成：若叶片的骨线方向是直线，只需要利用内外环上生成的样条曲线生成扫描面，即形成叶片表面；若叶片的骨线方向是曲线，则利用内外环以及中间流线或者更多流线来生成 NURBS 曲面。

旋转内、外环流线，从而得到叶轮的内、外环面。

根据各叶轮的叶片数，复制叶片形成完整的叶轮。

液力变矩器各进出口角如下。

泵轮：进口角为 133°，出口角为 90°。

涡轮：进口角为 46°，出口角为 152°。

导轮：进口角为 103°，出口角为 20°。

其叶轮叶片和完整的叶轮如图 12.10 所示。

建立液力变矩器内流场分析的 CFD 模型，分析液力变矩器的内流场，计算泵轮、涡轮和导轮流道内的速度、压力场分布。

由于液力变矩器几何构造以及流动状况的复杂性，直接进行分析的难度较大。因此需要进行一些必要的假设，合理的假设和简化如下。

① 相对于每个旋转参考坐标系，流道内的流场处于稳定状态，因此流场参数相对于时间独立。

② 从一个流道到另外一个流道的流动是周期出现的（圆周对称），因此只有一个叶片包含在液力变矩器每个叶轮的模型里面。

③ 流体有着定常的物理属性（密度和黏度）而且是不可压的；仿真过程中没有热传递，流体是常温的。

④ 液力变矩器中不存在气化现象；在液力变矩器内部不存在泄漏现象。

⑤ 冷却液小于总质量流率的 0.2% 可以忽略；锁止离合器附近的流场不包括在 CFD 模型中；忽略了一些小的几何结构的细节；模型中的所有表面是光滑的。

将对整个液力变矩器的流场模拟简化为单个流道的计算模型，对于单流道计算模型，有两种不同的流道划分方法。

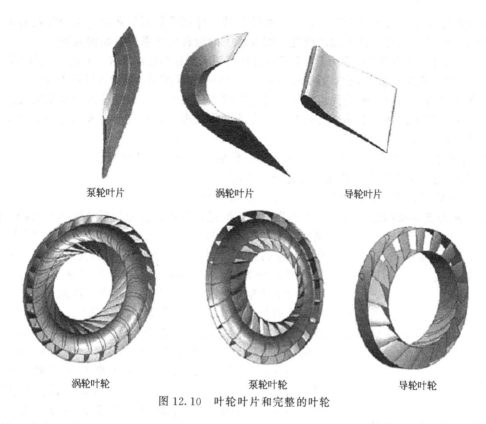

图 12.10 叶轮叶片和完整的叶轮

第一种方法采用在有叶片区域直接选取叶片间流道，无叶片区则从叶片前后缘相应延伸并保持边界的周期对称，如图 12.11(a) 所示。

第二种在接近相邻叶片间中间位置处分割流道，由两个周期对称的面切割而成的流道空间将叶片区域完整地包含在内，如图 12.11(b) 所示。

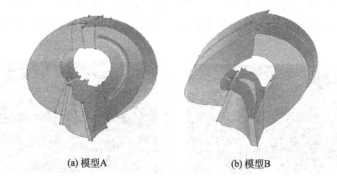

图 12.11 CFD 模型

如图 12.11 所示，从流道模型来看，模型 B 由于流道内叶片的存在，使得内部区域变得复杂，采用结构化网格较为困难。如果采用映射法，进行分区划分，也可以把模型 B 划分为结构化网格，但是采用映射法对变矩器流道复杂的模型适应性差，所以得不断地手工调整，在结构的关键部位，还要做适当的人工干预。因此划分网格的成本太高，采用非结构化的网格对模型 B 进行网格划分。

对于模型 A，边界条件选取为：流道切割面分成三个面，叶片面定义为无滑移的壁面条件，叶片两端的面都定义为周期面；内外环定义为无滑移的壁面条件；在每个叶轮的入口和出口采用质量流量入口和压力出口，这样做的目的是保证质量流量守恒。每个叶轮的出口和下游的入口面采用混合面技术加以处理，解决了不同旋转坐标系交界面的处理问题。

对于模型B，边界条件选取为：叶片及内外环采用无滑移的壁面条件；流道的切割面是入口界面，采用的是周期性边界条件；在每个叶轮的入口和出口采用质量流量入口和压力出口。

流场的计算是通过不断迭代求解整个流场空间离散单元的巨大线性方程组来实现的。因此除了数值模拟方法选取之外还必须有一个合适的收敛准则。从数值有效和物理有意义两个方面考虑，建立收敛准则如下。

① 计算结束前控制方程的残差比降低三个数量级以上，并且相对稳定。
② 各叶轮的上下游流道的质量流量差值不超过3%。
③ 各叶轮的力矩之和近似为零，力矩不平衡不超过3%。

取该液力变矩器的设计速比0.5作为典型工况进行分析，首先分析泵轮的内流场。由于该型液力变矩器在泵轮入口和出口处均有导边，如图12.12所示，使得泵轮叶片的压力面和吸力面是不等的，采用模型A的时候为了生成流道的方便而忽略了这一细节。

图12.12　叶片三维模型

对于模型B，由于入口导边的存在可以减少入口冲击损失，从而改善泵轮流道的流动情况。图12.13所示为两种模型的泵轮不同弦面（垂直于叶片的截面，从入口到出口方向，入口处为0，出口处的值为1）处的速度场分布情况，图（a）为入口0.1弦面处采用模型A计算得到的结果，图（b）为入口0.1弦面处采用模型B计算得到的结果，图（c）和图（d）分别为0.95弦面（位于无叶片区域）两种模型计算得到的速度场分布情况。

从图（a）可以看到由于有叶片导边的作用，入口冲击损失变小，所以在吸力面的速度幅值较高，而且从内环到外环方向的速度梯度也较小；在出口段的无叶片区域，由于出口导边的作用，曲率突然增大，会造成黏性流体的边界层分离现象，出现较弱的射流尾流现象，如图（d）所示，而图（c）中这一现象并不明显。综上分析，泵轮吸力面的导边可以减少泵轮流道的液力损失，从而提高泵轮传递的力矩，也即提高了泵轮的能容系数。

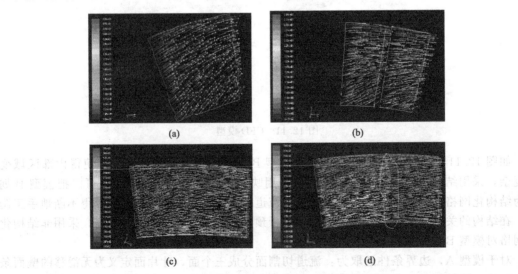

图12.13　泵轮弦面的速度场

涡轮的叶片是有厚度的，当泵轮的工作液体冲击到叶片的端面的时候会出现回流，造成液力损失，如图 12.14(b) 所示。而采用模型 A 作为计算模型，由于忽略了叶片厚度，使得这一部分的液力损失被忽略掉了，如图 12.14(a) 所示，因此使得计算得到的涡轮效率偏高。图 12.14(c)、(d) 为分别采用模型 A 和模型 B 作为计算模型时的涡轮叶片压力面的速度场和压力场，可以看到涡轮叶片上的压槽对流道内的流场分布影响不大，压槽主要起加强肋的作用，用来提高叶片的强度。

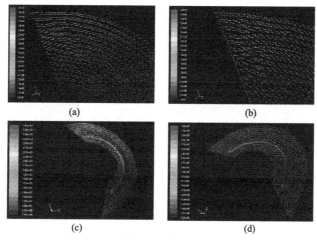

图 12.14　涡轮叶片的速度场和压力场

导轮改变了液流的切向速度方向，增加了工作介质对旋转轴的动量矩。图 12.15 所示为采用两种不同计算模型得到的导轮翼面（平行于内环、外环面的截面）的速度场，可以看到有两个低速区域，一个是在导轮入口段，这是由于导轮不动，从涡轮出来的液流冲击在导轮的压力面，建立了较高的压力，是一种典型的高压低速区域，使得流道的进口段对整个液力循环起阻滞作用；另一个低速区域是在导轮吸力面靠近出口面附件处，这是由于黏性绕流引起的低速低压尾流。

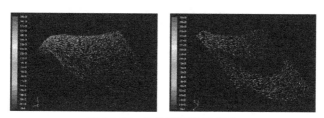

图 12.15　导轮翼面的速度场

参 考 文 献

[1] 马永辉,徐宝富,刘绍华. 工程机械液压系统设计计算 [M]. 北京:机械工业出版社,1985.
[2] 蔡廷文. 液压系统现代建模方法 [M]. 北京:中国标准出版社,2002.
[3] 王意. 车辆与行走机械的静液压驱动 [M]. 北京:化学工业出版社,2014.